W0405176

IRINA LIEBMANN

LETZTEN SOMMER IN DEUTSCHLAND

Eine romantische Reise

Kiepenheuer&Witsch

1. Auflage 1997

© 1997 by Verlag Kiepenheuer & Witsch, Köln
Alle Rechte vorbehalten. Kein Teil des Werkes
darf in irgendeiner Form (durch Fotografie, Mikrofilm
oder ein anderes Verfahren) ohne schriftliche
Genehmigung des Verlages reproduziert oder unter
Verwendung elektronischer Systeme verarbeitet,
vervielfältigt oder verbreitet werden.
Polaroidfotos: Irina Liebmann
Umschlaggestaltung: Darja Süßbier, Berlin
Gesetzt aus der Berthold Garamont Amsterdam
bei Kalle Giese Grafik, Overath
Druck und Bindearbeiten:
Graphischer Großbetrieb Pößneck, Pößneck
ISBN 3-462-02634-8

Es ist alles ganz anders, aber das war meine Reise.

Inhalt

In Lebus eine Wasserwelt entdeckt

Es war ja fast zu spät, es war im Juli,
da hörte mal der Regen auf, Berlin war hell, und alle
Linden blühten,
rochen,
Bienen
flogen herum in Charlottenburg, und diese Straßen voll Autos und
parkenden Lastwagen waren samtweich, was die Luft betrifft,
duftend und lieblich, da schleppte ich meine Koffer und Kisten,
Fotoapparat,
ins Auto, ins graue, und drehte noch mal eine Runde vor meinem
Haus,
und dann war es aus mit Berlin, mit dem Westen, und
rollte in grader Linie ostwärts, die Reise sollte
im Osten beginnen.

Ich hatte als erste Station
mir Lebus gedacht, denn als
ich die vielen Bücher las, vor meiner Reise, über Franken und
Slawen und Sachsen, da
war auf den Karten des Jahres Null schon
Lebus an der Oder verzeichnet.
Lebus, wo ich manchmal angeln war! oder spazieren am Wasser,
Lebus war so alt? Ein heiliger Berg sollte auch dort sein
und eine gute Furt, wo die älteste Handelsstraße von Paris nach
Warschau verlaufen war, das
hatte ich nicht gewußt. Ich wußte ja nicht einmal mehr, wie
Lebus aussah, wie es ausgesehen hatte,
ich wußte nur, die Wiesen waren breit.

Die Straße nach Frankfurt
beginnt in Berlin und heißt Frankfurter Allee. Das war
ein Teil der Straße Nummer eins in Preußen, von
Königsberg bis Aachen, ist
heute Bundesstraße Nummer eins, und deren erstes Stück
– von Berlin Richtung Osten gesehen –
hieß einmal Stalinallee.

Diese Straße meiner Kindheit stand wirklich noch da, dabei
sind doch zwanzig Jahre vergangen, ich bin
etwas weiter nach Westen gerückt, und sie ist verwahrlost,
verweint
vom Regen die weißen Fliesen,
aber das Licht um die Häuser herum scheint noch immer
besonders weiß.
Ich fuhr durch diesen
hellen Dunst,
nicht ganz ohne jedes Gefühl,
aber dann ging es schnell, ratsch Berlin durch das Grau, raus
Berlin bis die letzten Häuschen, selbstgebaut, hingekrümelt an der
Straße standen, mit schiefen Rollos, und die Felder,
die Felder begannen.

Die Straße nach Frankfurt ist eine Allee, erst Ahorn und dann
Eichen, ein
grüner Tunnel, in dem Schilder hingen mit Schrift,
FRANKFURT, SCHWEDT, STETTIN und UMLEITUNG war
am häufigsten darauf zu lesen,
also fuhr die Kolonne der Wagen
im Schritt,
Bremslichter, Rücklichter, Blinklichter, rot,
in gewaltigen Bögen durch Dörfer mit Gasthof und Shell-Station
und Granitpflaster um ihre Linden.

LEBUS las ich plötzlich auf einem gelben Ortsschild. Das war vor einer Ampelkreuzung. Ich hatte Rot und konnte mich in Ruhe umsehen. Auf einer der vier Straßenecken fiel ein nagelneuer Häuserblock auf, mit spitzen Giebeln und mehreren Läden, HANDELSHOF stand daran. Die übrigen drei Ecken waren unbebaut. Geradeaus ging es über eine breite Straße in ein Waldstück oder einen Park. Links von der Kreuzung sah ich nur einige vereinzelte Häuser, dort endete der Ort ebenso wie auf meiner Seite der Kreuzung. Lebus konnte also nur noch rechts von der Kreuzung liegen. Ich bog nach rechts und las, daß ich nun in Richtung Frankfurt/Oder fuhr. Die Straße entlang standen ab und zu Häuschen in großen Gärten, das Haus, in dem ich ein Zimmer bestellt hatte, befand sich auch an dieser einen langen Straße. Ihm gegenüber ein Baugebiet, wo Betonsteine und Plastikplanen neben Fertighäusern lagen. Fuhr man die Straße weiter, dann begann der Wald. Da

war mir klar, warum mir

bei dem Namen
nichts eingefallen war. Kein Bild, kein Platz, kein Bäcker
wenigstens, auf dessen Stufen wir irgendwann mal in der Sonne
frische Brötchen gegessen haben, wie sonst,
in diesen Ferien im Sommer vor Berlin, wo
wir doch früher alle Jahre unsre freien,
unsre Ferientage verbrachten, wir
Berliner. Hier
war nichts
von dem, was früher Sommer hieß,
nur
Blumen in den Gärten und
eine Eisfahne am Konsum, und
Kirschen hingen unter ihren großen Süßkirschenblättern.

Da habe ich Lebus
gesucht

und fand zuerst an dieser
Kreuzung einen Gasthof, alt und dunkel, das
SCHÜTZENHAUS genannt,
in dessen großem Saal ich weiß nicht was und will es auch nicht wissen schon
stattgefunden hat. Die Stühle standen auf den Tischen, das
Treppenhaus war leer und roch nach Bier und nach Urin,
darüber dann im ersten Stock, in kleinen Stuben, war an die Wände geheftet, was
der Fremde wissen sollte, wollte, von Lebus, es war
nicht viel, es war so gut wie
nichts.

Fotos des Ortes und eine feine Tracht und
Tafeln mit Zahlen und Faltblätter mit Zahlen und ein Heftchen mit Zahlen, und alle, alle Zahlen verwirrten sich und
verirrten sich und verzählten sich und
vermählten sich, und dunkler als dunkel war mir Lebus.
Hier hatte jeder mal geherrscht und jeder war mal hier oder hier durchgegangen mit Samt und Seide, byzantinischen Dukaten oder mit Pferd und Schwert oder
zu Fuß mit einer Fackel in der Hand.

Die
hätt ich auch gebrauchen können, um ins Dunkle zu leuchten. Wie war es möglich, daß Lebus zum Beispiel
1226 in slawischem Gebiet lag und doch
laut Faltblatt darin ein ganz und gar
deutsches Stadtrecht bekommen hat? Und auch die Bischöfe auf ihrem Bischofsberg, das
waren Polen, denn Polen waren Christen lange vor den vielen Stämmen der Germanen, aber so richtig klar
stand es im Text nicht drin, und beinahe nichts über die lange

Zeit davor, die tausend Jahre, und
warum Lebus schon für das Jahr Null
auf meinen Karten stand.

Die Frau, die diese kleinen Stuben hütete, bekam ihr Geld vom Arbeitsamt, sie hatte früher in einer Agentur gearbeitet, Konzert- und Gastspieldirektion, der staatlichen, dieses Konzert war aus. Sie durfte im Jahr 600 Mark für ihre kleinen Stuben ausgeben, was soll man dafür kaufen, sagte sie und sprach über die Kriege, die immer hier den Ort verwüstet haben, zuletzt

der letzte eben und zwar

gründlich, die Russen waren hier
über die Oder gekommen. Sie
ging mit mir runter auf die Straße und zeigte, wo
sie ein Schild aufstellen lassen wollte, als
Reklame für ihre Heimatstuben, aber das Geld, das reiche nicht
dafür. Es soll ja ordentlich aussehen, sagte sie, und da
stand ich wieder auf der Kreuzung
und sah
das Kreuz der Wege an. Ich war
auf der falschen Spur gewesen, auf der falschen Linie, Lebus
war
auf dem Längsweg nicht zu finden, aber
der Kreuzweg, der ins Grüne führte, der
wars.

Er führte
in eine Schlucht,
durch einen Wald,
an Friedhöfen vorbei,
steil abwärts bis auf eine Pflasterstraße, die in dickem Sand lag.

Warm
wars da unten, hell und flach. Gras
wuchs überall, und Häuser standen dort so gut wie gar nicht, nur
eine Kirche so in halber Höhe, gelb und spitz,
und dann, als ich die Straße weiterging, da sah ich quer
dazu auch eine Straße, die Häuser
niedrig wie aus einem Märchenbuch, und wie im Märchen bin ich
eingebogen, hatte meine dicke Sand-
und Pflasterstraße
ganz vergessen und lief und lief auf
kleinen Katzenköpfen bis zu breiten Wiesen, wo
rechts die Oder floß, und links
ein Gasthof wie ein Schiff auf dieser Wiese vor der Oder liegen-
geblieben war.

Musik dort drin, halbdunkel, Kerzenlicht.
Auf einer langen Tafel Torten, viele Menschen saßen
ringsherum
und
am elektrischen Klavier Karl Marx, ein Mann, der
wie Karl Marx aussah, der drückte seine dicken Finger in die
Tasten
und sang von alten Alleen und schimmernden Seen:
Hör mein Lied, Elisabeth!

So war das. An dem Tag im Juli an der Oder feierte der Fährmann,
nein,
der Sohn des Fährmanns, siebzigsten Geburtstag, und seine Fähre
gab es längst nicht mehr.

Ich lief den Märchenweg zurück zu meiner Straße, die weiter
einfach gradeaus verlief und auch zur
Oder, und sah,

daß
dieser Weg direkt ins Wasser führte,
auch unter Wasser leuchtete sein Sand ein Stück weit weiß,
und drüben,
auf der andern Seite, da
führte ein Streifen, ebenso weiß, heraus aus dem Wasser, das
war einmal die Furt.

Am Ende des Weges kauerten zwei kleine Jungen und malten im Sand. Dieses Ende der Straße mit den Kindern fotografierte ich, aber das Bild wurde zu dunkel, es sah aus, als ob es Nacht wäre und sie sich etwas Geheimnisvolles zu erzählen hätten. Auf der polnischen Seite des Weges erschienen größere Jungen, sie winkten und gestikulierten, schrien: Scheiße! Deutsche! Scheiße! Deutsche! und immer so weiter, aber als ich winkte, winkten sie zurück. Die kleinen Jungen schienen das Geschrei nicht zu bemerken, doch als sie später ins Restaurant kamen, das sich etwas erhöht hinter einer Nadelholzhecke befand, von wo auch beständig ihre Namen gerufen wurden, legte der kleinere der beiden seiner Mutter den Kopf in den Schoß und sagte: Das waren Polacken, und sie sagte: Pscht!

Pscht!
Das Ufer dort ist nun schon fünfzig Jahre polnisch!
Die Furt ist weggebaggert und
die Fähre abgeschafft, wegen der Grenze, und
eine Brücke hat Lebus sich nie gebaut,
das war ein Fehler. Frankfurt baute eine Brücke und hat noch
Brückengeld
kassiert, ist eine große Stadt geworden, hier
liefen seitdem nur noch arme Schlucker durch mit nassen Füßen,
die nichts bezahlen wollten, aber
einmal,
da waren mehrere Brücken aus Holz über die Oder gebaut,

auf denen sind die Russen, die Soldaten, in
ihren Lederstiefeln anmarschiert gekommen, und
nach der vielen Überbrückung war dann hier Ende, Grenze,
Schluß, die schönen Brücken abgebaut, die
sowieso nur provisorisch waren.

Das Holz haben sich Küstriner und Lebuser für ihre zerschossenen
Häuser geholt,
so mancher schläft hier unter einem Dach-
stuhl aus Russenholz, das habe ich im ANGLERHEIM erfahren,
wo sie ELISABETH gesungen haben, hier an der Furt, die Kneipe
hinter der dunkelgrünen Hecke wurde der ODERBLICK genannt.
Der ODERBLICK,
das war einmal die Gartenlaube des Grenzpolizisten gewesen,
der auch servierte, ein Mann mit Goldrandbrille, Seidenweste,
ein zarter Mann,
der – als er hörte, daß ich eine Reise beschreiben will – sich zu
mir setzte, sagte: Ach, was hatten wir ein schönes, ruhiges
Leben hier unten und auch überhaupt, nicht wahr?

Wie ruhig sei die Grenze hier gewesen, und er
allein für viele Kilometer verantwortlich mit
seinen Helfern, ehrenamtlich, die beim Angeln oder beim
Spazierengehen unauffällig verdächtige Personen baten, ihren
Ausweis vorzuzeigen, aber
es sei so gut wie niemals vorgekommen, und jetzt?
Verbrecher,
Mörder,
Räuberbanden
kommen bei Tag und Sonnenschein aus allen Ecken und von
DORT
– er zeigte aufs Gebüsch, das auf dem andern Ufer wuchs,
das polnische – von dort natürlich, wenn Sie wüßten!

Es war
von einer Zigarettenmafia die Rede, die ohne Rücksicht
mordet und
die Leichen in die Oder wirft, die dann
von den Lebusern rausgefischt
werden müssen, einer
muß die Dreckarbeit ja machen, und daß das Unrecht überall
- zum Beispiel diese Laube, die wir gerade als Lokal benutzen,
steht auf Grund und Boden, den er jahrzehntelang
hat angeschüttet, weil die Oder ihm sonst
im Keller stand, in diesem Haus, das hinter uns
und hinter Tannenbäumen - die hat er auch gepflanzt! der Wert
schon mal, des Holzes - hervorlugte -
das Haus.
Dann kam der alte Eigentümer aus
dem Westen wieder zurück und will nun
alles
haben, das Haus, die Tannenbäume und
den Boden, den's früher gar nicht gab, mitsamt Lokal!
Das war ganz neu, beziehungsweise, es war
die alte Laube, oder andersrum gesagt, der Grenzer hatte
nach der Wende die Garage in seinem Haus zum Schuhsalon gemacht
und Schuhe für 50 000 Mark bestellen müssen, um
den Vertrag auch tatsächlich zu kriegen, dann
war sein Handelspartner plötzlich weg, und an den Schulden zahlt
er heute noch, und dafür kellnert er, das
ist der Westen, sagte er, nicht nur von DORT kommen Verbrecher,
nein, oh nein.

Wir sahen auf das andre Ufer rüber, auf die Oder, wir
sahn von oben rauf, von diesem Kunstberg, diesem Streitobjekt,
denn
ein Prozeß läuft, das ist logisch, und genauso klar
war das Wasser, breit wie ein See und träge zwischen Wiesen,
Sträucherinseln fließend, spiegelte es den Himmel, der
himmelblau und voller kleiner, rosa Wolken war.

Ich bin dann noch im Ort herumgelaufen, es dauerte eine ganze Weile, bis ich verstand, wie das alles zusammenhing. Es gab hier ein Hochplateau und tiefer eine Ebene, dazwischen einen Berg, der wie ein Klotz dastand. Oben auf dem Plateau befand sich die Ampelkreuzung, die Ebene war unten am Fluß, und dazwischen stand der Berg. Eigentlich waren es drei Hügel, Turmberg, Schloßberg und Pletschenberg genannt, eine Burg hatte einmal darauf gestanden, Bischöfe hatten dort residiert. Vorher könnte das ein heiliger Berg der Slawen gewesen sein, eine uneinnehmbare Burg, vor den Slawen sollen germanische Siedlungen auf dem Berg gewesen sein. Auf diesem Heiligtum standen nun Einfamilienhäuser. Ein Mann karrte Beton und ließ mich vom Rand seines Gartens ins Tal sehen. Die Reste der letzten Burg durften nicht sichtbar gemacht werden, weil die Eigentümer es der Stadt verboten hatten, und die Stadt hatte den neuen Eigentümern verboten, dort zu bauen. Auf diese verkreuzte Weise hatte das Schicksal einen Riegel vor alle Geheimnisse des Berges geschoben, von dem der Wirt im Oderblick gesagt hatte, es werde sogar ein Gang unter der Oder durch bis nach Küstrin vermutet, als Grenzverantwortlicher sei er zu DDR-Zeiten in die Ausgrabungen einbezogen worden. Der obere Teil der Stadt wurde in Lebus »Scholle« genannt, der untere »Sack«. Der obere soll reich gewesen sein, der untere arm, die kleine Straße zum Anglerheim war die Fischerstraße gewesen, die Fischereirechte waren den Lebuser Fischern aber mit der

Bodenreform weggenommen worden, und sie warten immer noch darauf, daß jemand sie ihnen zurückgibt. Weil sich hier die einzige Furt an der nördlichen Oder befand, hat Militär immer wieder versucht, an dieser Stelle die Oder zu überschreiten, weil die Scholle so steil über dem Ufer liegt, sind diese Kämpfe immer schwer und blutig gewesen, und die Stadt wurde jedesmal zerstört. 1945 dauerten die Kämpfe zwei Monate. Der Stadtkern von Lebus besteht heute wiederum hauptsächlich aus wüstem Brachland, manchmal von Drahtzäunen umgeben wie in Berlin-Mitte. Auf den Soldatenfriedhöfen im oberen Teil des Ortes liegen vor allem Russen.

So

ist es, wenn man es verstanden hat, aber
bis dahin nicht ganz einfach zu verstehen, denn
es warn Ferien,
der Lehrer weg, der Pfarrer auch verreist, und
hinter seinem Haus
begegnete mir nur ein kackender Schäferhund, dem es
genauso peinlich war wie mir, daß wir
uns trafen.
Reden, richtig reden
wollten nur die Schweißer von der Erdgastrasse, die
im ODERBLICK zu Mittag aßen und zu Abend,
ein Schotte und zwei Briten und
ein vierter Mann, der aus Lebus war und der sich Zitrone
nannte.

Ihr Tisch stand etwas abseits von den Tischen der
übrigen Besucher, die
still und meistens mit gesenkten Köpfen mampften. Ihr
Tisch stand außerhalb des Plastikdachs der Laube frei
auf dem Hügel und
war rund, und über der runden Tischplatte da hatte
er einen runden Himmel aus ich weiß nicht was, auf jeden Fall,

man war geschützt bei Regen und sah von oben
auf den Fluß, auf diese weite Wasser-
landschaft mit grünen Inseln, kleinen
Bäumen und allen Wolken-
spiegelbildern, die dazwischen glänzten und sich bewegten in
der Abendsonne.

What a nice place! das
sagte John, deswegen kämen sie hier nach Lebus auch von
entlegenen Orten, denn die Trasse verschiebt sich ja, sie
wächst, ist von Sibirien schon bis Podelzig gewachsen,
aber,
solang es geht, da fahren sie hierher.
What a nice place!
Und diese Farben!, denn der Himmel wurde langsam gelb auf
einer Seite und dunkelblau auf der anderen.
Die Farben! rief John, und Ray deklamierte:
Cold hearted orb which rules the night,
which brings the colours in the side,
sometimes gray or sometimes white,
but we decide,
which is right and which is an illusion!
und so weiter.

Shakespeare vor Weltlandschaft und dazu Bier,
da war die Lyrik rausgefalln aus dem Papier und ich im Zweifel,
ob das wirklich Schweißer sind.
– Warum denn nicht, ihr habt doch auch
paar große Dichter, sagten sie. – Ja, schon, aber habt ihr eure
Kollegen
mal Goethe rezitieren hörn beim Bier?
Weniger,
war die Antwort, höflich

waren sie auch noch, und der Himmel wurde blauer, gelber, Wind
regte sich, die ersten Regentropfen schlugen auf
unser rundes Dach, als alle Gäste schon verschwunden waren,
saßen wir immer noch und lachten, also sie
lachten über mich, denn ich hatte gesagt, ich würde morgen nach
Seelow fahren, weil dort ein Museum für die letzte
Schlacht hier eingerichtet ist. Was, schrie Ray, was für ein
Blödsinn, das
ist history, is history, vorbei!
Dabei war dieses Thema nur deshalb aufgekommen, weil er selbst
erzählt hatte, sie fänden täglich Tote
im Sand, insgesamt
hätten sie, seit er hier arbeite, 12 Deutsche und zwei Russen
ausgegraben, dazu noch Tote, die paar tausend Jahre alt sind,
wenn sie auf dem Rücken liegen, sind es Slawen, und
wenn sie auf der Seite liegen, dann Germanen, das
hat er hier gelernt, und darum
history, is history, vorbei!

Es fehlte nur noch, daß er den Monolog
des Totengräbers mir zitierte, aber der Wind hob unsern Tisch
hoch, Regen
schüttete von hinten, von dort, wo der geheimnisvolle Berg
stand, wir rannten hinein
in diese Unterkunft, aus der der Grenzer und seine Frau bisher
die Speisen und Getränke uns herausgetragen hatten,
sahn von innen aus den kleinen
Fenstern wie aus Schiffsluken
das goldne Zickzack überm andern Ufer blitzen, hörten
den Donner krachen, und dann
kam langsam, aber immer lauter werdend
ein Rauschen und ein Brausen vom
Weg her, von der alten Handelsstraße,

dort schäumte
ein Fluß, der Äste, Steine, Sand von oben, von der Scholle
ins Wasser trug,
so
dachte ich, so wird die Furt entstanden sein.

Die anderen am Tisch, die sprachen
inzwischen über Gott und über Liebe, sie waren alle dreimal oder
viermal schon geschieden, und nur der Mann, der
aus Lebus war, der
Zitrone, sprach nicht darüber, weil er seine Freundin mitgebracht
hatte, ein
Mädchen mit rundem Busen und riesengroßen blauen Augen,
und als das Wasser auf der alten Straße versickert war, da liefen die
beiden raus und riefen
uns, wir sollten den Regenbogen sehn, der drüben
auf der Polenseite stand, ein
riesengroßes Tor, ein buntes! Vor
unsern Augen entstand darüber gleich ein zweites, als wir alle
draußen waren und die beiden Verliebten auf dem
Sandweg
stehen sahn, der dampfte, und
vor dem Fluß,
und in der Abendsonne sagte das Mädchen auch mal was, es sagte:
So
– so schön ist es hier immer!

In Seelow die Sparkasse geliebt

Ich fuhr nach Seelow – history – na ja,
Geschichte. Geschichte war auch in Küstrin, das jetzt in Polen
liegt, und wo der Preußenkönig Fritz zusehen mußte, wie
sein Freund Katte enthauptet wurde, diese Festung
steht nicht mehr, diese Geschichte hab ich ausgelassen, aber
bis Küstrin, die Grenze vor Küstrin,
bin ich gefahren, weil ich ja doch nach Seelow
wollte, und auf der Straße von Küstrin kam ich
nach Seelow, wie die Russen kamen: gerade, grade, ganz gerade,
und plötzlich sah ich vor mir eine Wand.

»Die Seelower Höhenstufe« hat ein Mann im Museum sie später
bezeichnet.
Geologisch ist es eine Stufe, und
militärisch war es eine Unmöglichkeit oder
eine Festung,
je nachdem auf welcher Seite man stand.
Ich fuhr und fuhr, und sie kam näher, näher, ich war ja diesmal
nur
eine Nachgeborene, Kastanienblatt im Sommer, eine Fliege,
die
leicht und sinnlos diesen Berg hochkrabbelt und guckt,
und sah
und merkte mir das Bild, das 50 000, mehr als 50 000 Menschen
wohl zuletzt in ihrem Leben
gesehen haben, eben diese Wand.

Als ich dann oben auf der Höhe stand,
sah ich ins Tal, in diese Ebene, durch die ich grade
gefahren war und dachte, die

muß schwarz gewesen sein von Menschen, Pferden, Panzern, wie konnte man sich einbilden, daß das zu stoppen ist, und wie noch kämpfen und Berlin zerstören, denn
das war klar, hier wo ich stand, begann Berlin.

Das Museum war ein Haus neben einem Friedhof für die gefallenen sowjetischen Soldaten. Es standen Geschütze davor und ein Flakscheinwerfer. 143 solche Scheinwerfer hatte der Marschall Schukow besorgen lassen, und in der Nacht zum 16. April, morgens um vier Uhr, wurden sie auf einen Schlag eingeschaltet.
Vom 31. Januar 1945, als die Russen bei Kienitz über die Oder gekommen waren, hatten sie über acht Wochen gebraucht, um an Seelow heranzukommen. Viele der Gefallenen werden also die Seelower Höhen gar nicht gesehen haben. Am 16. April um 4 Uhr morgens begannen 9 000 russische Geschütze auf einer Länge von 30 Kilometern 30 Minuten lang zu schießen, 300 Geschütze pro Kilometer, das war der legendäre Feuersturm, mit dem Schukow die Seelower Höhen einnehmen wollte. Berlin sollte am 1. Mai erobert sein. Das war Stalins Befehl. Berlin sollte um jeden Preis gehalten werden, das war Hitlers Befehl. Stalins Befehl ging an drei Generäle: Schukow, Konew und Tschujkow. Hitlers Befehl ging an die Generäle Busse und Henrici. Hitler inspizierte persönlich die Verteidigungsstellungen auf den Seelower Höhen. Es war das letzte Mal, daß er ans Tageslicht kam. Stalins Generäle rivalisierten miteinander und stürzten sich unabgesprochen in die Schlacht. Die Soldaten waren müde. Das Licht blendete alle, Angreifer und Angegriffene, Schukow schickte die zusätzlichen Panzerverbände übereilt in die Schlacht. 10 000 Polen und etwa 700 000 Russen kämpften im Verband der 1. Belorussischen und der 1. Ukrainischen Front gegen sieben deutsche Divisionen, es war die letzte große Schlacht der letzten tausend Jahre in Europa.

Es sieht so aus, als obs die letzte war.

Der Flakscheinwerfer hatte
eine große runde Glasscheibe, gebogen.
Die Lampe drunter leuchtete mit Kohlestäben und Parabolspiegel zwanzig Kilometer weit, das
las ich auf dem Schild am Fuße des Geräts, aber nicht, von wo das Stück gekommen war.
Ural,
Ukraine,
Moskau,
Leningrad,
diese Namen standen auf den Gräbern ringsherum, und in dem Hause drin,
da gabs dann Fotos, Zahlen, Filme.

Mit alten Leuten saß ich in dem Kinoraum und hörte
den hohen Ton der Naziwochenschau, der Sprecher rief:
DAMIT IST
BERLIN ZUR FRONTSTADT GEWORDEN!
sah ein Plakat, da stand: DER PANZERSCHRECK BIST DU!,
sah Hitler zu Besuch, der Mann schien nicht ganz bei sich, er hatte
unter der Schirmmütze nur Schatten im Gesicht wie
dunkle Höhlen, und
schwerelos,
wie der Gevatter Tod auf alten Bildern, machte er die Runde und reichte jedem seine schlaffe Hand,
sah Nebel, Nebel, Rauch und zwischendrinnen wie Geister Jungs,
ja wirklich große Kinder, langsam, mit Stangen, langsam, langsam gehen, Minen suchen,
ich hörte, wie Sirenen in Berlin dann heulten, als die Schlacht vorbei war, oder,

anders ausgedrückt, der Weg
zur Hauptstadt frei war,
es war sehr kalt in diesem Kinoraum.

Und auch verstand ich nicht, wieso auf allen Tafeln und in den Filmen immerzu von Opfern die Rede war, es waren alle Opfer, die Deutschen und die Russen, die Soldaten und die Generäle. Ich ging raus zu der Frau, die die Kataloge verkaufte und fragte danach, und sie sagte: Nicht wahr, als Frau sieht man das anders!
Da verstand ich überhaupt nichts mehr und meinte, erklären zu müssen, daß doch Deutschland das Ganze angefangen hätte und daß mit dem Ende des großen Krieges auch ein großes Verbrechen zu Ende gewesen sei, und das könnte doch an einer Stelle auch mal deutlich gesagt werden, verdammt noch mal. Oh, wenn Sie wüßten, rief sie da, oh, wenn Sie wüßten, wie wir hier jedes, jedes Wort an jeder Tafel diskutieren, wie wir alles in Frage stellen, wirklich, wir haben uns das hier nicht leicht gemacht, und wenn Sie so denken, dann müssen Sie den andern Film auch sehen, der hier läuft! Schob mich wieder rein in den Saal, und der nächste Film begann, da stand ein Mann auf einem Acker und grub einen Stiefel aus, in dem ein Knochen steckte, er zog den Knochen raus und sagte: Das ist mal ein russischer Soldat gewesen, aber bevor der hierherkam, sind die Deutschen erstmal dorthin gelaufen, davon wollen viele heute schon nichts mehr wissen. Und dann sah man, wie offensichtlich dieser Knochen aus dem Stiefel mit einer Menge anderer Knochen heute, im Jahre 1996 also, von einer Gruppe von Soldaten, Deutschen und Russen, die eine Musikkapelle mit sich führten und Fahnen trugen, begraben wurde. Das passiert hier täglich, sagte der Sprecher. – Das hatten auch die Schweißer im ODERBLICK erzählt: Die Toten, die wir finden, werden später mit militärischen Ehren begraben. – Nun hatte ich meinen Satz, den ich eingefordert hatte gehört und sah wieder Bilder von damals, andere, bessere nicht, und als ich rausging in die Wärme, in die kleine Stadt Seelow

am Mittag, suchte ich eine Sparkasse, weil ich Geld brauchte, fand einen nagelneuen Bau, der wie ein Fremdkörper mit seinen glatten Klinkern in dem zerschossnen, abgeschrammten Seelow stand, und als seine Glastüren sich vor mir öffneten und ein Geldautomat wie überall auf der Welt sauber, bereitwillig dastand, piepste bei meiner Geheimzahl und mir 300 Mark herausschob am Mittag, fühlte ich mich zum ersten Mal auf dieser Reise wie gerettet. Vor Freude

kaufte ich mir eine FRANKFURTER ALLGEMEINE,
worin stand,
daß Jelzin die Wahlen bei den Russen gewonnen hat und
Heiner Goebbels einen Hörspielpreis und daß
der Sommer unbeständig bleibt. Die Welt von heute war also noch da, und sie war noch in Ordnung.

In Seelow war gerade Markt,
es gab hier
Lappenkleider, Stoffgladiolen, Holländertomaten,
vier dünne Inder
hielten den Union Jack und Nylonfahnen der Staaten
von Amerika Passanten hin,
alten Frauen, die
sich den Weg abkürzten, quer übern Platz,
mehr weiß ich nicht, nur eins noch: Als ich rausfuhr,
den Hügel runter, den umkämpften, da
las ich rechts an einem Haus die Schrift
BEGRÄBNISINSTITUT MÖSE, und das
soll auch noch aufgeschrieben sein.

Der Weg zurück war schon vertraut,
die graden Felder und Alleen vor Lebus,
es war noch Nachmittag,
und als ich von der Straße runter die Schlucht

reinfuhr, da roch es wieder nach Linden, und
der Sand war warm, die Schäferhunde schliefen
hinter der Kirche.
Ich stieg auf diese Burg,
den Zauberberg, die Pyramide, in der vielleicht einmal ein Gott
gewohnt hat, oder ein großes Reich regiert wurde, und stieg
auch wieder runter und
saß ein letztes Mal im ODERBLICK, der diesmal leer war, bis
einer kam, ein Mann, der mir erzählte, daß
er
in dieser neuen Welt nur noch zum Wachmann tauge,
als Mann mit Rangerausbildung im Osten, der
die bessere Armee gehabt hat, die
den Westen locker überrollt hätte, an einem Wochenende, weil die
Soldaten nämlich dort
an Wochenenden immer nach Hause fuhren, hahaha, und übrigens
wäre er ein Mann, der
kein Problem damit hätte, jemanden zu töten, wenn
er den Auftrag dazu hätte, da
gab es eine Pause im Gespräch an unserm Tisch, sollte
ich ihm Namen nennen? Mir war
nicht klar, wie ich am besten unauffällig
nach Hause käme, jetzt, da wir alleine saßen im Lokal, vor
großer Wasserlandschaft, und es dunkel wurde, aber
es ging.

Ich ging.
Und sah danach im Fernsehapparat in meinem Zimmer

zuerst, wie eine Frau geprügelt wurde, dann, wie ein Mann einer Frau mit der Rasierklinge vor dem Gesicht herumfuchtelte, dann, wie eine Frau tot in einer Tiefgarage aufgefunden wurde. Der einzige friedliche Film zeigte den Grizzlybär in einem Naturschutzgebiet in den USA, wie er geschont wird. Ein Bär, der einmal einen Menschen bedroht hatte, wurde mit einem Pfeil betäubt und dann in einem Netz von einem Hubschrauber sanft hochgehoben und fortgetragen, tiefer in den Wald. In dieser Nacht habe ich schlecht geschlafen, ich bin dann auch erst spät aufgewacht, mit Blick in den Nachbargarten, wo ein dicker Mann mit Pferdeschwanz den Rasenmäher schob.

In Frankfurt in die Oder gestarrt

In Frankfurt war ich nicht das erste Mal.
Ich fuhr dorthin, und ich erinnerte mich dunkel an Stadt und Fluß,
und an ein breites, leeres Ufer?
Plattenbauten? Bronze-
figuren, die um Ecken lugten, so
kleine Kletterer an irgendwelchen Tröpfchenbrunnen, und auch
ein großes Weib und
irgendwelche ganz verdrehten Körpermassen auf
leeren Plätzen?
Am schlimmsten in Erinnerung war mir eine gewisse
Sonntagsstimmung,
so schwer, daß ich die Füße regelrecht ab-
reißen mußte von den Gehwegplatten in den Trottoiren,
aber
ich dachte, das ist lange her und alles anders, muß ja anders
geworden sein - nun,
ich will es kurz machen, es war genauso.

Ich kam an einem Freitag an, zuerst ging
alles besser, als ich dachte, ein
Zimmer war sofort besorgt, es standen auch viele
Hochhäuser an dem zentralen Platz und nicht nur eins wie damals.
Ich fuhr zum Stadtrand, wo
ich wohnen würde, Einfamilienhaus, lud meine Sachen ab, und da,
in dieser Stunde
wars passiert, da schlossen alle Läden, und
als ich wieder frei und offen für alles Neue auf dem zentralen
Platz am Oderufer stand,
da war er leer wie damals, kein Mensch, nur
Kunst lauerte hinter jedem Haus,

Figuren! lehnten sich an Wände, guckten um die Ecken oder hingen an Stangen, und die Tröpfchenbrunnen tropften, und die Schirmmännchen trugen ihre Schirme, und die Körpermassen waren wie Korkenzieher verdreht und hatten keine Köpfe und keine Füße,
und das alte Weib auf einer Ecke war Kopernikus.
Sollte es sein.
Alles aus Bronze, manchmal auch Stein.

Ja, es war Freitagabend, hoffnungslos, ich
kannte niemanden und trollte mich zurück aus diesem Zentrum, das
aus den Betonterrassen an der Oder
besteht, viel Plattenwohnungsbau und einem kahlen Platz, an dessen Rand eine Marienkirche,
ein Hochhaus und ein sogenanntes Einkaufszentrum stehen, es hieß hier ODERTURM und
war verrammelt, fünf nach sechs. Ich guckte durch die Scheiben
und las ein Schild, darauf stand: HAUSORDNUNG, dann
lief ich Richtung Stadtrand
unter Eisenbahnbrücken hindurch, vorbei auch
an Kasernen, zurück
in meine Gegend mit den Einfamilienhäusern und den Gärten.

Die
Straßen waren alle menschenleer,
die Süßkirschbäume dagegen voll, und ihre
Äste hingen tief, ich griff in einen rein und faßte
einer Frau beinahe ins Gesicht, die schrie vor Schreck,
da rief ich Guten Tag!
worauf die Frau noch mal erschrak. Ich mußte
meinen Arm zurückziehen, und tats, indem ich schnell

mit großen Schritten weiterging, hörte dabei
die Frau im Garten
vor sich hinreden, sie sagte: Nein. Nein!
Nein!
Na ja, das war
also so ein Erlebnis in Frankfurt/Oder, ich hoffte auf den
Sonnabend, der kam.

Und wieder lief ich
auf das zentrale Ufer zu und diesmal weiter,
nach Słubice, also nach Polen rüber, um den großen Markt zu
sehen, dem alle zustrebten, die vor mir, hinter mir
die Brücke rübertrabten. Auf dem anderen Ufer standen Taxen und
kleine Lieferwagen, für
eine Mark saß ich in einem drin, und fünf Minuten später bog die
Klapperkiste in ein Wäldchen ein, wo hundert andre
kleine Busse standen, ich sah Buden, Budenstraßen, Buden
unter Dächern, Dächer über Buden. Das Licht
fiel diesig durch die Plastiküberdachung, und
was zuerst auffiel, das waren Schweinelenden.

Lendchen – gepökelt und glasiert oder geräuchert und mit Gummi
überzogen, Lack?
Waren das Lendchen? Die Form war manchmal recht bizarr,
und auch die Faser lief ganz wie sie wollte,
längs oder quer und manchmal
schräg am Stück, aber es sollte
nur nach was aussehen und duften. Und außerdem: Die Lende
kostete vier Mark! Vier Mark in
deutschem Geld, es wurden alle Preise in Deutschmark hergesagt,
und neben
Lenden glänzten Erdbeeren in Körben, vier Pfund fünf Mark,
daneben Pfifferlinge, herrlich groß, drei

Mark das Pfund, Himbeeren gabs und gutes Brot.
Und was gabs noch?
Die Lebensmittelhändler standen mit ihren Körben an den Ecken
der Gänge in der Budenstadt, die Stände
gehörten Leuten, die mit
Trikotagen,
Jeans,
Kristall und Leder,
Porzellan
handelten, aber

da wußte ich auch nicht weiter. Warum sollte ich was kaufen? Weil es billig war? Es war auch häßlich. Na, nicht alles, aber fast alles. Ich stand lange vor einem Stand mit Socken, jedes Paar kostete eine Mark. Spottbillig, die mußte man kaufen, und gleich verließ mich die Lust. Wegzugehen gelang mir nur einmal, beim nächsten Stand kaufte ich zwei Paar weiße Socken zu zwei Mark, sie waren feingestrickt, und ich habe sie oft getragen seitdem, aber froh war ich nie darüber. Ein paar Budenstraßen weiter bot eine Frau Schlüpfer an, sieben Stück für eine Mark, aber warum sollte ich sieben Schlüpfer kaufen, die mir nicht gefielen, wiederum, sie waren normal, ich will nicht, sagte ich, da lächelte die Frau. Ich sah jetzt erst, wie elegant sie war, diese Verkäuferin, und es war klar, sie trug die Schlüpfer auch nicht. Die Stimmung war flau, trübes Licht unter den Plastikdächern, kaum Käufer. Man konnte die Budenstraßen glatt durchsehen, Hosenbeine von aufeinandergestapelten Jeans ragten in die Gänge oder Kisten, aus Korb geflochten. Die strengen Deutschen kamen meistens zu zweit und prüften alles ganz genau. Hinter den dünnen Wänden hörte man immer wieder grelles Berlinisch: 300 Gramm! – 300 Gramm! Wie ick jesacht habe! – Nee, nee, lassen se! Is ja teurer als oben! Jehn wa wieder! – Waatt?! – Dafür kriejick dreije! Dafür kriejick dreije! – Ha! – Haha!!

Der ganze Markt hatte etwas Trostloses, zu Fuß ging ich bis zur Straße zurück, sie führte am Fluß entlang. Von dieser Seite der Oder sahen Frankfurts Dächer und Türme am grünen Ufer schön aus. Auf dem Rückweg suchte ich das Zentrum dieses polnischen Ortes, der einmal die deutsche Vorstadt gewesen war, fand es nicht, nur Gammelecken und geschlossene Läden, einzig die Straße zur Brücke hatte einen guten Schwung und viele Läden mit Gold und Silber, Blumen und anderen Köstlichkeiten. Einer war noch geöffnet, darin drängelten sich dicke Frauen. Es gab Teller und Vasen. Zwei Freundinnen berieten sich laut und schwitzten dabei, der einen ging es um ein Regal in ihrer Wohnung. – Da würde bei mir Grün hinpassen! sagte sie. Nee, sagte die andere, nee, du brauchst wat, wat absticht, da, sowat, und zeigte auf eine Vase, eine blaue Fanfare aus verwickelten Glasschlieren, deren Anblick bei der anderen den freudigen Ruf: Nich schlecht, Herr Specht! auslöste. – Nich schlecht, Herr Specht!
Es war Mittag, und nur noch wenige Menschen unterwegs, trotzdem war Frankfurt noch lebendig, als ich über die Brücke zurücktrabte, aber das änderte sich pünktlich um eins.

Danach waren im
Zentrum nur noch zwei
Cafés geöffnet, eins davon war ein Eiscafé, sechs
arme, alte Leute saßen darin um einen Tisch herum und schrien und
lachten laut, betrunken. Ein
kleines Mädchen hockte draußen vor der Tür, aß Eis, das heißt,
es biß
andauernd böse in sein Eis hinein und zog ihm
auch Grimassen, schwieg aber,
als ich ein Gespräch beginnen wollte, und
statt zu gehn,
bestellte ich wie früher im Osten in solchen Cafés einen
Schokoladeneisbecher mit Eierlikör, dieses perverse

braun- und gelbe Zeug,
weil eben
alles so wie damals war: Der Plastikstuhl, die
Platte im
Trottoir und die Gardine vor der grauen Fensterscheibe, es
war zum Schreien, Rennen oder zum Grimassenschneiden, da
hatte dieses Kind ganz recht, es stiegen plötzlich
deutliche Erinnerungen an
meine ersten Stöckelschuhe aus diesem Becher und an den ersten
Zeltschein an der See, natürlich Ost, an
Tanzvergnügen mit Kapelle und Damenwahl, und an – das
muß vor hundert Jahren gewesen sein – Strumpf-
haltergürtel! und dann stieg noch was auf, und das war
Zeit und Zeit und Zeit, und nie
ging die voran,
genau wie hier, wo ich jetzt klebengeblie-
ben war,
mein Gott, ich hatte ganz schön dran zu löffeln, dann
stellte ich den leeren Becher der Frau am Tresen leise vor die
Nase und bezahlte und
ging, Gerechtigkeit für Frankfurt suchen.

Das Ufer nun, zum dritten.
Aber
ich fand mir dort kein Plätzchen zum
Verweilen, nein, im Gegenteil,
es kam mir mit der Zeit so vor, als ob die große und breite
Treppe zum Wasser runter nur so tut,
so einladend, so wartend auf Besucher, in Wirklichkeit die Hände
ausstreckt – weg!
Weg, weg, weg, weg, haut ab, bleibt mir vom Leibe, laßt mich in
Ruhe, ich will keinen sehn!

So
kams mir vor, und wenn ich was zu sagen hätte, in
Frankfurt an der Oder, würde ich die Platten an dem Ufer alle
rausreißen und kleine, klitzekleine Häuschen bauen lassen,
Wege
dazwischen, Gärten, Stufen, daß Luft
da rankommt, Luft!
Vielleicht hat London auch so große Plätze, wo
das die größte Stadt Europas ist, oh! Frankfurt, es liegt Beton
auf seiner Brust, der arme Kleist,
der würde sich bestimmt ein zweites Mal erschießen, wenn
er sie sehen würde, diese Stadt.

Er ist ja hier geboren, Frankfurt zeigt
ein schönes Haus am Oderufer, ein
kleines, altes Haus wie einen Kuchenzahn, beinah das
einzige von früher,
als Kleist-Haus vor, nur wer das Kleingedruckte liest, erfährt,
daß das nicht das Familienhaus gewesen ist, sondern
die Garnisonsschule für Kinder der Soldaten und
der armen Offiziere, na ja, ich sage ja, er würde sich erschießen,
in diesem Falle, weil es paßt, symbolisch, ein armes Kind von
armen Offizieren, und ewig Schule, immerzu belehrt.

Von seiner Lieblingsschwester hatten die Museumsleute sich
den Grabstein in den Hof
gestellt, man war da locker, außerdem, Häuschen und Hof mit Efeu,
Gras und Kreuz sind eine
Insel der Vergangenheit
und stehn direkt am Fluß, die Oder
läßt sich ja nicht lumpen, hier war sie auch schön, aber so
wie in Lebus, so war sie nicht.

Die Linden rochen weniger, das
Wasser
schien mir dunkler, und
seine Ufer auf der deutschen Seite waren
nicht aus Sand, sie waren Stein
und leer. Die ersten Afrikaner, die ich auf dieser Reise sah,
kamen mir hier entgegen, ratlos und allein,
ach, endlich fiel der Regen, den die FAZ
in Seelow angekündigt hatte, und ich war froh
und fuhr zurück ins Einfamilienhaus, wo
in der Eingangshalle das Foto einer Aktie
gerahmt und hinter Glas hing, ein Riesengeldschein quasi,
1000 MARK
war gut zu lesen über einer Flurkommode, auf der vielleicht einmal das Handbuch des BGL-Vorsitzenden gelegen hatte, oder
ein NEUES DEUTSCHLAND, täglich frisch?

In meiner Stube
die Zimmerdecke war getäfelt, das heißt, mit Brettern
zugenagelt, die
sah ich an, vom Bett aus in dem Gästezimmer, und dachte:
Was
ist so schrecklich
an den Zimmerdecken? Warum
muß man sie verstecken?
Schon in Lebus war doch die Decke meines Zimmers mit
Plastikfliesen überklebt gewesen, nagelneu, wie
alles neu gewesen war:
Dusche, Toilette, Teppichboden und Fernsehapparat, in Frankfurt
ebenso wie in Lebus, für 50 Mark das Bett, die Nacht. (Oder den
Tag, wenn man in Frankfurt ist.)
Die Nacht verbrachte ich dann wieder unter Leuten.
Man gab Othello.

Unter freiem Himmel war auf dem mir langsam gut bekannten Platz
vor der Marienkirche eine Bühne aufgebaut,
ein schwarzer Kasten. Von allen Seiten bewegten sich auf einmal Menschen
darauf zu, sie
drängten sich in der schwarzen Kiste auf Bänken zusammen, Wolldecken wurden verteilt, es
war sehr kalt geworden nach dem Regen, und
als es GONG machte, da
latschte ein braunes Pferd herein, blieb stehen auf der Bühne, also
auf dem Straßenpflaster vor der Marienkirche.
Der Mohr und seine blonde Braut saßen auf diesem Pferd, sie
küßten und umarmten sich andauernd, das Pferd lief eine Weile kleine
Kreise mit dem Liebespaar auf seinem Rücken, schon ging es los,
und Jago flüsterte: Wär sie so sittsam,
hätte sie den Mohren niemals lieben können!

Die
Mimen waren alle jung und stark, tobten und
schlugen sich, verschwanden in den Wänden, kamen
auf einem Dampfer wieder, der ins Bild geschoben
wurde, Othello oben an der Reling vermißte
bereits sein
Taschentuch, und auf den Bänken sah man stumm
dem schrecklichen Geschehen zu. Danach

standen die Theaterleute in der Marienkirche, in der zwar ihre Theaterutensilien auf dem Steinboden lagen, die sie aber als Kulisse nicht benutzt hatten. Jemand sagte, es sei die größte Hallenkirche Norddeutschlands, und aus irgendeiner dunklen Ecke in dieser Kirchenhalle holten sich die Leute was zum Trinken. Es war die letzte Vorstellung vor den Sommerferien gewesen, Abschiede, Umarmungen, die Beleuchtung kam von unten, weil Scheinwerfer auf dem Boden lagen. Wir standen zwischen den vielen Säulen wie in einem Wald, wenn ein Auto die Scheinwerfer nicht abblendet. Der Regisseur erzählte, daß er hier drin auch schon inszeniert habe, und zwar den TROST DER NÖRDLICHEN MEERE von Slobodan Šnajder aus Zagreb. Das Stück handele von einem Deutschen, der 1936 mit einer Jüdin den Messias zeugen will, später einen ermordeten jüdischen Freund in der Unterwelt sucht, dort viel erlebt und schließlich kaum gealtert 1991 in Berlin auf dem Potsdamer Platz wieder ans Tageslicht kommt, wo er seine Frau trifft, die inzwischen 72 Jahre alt ist!

Oh Mann, oh Mann, das sind ja Phantasien, das dürfte von uns keiner schreiben, sagte ich.
Das
könntet ihr auch nie, so sprach der Regisseur,
das wirds hier nicht mehr geben, wir Deutschen haben einfach nichts mehr in der
Tasche! Die Mythen weg, die Lieder, die
Gesänge, bei uns ist Kahlschlag, wie in Frankfurt in der Mitte.
So ungefähr
beschrieb er mir das Fundament der deutschen Seele heute, die nichts mehr hergibt für die Kunst, da waren wir Autoren
auch schnell wieder entschuldigt, er genauso, er
brauchte meine Stücke nicht zu lesen, das
hatte er auch gar nicht vor.

Von Frankfurt sagte er, es sei hier schwierig,
kein Mittelstand, und wer
von Westen herzieht, der will Geld verdienen und
beruhigt werden im Theater, aber
das sei bei ihm nicht drin, gerade diese Leute, die

müßten ab und zu mal ihre Dresche kriegen. Theatermäßig
gab es also viel Feind und auch
viel Ehr, wie ich verstand, und

Schwierigkeiten, logisch. Diese Nähe zu Berlin, wer grade nichts zu spielen habe, sei schnell weg und wiederum, er habe hier alle Freiheiten als Regisseur, und alle gingen dann in ein Café, wo wir in Qualm und Bierdunst über die Lage sprachen. Einer meinte, wir hätten eine Umbruchzeit, in der zu wenig passiert, ein anderer: Wer heute Arbeit hat, hat keine Kraft, und einer sagte, völlig neue Orientierungsfelder hätten sich aufgetan, zum Beispiel Geld! Ich zählte meins und ließ mir eine Taxe rufen.
Der Taxifahrer sagte: Weeß ick schon, als ich von Umleitungen auf dem Weg zum Einfamilienhaus der Wirtin sprach, und da traute ich mich endlich zu fragen, wieso alle Frankfurter, aber auch Lebuser mehr berlinerten als die Berliner, worauf er meinte, die Berliner sprechen einfach nur den Dialekt der Gegend, so
ist das.
So soll das sein?
Wir haben unsre Sprache nicht erfunden, wir Berliner?
Wir reden einfach Märker Platt?
Das war ja eine Kränkung mitten in der Nacht,
das
hab ich nicht geglaubt und
nicht vergessen.

Und was mir auch noch unvergeßlich bleibt: das
Arbeitsamt.

Man fährt zum Arbeitsamt in Richtung Krankenhaus,
man steigt
am Friedhof aus und läuft in Richtung Knast. Es
laufen da

sehr viele ärmlich angezogene Männer, noch mehr Frauen, und viele
gehn zu zweit und halten sich dabei an der Hand.
Die Straße heißt nach Robert Havemann, das Haus ein
Plattenbau, in dem einmal die Stasi saß, aus
allen Fluren sieht man auf den Knast,
hier gibt es nichts, nur Platten und Beton,
sogar der Wohnwagen, der gegenüber vom
Arbeitsamt geparkt war – täglich frische Eintöpfe, jede Portion
nur drei Mark! –, war geschlossen,
auch dadrin keine Arbeit mehr!
Im ganzen fehlten 60 000 Arbeitsplätze im Juli 96 in der Gegend,
aber so richtig verstand ich die Papiere nicht, die
man mir mitgegeben hatte, denn
das Arbeitsamt bezahlt auch Geld für Arbeitsplätze in Betrieben,
und alle ABM, das heißt
Arbeitsbeschaffungsmaßnahmen, und eine solche darf
den Wettbewerb nicht stören, das
wurde mir erklärt.
Ja,
es sah aus, als ob
das halbe Leben, das da lief in Frankfurt
(mit halber Kraft deswegen?),
gestützt war, simuliert.

Als ich im Zentrum wieder ankam, lief
ich sofort und ohne
nachzudenken, die Brücke raus nach Polen.
Die kleine Goldstraße war
voller Menschen, Autos, Lichtreklame, die Läden voll,
»Nich schlecht, Herr Specht« stand nicht mehr im
Regal, ich fand ein Neoncafé mit Musik und setzte mich zu einer
Frau, die Zeitung las, es war die Ortszeitung, sie hieß

GAZETA LUBUSKA – die Lebuser Zeitung! Wir
sprachen Russisch, das
hatte sie gelernt, weil sie Kinder aus Weißrußland
betreute, die dann in Słubice bei Leuten wohnten, privat,
verstrahlte Kinder, sie hatte es organisiert, vier Jahre liefs,
in diesem Jahr nun hätte niemand Geld
für einen zusätzlichen Esser. Die Frau war Krankenschwester,
arbeitslos, und Geld bekommt ein Pole in dem Falle nur ein
halbes Jahr, und zwar den Landesdurchschnitt eines Einkommens
in Polen. Wir tranken Tee, ich sah zum Fenster raus, das
kleine Stück der Straße, fand ich, sah
französisch aus, sie wartete auf einen Mann, auf einen Deutschen.
Der kam nicht, und okay,
so richtig wär sie selber auch nicht verliebt, erzählte sie, bezahlte
dann und ging, denn
ihre Enkelkinder warteten auf sie.

Ich lief zurück, über die große Brücke.
Der Fluß wird scharf
bewacht, weil viele rüberwollen, die die feine
kleine Plastikkarte, die ich dem Grenzer zeigte, nicht haben
und so einfach auch nicht kriegen sollen.
Nachts fliegen
Hubschrauber mit Wärmebildgeräten
über dem Wasser, denn solange
ein Körper wärmer als das Wasser ist, verrät er sich, nur
wenn er kalt ist, ist er unsichtbar.
Das kann man gar nicht glauben von der schönen Oder, jüngst
hat sie mehr Menschen gefressen als
der Rhein, beziehungsweise,
mehr Menschen stürzen sich hier rein,
das dachte ich und traf zuletzt noch
einen netten Herrn vom Arbeitsamt. Ich hatte ihn zum Essen

eingeladen, weil
ich aus den Papieren nicht schlau geworden bin, die ich
von ihm bekommen hatte, wir aßen Pizza und er

sah mich an, als ob er sagen wollte, daß es *mein* Wunsch war, zu wissen, was da stand. Herr Baier, sagte ich, habe ich richtig verstanden, Frankfurt/Oder hat im vergangenen Jahr weit über eine Milliarde Mark für Arbeitslose und für Unterstützungsmaßnahmen ausgegeben? Und das für einen Stadtkreis und zwei Landkreise? Statt nun zu sagen: Ach, Sie irren sich, sie können wohl Statistiken nicht lesen, denn ganz so ist es auch nicht, und so weiter, nickte er nur und flüsterte beinah: Haben Sie gestern TALK IM TURM gesehen? Hatte ich nicht, aber die Zahlen – in diesem Jahr, da melden sich hier jeden Monat 4 000 Leute arbeitslos –, wie soll das weitergehen? Das fragen Sie mich, flüstert er wieder, und: Schade, daß Sies nicht gesehen haben, gestern, dann hätten Sies gehört: Das Geld wird jetzt mit Geld verdient. Es ist ein Umbruch, wie sich niemand träumen ließ, es ist vorbei, es wird kaum investiert.
Und
was er noch erzählte, davon könnte
ich ein extra Buch schreiben, aber die Bücher gibt es schon, und dieser Mann, so ratlos und so sanft, hat es
umsonst erzählt, auf jeden Fall, es ist,
wenn ich verstanden habe, keine Arbeit da,
das Geld wird bergeweise ausgegeben für Ruhe und
dafür, daß alles besser wird, vorausgesetzt,
es bleibt so wie es ist,
zumindest für ein Jahr und noch
ein Jahr, man will das dehnen, Zeit
rausschinden, warten.
Ja, warten war das richtige Wort für das, was ich gesehen habe,
Frankfurt
wartet. Es wartete, und ich fuhr ab.

In Lübben in der Erde rumgekratzt

Auf Landstraßen in Richtung Süden,
auf Alleen
und hinter jedem Baum ein Schild: SCHÖNE ALLEE las
ich auf einem und auf dem nächsten: SCHÖN
AUFPASSEN und wieder: SCHÖNE ALLEE und SCHÖN
AUFPASSEN und: ALLEEN SIND
UNGEFÄHRLICH und:
RASEN
IST GEFÄHRLICH, das war das nächste Schild,
oh, mein Honda, der fuhr langsam, und
kein Pole hats hinter mir ausgehalten, keiner, aber die
deutschen Autos auch nicht, ich
war ein Hindernis mit 70 Stundenkilometern auf der nassen Straße
mit Bäumen im Lande Brandenburg, wo
so viele Autofahrer sterben wie beinah nirgend
sonst
in Westeuropa. Aber war ich in Westeuropa?
Pfützen blinkten zwischen den
Stämmen rechts und links, und das Gebüsch wuchs
höher, höher, aus
Feldern und Alleen war ein Gestrüpp geworden, das
im Wasser stand und
über mir zusammenwuchs, ich
wußte nicht mehr, wo ich war, und hatte keine Lust,
die Karte zu befragen, Musik dazu, ich hatte
die neueste CD von PJ Harvey im Gepäck, sie
flüsterte und hauchte lange Töne aus, sie schrie,
und draußen war es dunkel vormittags, und Krähen liefen
über den Asphalt und Schnecken krochen, und in den Sümpfen saß
das wilde Schwein, das war ja klar, und das gefiel mir auch, ich

sah
genau hin zwischen Stämme, Äste, Büsche, aber außer
Farn und Himbeerblüten war
gar nichts zu erkennen, alles grün, ich fuhr
im Auto und war eigentlich auch nur ein Kahn auf feuchtem Wege
und allein
im Wald.

Dörfer und Baumärkte gabs auch ab und zu, dann sahen die Straßenränder kahl aus, heller, aber gleich kam wieder der Busch mit seinem andern Klima, anderen Geräuschen. Einmal sah ich sogar ein Dorf ohne Baulücken und Siedlungshäuser, es lag wie ein Ei im Gras, ein Fleck, wo große, alte Bauernhäuser im Kreis um eine Kirche standen. Da glaubte ich, die Linie der Feuerwalze, der harten Kämpfe an der Ostfront, wo alles plattgemacht, zerschossen und zerschrammt war, läge nun endlich hinter mir, jedoch
es war wohl
nur
das Zicklein aus dem Uhrkasten, das sich im tiefen Wald
verstecken konnte, dieses Dorf, denn als ich dann
in eine Stadt hineinfuhr, Lübben, und
hielt an einem kahlen Platz, und
wissen wollte, wo
das Zentrum sei, da hieß es: Hier,
wo wir sind.

Die Läden schlossen grade, Mittag, Menschen in Anoraks, Kapuzen
über den Köpfen, eilten
irgendwohin. Das Zentrum war der leere Platz,
daneben eine Kirche.
Das kannte ich von Frankfurt schon, ich würde weiterfahren,
entschied ich, aber
an der Hauptstraße stand

ein Gasthaus, dessen Besitzer einen kleinen Löwen über seiner Kneipentür hatte frisch
vergolden lassen, das fiel auf im Regen:
Das Wirtshaus GOLDENER LÖWE.
Drinnen Wärme, Menschen, Küchendunst, viel Braten und viel Kohlrouladen wurden auf Tellern durch den Raum getragen, auch meine kam direkt geflogen, sehr groß und goldbraun angeröstet, und eine Zeitung lag auf meinem Tisch:
LAUSITZER RUNDSCHAU.

Die Zeitung meldete, daß es in Lübben in der Schule gebrannt hat und das Wetter regnerisch bleiben würde. Der Präsident des Deutschen Instituts für Wirtschaftsforschung hatte erklärt, die Löhne im Osten müßten um ein Fünftel gesenkt werden, aber das ginge nicht, und deshalb dürfte es im Osten in den nächsten fünf oder sieben Jahren keine Lohnerhöhung geben, WEITERHIN NULLRUNDEN war die Überschrift, meine Kohlroulade kostete zehn Mark, ich zahlte und ging noch eine Runde ums Karree, denn was ich von dem Ort gesehen hatte, war leicht abzulaufen. Neben dem GOLDENEN LÖWEN baute die Sparkasse eine neue Sparkasse, weiter hinten waren einige Neubauten schon fertig, auf einem Haus prangte die Schrift ARBEITSAMT, die übrigen waren denen ähnlich, die in Lebus an der Kreuzung gestanden hatten – unten Läden, oben Wohnungen und verglaste, spitze Giebel. Zwischen den Fundamenten der Sparkasse und dem Arbeitsamt war eine zweite Baustelle, ein Zaun herumgezogen, dahinter lagen verstreut rote Klinker. Drei Treppenstufen, aus alten Backsteinen gebaut, führten in die Erde, ein roter Backsteinofen ragte wiederum heraus, oder war das ein Brunnen? Ein Fleck von Kieselpflaster war zu sehen, und neben einem Bauwagen saßen auf Stühlen ein Mann und eine Frau. Sie saßen da in Gummimantel und Kapuze, jeder hatte eine Schüssel mit Wasser auf dem Schoß, daraus fischte er Tonscherben und bürstete sie. Ich fragte, was sie hier machten. Wenn wir das wüßten, sagte die Frau. Dabei war es ja klar, sie wuschen Scherben, und das war eine Ausgrabung. Ihre Chefs befanden sich in einem gelben Container und meinten, Lübben sei ein guter Ort, der wichtige in dieser Gegend, hier lohne es sich, zu bleiben, aber

ich wollte doch nach Lübbenau und Vetschau! Ich
wollte die Kraftwerke sehen, die Herzen, die Herzen, die
stillgelegt werden, die Herzen des Landes, in dem
ich so lange gelebt hatte, Kind war und Mutter, und immer kam
Licht aus der Wand, und das war
von hier gekommen, ich meine, von dort, aus
Lübbenau und Vetschau, und vor ein paar Tagen, da
hörte ich im Radio, sie werden abgestellt, sie
schlagen schon nicht mehr, und dort wollte ich hin, jedoch
das große, rote Backsteinfeld hier, die Grabung,
was
suchten die? Was haben sie gefunden?

Für einen Augenblick
kam Sonne raus, nur
soviel, daß ich weiterlaufen wollte, lief
gradeaus an dieser Ausgrabung entlang und weiter bis zu
einem Flecken Sand.
Darauf ein Stück von einer Feldsteinmauer mit einem Loch,
dahinter Wasser, und auf einmal schoben drei
Gesichter, stumm, in einem Kahn vorbei, tief
unter mir, es guckten nur die Köpfe aus dem Gras.
Hier ist das Tor zum Spreewald, las
ich auf einem Schild und ging im Kreis
und fand ein Schloß, ein gelbes, das gelbe Licht
in seinen Fenstern brannte, Kron-
leuchter glitzerten, ein Pforte
stand offen, und gegenüber gleich ein zweites, helles Schloß,

ein Turm,Nußbaum davor und Kirschbaum auch, und
Kirschen lagen auf dem Boden, weil
Sturm sie abgerissen hatte oder Regen,
da
habe ich gedacht, ich bleibe, und fünf Minuten später
hatte ich ein Zimmer mit Balkon und Blick auf
Gärten, Park und Wasserläufe und
die geheimnisvolle Grabung um die Ecke.

So weit, so gut, die lief mir nicht davon, und ich fuhr weiter,
diese Werke suchen, wo sie
Kraft hergestellt haben, Kraft für den Sozialismus, der
sie nun nicht mehr braucht, und nun
verschwinden sie. So
dachte ich und fuhr durch Lübbenau, das
ist so leicht gesagt, aber es wurde überall gebaut, am
meisten bauten sie die Straßen, und hatten Lübbenau mit
Straßenbau
von der Umgebung beinah abgeschnitten, verwirrend, doch
die Richtung war ja immer klar, denn
neben meiner Straße waren
auf der rechten Seite Drähte
durch die Luft gezogen – hundert oder tausend, schwarz
an Masten, sie hingen tief wie
Tücher, schwarze Tücher, wie
war ich froh, daß Vetschau links davon lag. Zuerst
war nichts davon zu sehn, ich bog von
meiner großen Straße ab, dann
sah ich es – das Vetschau
stand so leer und handgepflastert da, als ob
noch keine Asphaltstraße es erreicht hat. Wie
zwischen lauter greisen Schädelköpfen fühlte ich mich
auf seinem Markt, dabei,

die alten Häuser waren hübsch, aber
aus welcher Zeit? Barock?
Im Zustand 1936? Oder noch älter, oder, ach, was weiß ich,
es war viel neu verputzt und sauber hergerichtet,
von Sozialismus nichts mehr zu erkennen und auch noch nichts
von weiter Welt.
Kein Mensch war auf dem großen Platz, der
Bäcker hatte nur noch Kekse zu
verkaufen, das war hier eine Stille in der Stadt, die
in den Ohren krachte, und ich machte,
daß ich fortkam.
Allerdings, ich hätte gern gewußt, ob es mal Zeiten gab, in denen
hier die Straßen voll gewesen sind, und wann
das war, warum
sie hier so einen großen Marktplatz brauchten, aber
das alles konnte ich hier keinen fragen, und mit den Fragen war
ich ja nicht hergekommen, und
was ich vorher wissen wollte, wußte
an einer Straßenecke dann ein Kind - den Weg zum Kraftwerk.

Der führte noch vor der alten Stadt nach rechts,
an Neubauten vorbei und durch den Wald,
dann sah ich es, ich sah drei dicke Türme, die
an Wolken stießen,
dahinter wieder
drei,
so ging das weiter, die grauen Regenwolken hingen von diesen
grauen,
grauenvollen Röhren aus Beton direkt herunter,
schwer wurde mir das Atmen als ich so davorstand, ja,
ein Riese war das schon.

Das Pförtnerhäuschen neben der Schranke war eine helle Bude, es herrschte drinnen die Gemütlichkeit der kleinen Leute, die alten Telefone standen noch da, nur ein Wegweiser vor dem Fenster schien neu: BETRIEBSRAT. Der Pförtner war der einzige Arbeiter, der noch im Werk war, heute, zwei andere fuhren gerade in jeweils einem Bus heraus. Der Pförtner winkte ihnen jedesmal und öffnete mit Knopfdruck dann die Schranke, es sind Kollegen, sagte er. Ja, früher waren die Busse voll, und ich bin heute auch den letzten Tag in Vetschau, nach 29 Jahren. Er würde zwar noch bis Oktober Arbeit haben, aber hier, in seiner Bude, war er zum letzten Mal, und darum konnte er es gar nicht fassen, daß ausgerechnet heute jemand kam, zu einem Interview. Trotzdem war er mit Auskünften über sich selber sparsam. Immerhin erfuhr ich, daß er 1941 geboren war, für 350 Mark in Vetschau als Kraftfahrer angefangen hatte, nach Arbeitsstunden und Kilometern bezahlt worden war, also gering, und sein Rücken von den schlechten Autos kaputt wäre. Er zog seinen Pullover hoch, zeigte mir den Ansatz eines Stützkorsetts und erklärte die Schließung des Kraftwerks mit den Umweltschäden und der schlechten Kohle, die sie hier verheizt hätten. Nun wird der Wald aufatmen, sagte ich, und er seufzte.

Lange versuchte er, mir eine telefonische Verbindung zum Werk in Lübbenau herzustellen, weil dort die Leute säßen, die mir über die Schließung was erzählen könnten, aber er erreichte niemanden, und das einzige, was er mir noch sagen wollte, war, daß alles, alles kleingehauen wird, was mich da so beeindruckt hatte, alle 18 Kühltürme zerschlagen und weggeschafft und nichts mehr bleiben würde von dem großen Werk als ein großer, runder Stein. Ein Denkmal quasi, das vor vier Wochen errichtet worden war, an einem Tag, als alle Türen offen standen, Besichtigung und Essen frei war, hier, über tausend Menschen seien hergekommen, die Gulaschsuppe habe nicht gereicht, daran habe mans gemerkt. Den Stein hatte ich übersehen, er lag mitten auf dem Parkplatz und trug eine Messingtafel mit Text und Jahreszahl wie ein Grabstein eben: 1964 – 1996. Wer gestorben war, stand auch drauf: ein Kraftwerk, das für über 5000 Menschen Arbeit hatte.

So
endet also etwas, um
dessentwillen hier in der Lausitz
ringsherum die Dörfer abgerissen, zermatscht, zerhackt und
alle Erde drunter als Kohle
verfeuert worden war, wie diese Dörfer selbst. Und
seltsam auch, daß von dem ungeheuer großen Teile bald
nur ein ganz besonders kleines übrig bleiben wird,
ein Stein
im Wald.

Im Regen stand ich da, es wurde dunkel, und
mein Pförtner winkte mir zum ersten und
zum letzten Mal, als ich den Weg vom Kraftwerk
weg-
fuhr.

Auf dem Rückweg geriet ich unter die Hochspannungsleitungen, die Krähenmasten, Rabenvögel, dreimal schwarzen Tücher, und dann nach Calau plötzlich, eine Stadt, genauso leer wie Vetschau. Im einzigen Café, das ich gefunden habe, mußte man sich den Toilettenschlüssel an der Kasse holen. Dort wo er hing, da standen lauter Eisbecher mit schiefen Füßen im Regal, dann wieder Wald, zuletzt schickte mich jemand auf einen Plattenweg, der einen Hügel hoch fuhrte, und überall die Masten und die schweren Drähte unterm dunklen Himmel, Kreuze für die Verkehrstoten am Wegrand, frische Blumen daneben, Bäume, die schräg standen, Äste verkreuzten sich, Sümpfe glänzten, nur keine Irrlichter, und es war Abend, als ich in Lübben aus dem Auto stieg.

Ja, Lübben war mein neuer Heimatort,
das Haus ganz neu gebaut, in dem ich wohnte, parterre
eine Boutique, die große Puppe im Fenster trug die Tracht
der Frauen aus dem Spreewald und lächelte im
Licht der Schaufensterbeleuchtung den ganzen Tag und auch
die Nacht
vermutlich. Das Treppenhaus roch noch nach Farbe, das
Zimmer groß und mit Balkon und Blick auf einen
Süßkirschbaum, und grade dort, an diesem Abend, sah
ich zum ersten Mal im Leben SISSI,

die MÄDCHENJAHRE EINER KAISERIN. Im Osten war der Film niemals gelaufen, erst hier in Lübben sah ich Romy Schneider in Possenhofen am See von Starnberg in den Reifröcken stolzieren und alle Mimen neben sich in Grund und Boden spielen. Sie war so alt wie ich gewesen war im Sommer dieser Filmaufnahmen, und ich nicht weit damals, in Thüringen zum Wandern. Im Osten, wo doch alle Schlösser auf den Gipfeln aller Berge dem Volk gehört hatten, wie es so hieß, und als Erholungsheime, Wanderziele aller Art auf so gequälte Schüler warteten wie mich, die nie im Leben hätten glauben wollen, daß es von solchen Häusern auch einzelne Besitzer gibt in der modernen Zeit. Im Osten hätt ich es als Märchenfilm gesehen, aber die Romy glaubte ja, die Kaiserin zu sein, die Sissi, die war echt, das sah ich, und inzwischen nun, in Lübben, warn auch die Prinzen, Fürsten, Gutsbesitzer Wahrheit –
ja,
es war Abend, und in Lübben rollte
die Romy aus dem Märchen in die Welt von heute,
und
ich war in der Märchenwelt gewesen, oder
wir beide auf dem falschen Dampfer?
Ihren sah ich geschmückt in
Rot-Weiß-Gold, den Mozartkugelfarben, die Donau runter-

fahren, ganze Völker winkten, so
zog die kleine Kaiserin bei mir im Zimmer ein.

Ich sah ihr zu, trank
Tee, aß Brot dabei, das ich noch mit der
Krankenschwester in Słubice gemeinsam eingekauft hatte, in
einem Supermarkt, wo die Verkäuferinnen träumerisch, alleine
herumstanden und auch
noch aussahen als ob sie glaubten, daß Könige nur in den
Märchenbüchern stehen.

Am Morgen schien die Sonne, es war Markt,
ich kaufte Kirschen, und die aß ich
dann auf meinem eigenen Balkon
mit Blick
auf einen Süßkirschbaum, die Stare
raschelten darin und flogen rein und raus,
ich war
ins Offene gekommen, und das nicht nur auf dem Balkon, es war
die Stadt.
Und was genau? Die Buchgeschäfte?
Das neu gebaute Arbeitsamt?
Die Telefone und die Bänke überall oder
der Schock, als Männer immerzu mir Türen aufhielten?
Auf jeden Fall, die vielen neu gebauten Häuser sahen
nicht übel aus und standen, mal quer, mal über Eck und
hell auch alle,
eher
im Kreis als eine grade Straße langgebaut, viel Glas
und Gras
und Katzen,
und die Spree war überall zu sehn, und Menschen beim
Spazierengehn am Wasserrand,

oh ja, ich fand
es schön
in Lübben, aber laut.

Es wurde überall gebaut. Maschinen, Bagger, Sand auf
Spaten und Geschrei, der Bauplatz, der der Sparkasse gehörte, war
der größte, ein viereckiges, betoniertes Loch.
Wie Akrobaten turnten Männer drin herum und
flochten Eisenstäbe
in-
einander, das
sind Albaner, hörte ich, sie werden
nach dem Gewicht des Eisens
bezahlt, das sie befestigt haben, und
sah sie niemals eine Pause machen. Sie bauten eine Tiefgarage aus
Beton.
Die Grabungsstelle gleich daneben war

ein Viereck, in die Erde reingekratzt, schon etwa einen Meter tief, die Männer dort rutschten auf Knien, langsam, und schabten mit kleinen Hacken vorsichtig die Erde locker, die dann in Körben weggetragen wurde. Ein Ehepaar aus Heidelberg beaufsichtigte die Arbeit. Ihre Firma hatte die Ausschreibung des Projekts gewonnen. Beide waren Archäologen und erklärten mir, daß ein Bauherr Ausgrabungen bezahlen muß, wenn er bei Bauarbeiten auf historische Bauschichten stößt. Als Anhaltspunkt für die entstehenden Kosten nannten sie 100 000 Mark für 4 Wochen Arbeit. An diesem Platz hier gruben sie seit April und hatten auch dort gegraben, wo jetzt die Eisenflechter an ihren Gittern hingen. Dann war ja alles umsonst, sagte ich, aber sie widersprachen und sagten, sie hätten alles aufgenommen. Damit meinten sie, es war alles notiert. Danach gelten Bodenrecht und Eigentum. Sie meinten auch, es sei nichts besonderes an dem, was sie da fänden, man würde heute genauso mauern, und schwärmten von Grabungen am Euphrat, wo ein Siedlungshügel neben dem anderen steht, und alles ist fünftausend Jahre alt und manchmal zehn! Der Ausgrabungsplatz würde zugebaut werden.

Es war der schönste Platz,
den ich
auf meiner Fahrt bisher gesehen hatte – unegal und fest
in die Erde eingelassen, mit
seinen rätselhaften Teilen, und
er war auch immer vollständig von Sonne
beleuchtet und erwärmt, wenn Sonne schien.
Was für ein Markt wär das gewesen,
wo
Lübbens Marktplatz jetzt der asphaltierte Parkplatz war, an dem
ich gestern nach dem Zentrum
gefragt hatte. Und außerdem: Sie
schaben, waschen, bürsten beinahe jeden Stein,
ja können Sie das denn verzeihn, so
fragte ich, wenn dann der Bagger alles
zerquetscht und wegschiebt, auseinanderbricht?
Das wird bezahlt, sagte die Frau und borgte mir
Artikel über Lübben, viel Papier, der Mann

erklärte mir die Farben des Sandes, die an den ausgeschabten Wänden in Streifen sichtbar waren: Weiß für sterilen Sand, wo Menschen niemals rangekommen waren, schwarz Brandschichten, braun war das Leben, Erde, Dreck und Garten, Zeit. Dann wies er auf das Straßenschild, das hinter uns an einer Hauswand hing, da stand: ZUR BLEICHE und darunter: 1542–1933 JUDENGASSE.

Es war die Judengasse, wo sie gruben!
Und was sie da
hervorholten und retteten und wiederum zerstörten, das

warn die letzten Fundamente der Juden hier in Lübben, und
auch auf diesem letzten Stück baute
die Sparkasse.

Der Archäologe erzählte mir, daß die Juden sogar im Mittelalter aus Lübben nie vertrieben worden wären. Sie hätten hier auch Grundbesitz gehabt und ein Handwerk ausgeübt. Das wäre eine Seltenheit in Deutschland, und so könnte man wohl davon ausgehen, daß eine Tradition hier erst vor etwa 50 Jahren zu Ende gegangen wäre.

Als ich so in der Judengasse stand, am
Zaun der Ausgrabungen, und andre Leute standen manchmal da,
da fragte ich, ob sie von Juden etwas wüßten,
hier in Lübben, wer wann, wohin verschwand, aber die Antwort war
ein Achselzucken, sie wüßten nichts.

Auch als ich später die
Judengasse runter lief und wieder
vor der Feldsteinmauer stand, mit einem Loch,
und
fragte eine Frau, die
an zwei Einkaufstaschen schwer zu tragen hatte,
was diese Mauer zu bedeuten habe, da
blieb die stehn und
sagte:
Hier erreichen Sie gar nichts.

Eine andere Frau sagte, da müßte ich einen Lübbener fragen, eine dritte sagte, dieser Lübbener müßte mindestens 70 Jahre alt sein.

Sie wußten nichts!
Und auch die Lübbenerin, älter als 70 Jahre, die

ich dann gefunden hatte,
die wußte nichts, auf jeden Fall nicht viel.
Und doch war es ein schöner Nachmittag.

Mein Besuch war angekündigt worden, und die alte Frau hatte schon Pralinen und Tee auf ihrem Wohnzimmertisch bereitgestellt, sie lebte am Stadtrand alleine und freute sich über Besuch. Wir sprachen darüber, ob die Spreewäldertracht sorbisch wäre, und sie verneinte es, die Sorben hätten andere Trachten, nur wie die aussähen, das wüßte sie nicht. Sie habe mit Sorben nie viel zu tun gehabt, weil die auf dem Lande wohnten und meistens für sich waren, schon wegen der Sprache. Unter Hitler hätten die auf Arbeit deutsch reden müssen, aber daran hätten sie sich auch nicht immer gehalten. Sie erzählte, daß Lübben sehr dicht bebaut gewesen sei, und beschrieb den Markt, denn sie hatte am Markt gewohnt. Auch erzählte sie, daß die Einwohner Lübben 1945 an Hitlers Geburtstag hatten verlassen müssen, weil die Front sich näherte. Die Erinnerung an die beflaggte Stadt in der Sonne, die dann plötzlich leer war, beschrieb sie genau, weil sie noch einmal zurückgerannt war, um ein Bild zu holen, und dabei gesehen habe, wie der Kirchturm brannte. Am meisten erzählte sie über die Russen, die danach in ihrem Hause gewohnt hatten, was das für lustige Kerle gewesen seien. Noch 1992, als sie zum ersten Mal in ihrem Leben in Paris gewesen sei, habe sie den Hotelportier nach dem Kljutsch gefragt, als sie den Zimmerschlüssel haben wollte! Die Frau hatte alle Zeitungsausschnitte und Hefte über Lübbens Geschichte, die sie besaß, für mich herausgesucht, darunter ein Heft mit den Tagebuchaufzeichnungen eines jungen Mädchens, das auch am Markt gewohnt und den Krieg von 1813 in Lübben miterlebt hatte. In dem Tagebuch waren die Soldaten beschrieben, die in ihrem Haus Quartier genommen hatten. Franzosen, Bayern, Württemberger, Preußen waren aufeinander gefolgt, über alle schrieb sie mitleidig, ohne Ressentiments oder Klagen über zusätzliche Lasten. Es las sich so, als ob es damals kein Feindbild gegeben hätte und Städte keine Angriffsziele gewesen wären. Zuletzt waren die Kosaken in Lübben einquartiert, und das Mädchen hatte ihnen Heringssalat gebracht. Weil Fleischstücke darin gewesen waren, hatten die Kosaken ihn nicht gegessen, und sich damit entschuldigt, daß bei ihnen Fastenzeit sei.

Das war zwar
nichts über die Mauer mit dem Loch, aber auch wiederum
nicht wenig.

Die Mauer war am Ende nur ein Stück der alten Stadtbefestigung, das
so wie früher noch im Sand
und hohem Unkraut stand. Das Loch ein Durchgang zu
dem Schloßturm mit einem falschen
Renaissanceportal. Denn
Zahlen standen dran, die gar nicht passen konnten:
932 – 1815. Und
bei der ersten Zahl stand: KRIEG
und: LIUBUSA, und bei der zweiten: FRIEDEN WIEN.
Darüber noch ein Vers, der Vers ging
so:
WILHELM WIRD DOCH WILHELM BLEIBEN
OBGLEICH SELBEN AUSZUTREIBEN
SICH DIE HALBE WELT BESTREBT
WILHELM LEBT
Liubus? Lebus? Was sollte das bedeuten, und
welchen Wilhelm meinten sie?

Die Tür darunter war verschlossen, niemand da,
den ich fragen konnte, aber
alles
poliert, gepflegt, der Sand geharkt. Da
hinterließ ich meine Turnschuhspuren

ums Haus herum und
ging dann wieder zu dem Mauerstück mit Loch
und durch das Loch zum Arbeitsamt, wo
viele Leute mit gekrümmten Rücken
in einem großen Wartesaale
saßen, suchte die Tür des Leiters von dem Amt und war
in drei Minuten mit ihm verabredet zum Mittagessen, dann
wieder raus und rein in die
Boutique, wo ich wissen wollte, ob
die Spreewälderinnentracht im Fenster sorbisch sei,
nein, war die Antwort, diese Tracht sei deutsch.
Da, fand ich, war es Zeit,
meine Artikel zu kopieren.

Der Copy-Shop war eine Baracke am Markt, es gab dort auch Pokale und einen Schlüsseldienst. Vor mir war eine Frau vom Lande dran, die Urkunden, Bewerbungen, Schuldscheine, Räumungsbefehle und Zeugnisse für die Leute aus ihrem Dorf kopierte, beziehungsweise sich vom Besitzer der Baracke kopieren ließ, sie traute sich an das Gerät nicht ran. Als ich die Artikel der Archäologin kopiert hatte und das, was mir die alte Frau mitgegeben hatte, auch, ging ich zurück auf meinen Balkon und las. Neben dem heutigen Lübben soll sich einmal eine alte Wasserburg befunden haben, die Herkunft slawisch, auf deren Fundamenten später das Schloß gebaut wurde. Lübben soll schon im Jahre 1000 eine reiche Stadt gewesen sein, damals reichte Polen bis zur Elbe. Ein Autor glaubte, Lübben wäre das sagenhafte Liubusa der Slawen, das noch niemand gefunden hat. Über die Juden las ich, daß sie schon vor den Römern als Kaufleute durch ganz Europa zogen, bis in die germanischen und slawischen Urwälder, und ihre Selbständigkeit erst gebrochen war, als sie keine Waffen mehr tragen durften. Lübben soll immer umkämpft gewesen sein und ständig den Besitzer gewechselt haben. Am längsten gehörte es zu Sachsen, das aber mit Napoleon

paktiert hatte und den nördlichen Teil der Lausitz nach dem Wiener Kongreß an Preußen abgeben mußte. Deswegen stand 1815 WIEN an dem Portal, mit WILHELM war der Preußenkönig gemeint, und dieses falsche Renaissanceportal war erst 1914 errichtet worden, also kurz bevor der Wilhelm wirklich vertrieben wurde, das und noch andere Kuriositäten gabs zu lesen. Zum Beispiel hatten vier Wochen nach der Maueröffnung im Jahr 1989 Menschen auf Straßen der ehemaligen DDR in Menschenketten ein riesengroßes Kreuz gebildet, und zwar auf der F2 und der F96, und dabei Unterschriften für die deutsche Einheit gesammelt.

Was
war denn das für ein Symbol? Ein Kreuz
aus Menschenleibern über
dem ganzen Land, sollte das Frieden heißen oder war
damit die DDR nur durchgestrichen, oder ist,
was das bedeuten sollte, uns noch unbekannt?
Hunderte Lübbener sollen nach Luckau gefahren sein deswegen, zur F2.

Am nächsten Tag regnete es in Strömen. In diesem Regen bin ich rumgelaufen, bis ich alles gesehen hatte, was ich noch sehen wollte, das Kraftwerk Lübbenau und diesen Mann vom Arbeitsamt.
Das Kraftwerk Lübbenau fand ich im Wald, es war fast leer, nur im Bürogebäude wartete die Ingenieurin, mit der ich verabredet war. Sie hatte fünfundzwanzig Jahre lang hier gearbeitet und sagte immer wieder, daß das ein gutes, stabiles Kraftwerk gewesen sei, und alle Filter in den letzten Jahren auf den neuesten Stand gebracht worden seien, außer den Rauchgasfiltern. Deshalb hatte auch niemand geglaubt, daß es geschlossen wird. Sie erklärte mir alles, was ich wissen wollte und sagte immer wieder: Ach, hätte doch die DDR nicht so viel falsch gemacht! Es wären auch Kohlegruben von den Schließungen betroffen, Tausende wären schon entlassen. Haus, Kraftwerk und Grünanlagen ringsherum

sahen gut aus, richtig adrett, sogar die alten DDR-Baracken waren inzwischen weiß angestrichen worden. Mein Auto stand als einziges auf dem riesigen Parkplatz. Nach allem, was ich drinnen gehört hatte, war das ein trostloses Bild.
Zum Kraftwerk führte die Kraftwerksstraße, die würde wohl als Straßenname von dem Kraftwerk bleiben. Die Kraftwerksstraße führte zur Güterbahnhofstraße, was ja im Grunde auch nur eine Bahnhofstraße war. Im Regen sah das alles nicht so toll aus, besser wars schon in Lübben im SPREEBLICK, wo ich den Mann vom Arbeitsamt zum Essen eingeladen hatte. Der war munter und gar nicht pessimistisch. Er sprach von einem Standortvorteil, den der Osten hätte, weil das Problem ja heute die De-in-du-stria-li-sierung sei. Da sei der Osten vorn. Der Westen komme auch noch dran, und dann - man male sich den Vorsprung aus des Ostens! Mein Gast aß Schlachteplatte und entwarf dabei ein Bild der Möglichkeiten. In seinem Kreis hier sei man auch schon auf dem Wege, es gebe viele kleine Firmengründungen, klein aber fein für High-tech und Transport. Auch komme aller Bauschutt aus Berlin in stillgelegte Gruben dieser Gegend, und mehrmals fiel das Wort Logistik. Es schien ein Zauberwort zu sein für eine Zeit, die völlig anders ticken wird als die, in der wir mit dem Kopf noch stecken, so jedenfalls beschrieb der Mann vom Arbeitsamt das Phänomen, wer es begreifen könnte, würde sehn, wir sind in einer Gründerzeit, der Renaissance vergleichbar! Zur Zeit sei es mit Arbeitsplätzen allerdings schlechter als im vergangenen Jahr. Und schon war seine Mittagspause um, er hopste in großen Schritten durch den Regen zurück in seinen neuen Bau. Der

Tag war wirklich dunkelgrau,
und Lübben eben eine alte Wasserburg.
Hieß so die Kneipe, in der ich landete, zum Schluß?

Draußen Platzregen, drinnen zwei Männer, einer schwieg, der andere entrüstete sich über einen Mann, der ihn hatte fühlen lassen, daß er kein Westler war, so daß der so Behandelte sich als etwas Schlechteres halten lassen müssen habe, nein, er korrigierte sich, habe halten lassen müssen, was nun aber egal war, weil diese gewisse Person gerade Pleite machte. Denn, drang es laut und böse zu mir herüber, ... er hat einen großen Fehler gemacht ... ist den Westlern in den ARSCH gekrochen – es mußte ein riesiger Arsch sein, so wie er das Wort aussprach –, ja ... ist den Westlern in den ARSCH gekrochen, aber in diesen ARSCH kriecht man nicht, denn: Das einzige A und O hier in Lübben ist Stammkundschaft, Sommers wie Winters, Sommers wie Winters, das ist das einzige A und O hier in Lübben, und der darf man schon mal etwas in den Arsch kriechen, denn – und da sah er mich auf einmal aufmerksam an, wie ich vor meinem Glas Tee saß, und es stellte sich heraus, es war der Wirt persönlich – wollen wir uns nichts erhoffen von den Urlaubern! An dieser Stelle fragte die Serviererin schüchtern, ob die Dame, die soeben die völlig durchnäßte »Wochenpost« hereingebracht hatte, und das war ich gewesen, diese auch lesen dürfe, worauf der Redner mich noch etwas genauer musterte und nicht nur den Urlauber, sondern wohl auch den Westler vermutete, und ein stolzes NEIN die Antwort war. Ja, ja

das Einheitskreuz über das ganze Land, das
war in dieser Kneipe unbekannt!

In Hoyerswerda im Kreis gefahren

Ich wollte nicht nach Hoyerswerda fahren. In meinem schönen, hellen Zimmer, Lübben, sah ich den Namen auf der Karte stehen, als ich überlegte, wie ich weiterfahren würde. Hoyerswerda war die Stadt, in der zum ersten Mal auf dem Gebiet der ehemaligen DDR Krawalle gegen Ausländer gewesen waren, Kamerateams hatten gefilmt, wie Bürger der Stadt vor dem Ausländerwohnheim gestanden und randaliert hatten, Steine geworfen. Das war solange gegangen, bis die Ausländer in Sicherheit gebracht worden waren, erst dann waren die Leute abgezogen. Seitdem ist der Name Hoyerswerda ein Begriff für Ausländerfeindlichkeit in Deutschland geworden, wahrscheinlich auch deshalb, weil über die Stadt sonst nichts bekannt ist. Bei Solingen denkt man immerhin noch an Besteck, bei Lübeck an Marzipan oder die Buddenbrooks. Ich wollte nicht nach Hoyerswerda, aber

Hoy Hoy das loy-
chtete mir so aus allen andern Namen raus,
und mir fiel ein, daß schon mal eine Frau so Hoy
Hoy Hoy,

war nicht Brigitte Reimann in Hoyerswerda gewesen? Diese Dichterin, die dort hingezogen war, um zu erleben, wie der Sozialismus aufgebaut wird, in einer neuen Stadt der neuen Zeit? Und die war früh gestorben, die schöne Frau Brigitte. Vor dieser Zeit, in der die Dichter/Ost auf einmal Ruhm von West erhielten, dollste Schmeichelei, die ihnen nicht bekam, nicht gut bekam, sie streiten heute noch, wer jetzt mit wem an welchem Tische sitzen und welche Tellerchen abessen darf, war sie schon tot. Sie hatte auch ein Buch geschrieben über so eine Frau in einer Neubaustadt, deren Begeisterung am Anfang und danach den Abbau. Dort, wo sie hingezogen war, meinte sie zu beobachten, daß der brutale Baustil die Bewohner verändert und in der angeblich so schönen, neuen Stadt Menschen kaputtgehn, aber nicht nur wegen der Häßlichkeit, nein, weil sie etwas wollen, was nicht geht, beziehungsweise etwas sehen, was so nicht da ist, oder andersrum gesagt, sie haben größte Mühe zu erkennen, was sie in Wirklichkeit vor Augen haben.

War Hoyerswerda diese neue Stadt gewesen?
Es gab noch andre Neubaustädte des
Sozialismus, also griff ich zum Telefon in Lübben. Mit Blick auf
Kirschbaum, Stare, Blumenbeete
rief ich in Hoyerswerda an, Kulturamt, fragte danach,
die Antwort war ein Ja.
Ja, sie hat hier gewohnt.
Ach, sagte ich, und könnten Sie mir jemand nennen, der
sie kannte?
Nein, sagte eine Frauenstimme, kann ich nicht, und dann

begann eine etwa viertelstündige Auseinandersetzung darum, daß morgen Freitag sei und es drei Tage dauern würde, so eine Person zu finden, und was ich mir dächte, einfach so hereinschneien zu wollen, wer ich denn sei und wieso ich kein Verständnis dafür hätte, daß Urlaubszeit sei und am Freitagmittag auch Feierabend, und wieso ich nun nach einer Buchhandlung fragte, und daß sie allerdings in Hoyerswerda eine hätten, jawohl gnädige Frau, sooo im Busch leben wir nun auch nicht, und sie hätten auch ein Museum, aber dessen Öffnungszeiten müßte sie durchaus nicht im Kopf haben, wenn ich so plötzlich danach fragte, aber bitte, sie könnte mir etwas sagen: Es sind die normalen Öffnungszeiten.

So freundlich kam das schöne
Hoyerswerda mir am Telefon entgegen, ich wollte
sowieso nicht hinfahrn, aber feige
wollte ich auch nicht sein, und wenn die

Nazis mich verhaun, wer
weiß warum, ein Grund findet sich immer, wenn
Brigitte Reimann sich getraut hat, dort zu wohnen, dann
werd ich wohl mal eine Nacht dort schlafen können, das
dachte ich und suchte mir die Strecke raus,
es
war die 96, auf der die Menschenschlangen mal gestanden hatten.
Vorläufig
kann man dort noch fahren, heilig
gesprochen ist die Straße bisher nicht, es schien auch Sonne
und
am Morgen, früh,
bin ich losgefahren, Freitag ist ja wirklich
ein schlechter Tag auf einer langen Reise, denn
wenn das so freundlich weiterging, dann würde ich bestimmt
am Freitagmittag nirgendwo ein
Zimmer finden, soviel stand fest, aber
jetzt war ich bockig, auch lagen Cottbus, Bautzen, Luckau
in der Gegend, es war das siebte Jahr nach dieser
sogenannten Wende, ein Plätzchen irgendwo,
so
machte ich mir Mut,
wird sich noch finden, bevor die Sonne sinkt,
und fuhr aus Lübben raus, mit
Hoy Hoy Hoy in meinem Sinn, ich bin
wie gegen eine Wand gefahren und war gespannt,
wann es nun kommen würde, das Betongebiet, der
Horror, aber zunächst fuhr ich durch Dörfer, kleine Städte
mit
Linden, alt, und dicken Feldsteinmauern,
und Namen, unvergeßlich. In
SONNEWALDE zum Beispiel, gabs das Gasthaus LIEBE, und
SCHNEEKÖNIG hieß die Buchhandlung, und grade dort

verschwand die Sonne hinter Wolken, ich
fuhr ja auch nach
FINSTERWALDE weiter, aber
das nächste Dorf hieß erst einmal MÜNCHHAUSEN, und
Gärten waren so
ganz besonders groß und
schattig
vor alten Häusern angelegt, daß ich mal anhielt und
mir sagen ließ, warum. Das Dorf war
mal das Eigentum der Mönche von Doberlug gewesen, sagte ein
alter Mann,
und hatte Mönchhausen geheißen, außerdem
sei diese Gegend feucht, doch
nur noch ein paar Kilometer.

Tatsächlich warn die Äcker hinter Finsterwalde trockener, die
Felder gelber, ich war auf einmal mehr im Sommer, hier
so nah bei Hoyerswerda, aber dann
plötzlich aus allen Richtungen nur Dreck und dicke Autos,
Lastwagenkolonnen schrammten fast
die Häuserecken ab von grauen
Straßendörfern, ich stand in einem
Industriegebiet im
Stau, und alles bebte, bis
wieder Grün war, Ampelgrün, sonst gar kein Grün, wer
wohnt hier, dachte ich und wollte
es im Ernst nicht wissen, denn
dazu hätt ich halten müssen, nein,
Hoyerswerda reicht für heute, dachte ich, und riß die Augen auf
in Staub und Hitze, es folgten Wald und wieder Dörfer,
ich war nun ganz allein auf der Chaussee,
ein Wegweiser nach Hoyerswerda zeigte
auf eine völlig leere, schmale Straße, die

in den Busch zu führen schien, schadhaft, an
Gitterzäunen lang, kein Mensch fuhr hinter mir, niemand
kam mir entgegen am Freitagnachmittag, oh, wurde
Hoyerswerda so gemieden? Was halfs, ich fuhr ja schon, ich wollte
tapfer sein,
bald kam das erste Haus, wie sah es aus? Ich weiß nicht mehr, vor
Aufregung vergaß ich alles, sah ein Schild:
ZUM BAHNHOF, dort
vermutete ich den ersten Gasthof oder ein Hotel, jedoch
ich hab im Leben noch
keinen solchen Bahnhof gesehen, schwärzlicher Putz,
von Dreck und Wasser gestreift,
verschlossen halb oder Ruine,
ein Mann, verwahrlost, saß in einer Nische und trank
aus einer Büchse irgendwas, und dieser Mensch, der fragt mich nach
der Zeit! Die große Bahnhofsuhr hing über ihm und war
längst stehen-
geblieben!
Jetzt bloß das Auto nicht verlassen, dachte ich und weiter,
aber
wie weiter, hier war Endstation.

Da
flog ein Engel, kams mir vor, ein Bote
auf dem Fahrrad, eine Frau, direkt zu mir und zeigte
in eine Richtung, wo
eben noch
kein Weg gewesen war, aber nun
sah ich einen, und auf einmal hingen auch lauter kleine Schilder
mit einem »i« an allen Straßenbäumen, denen sollte
ich folgen, und so rollte
ich vor einen Platz, wo
allerliebste kleine Kugelbäume im Quadrat um eine

allerliebste kleine Säule standen, die war barock und
teilweise vergoldet – was
war denn das?

Ja, Hoyerswerda gibt es zweimal, alt und neu,
und
wäre mir Brigitte Reimann vorher eingefallen, dann
hätt ich in die Bücher noch mal reingeguckt und mich
erinnert, aber
nun sah ichs ja.
Die alte Stadt war seltsam leer,
lag das am Freitagnachmittag?
Der Markt, so hübsch historisch zurechtgemacht, war leer, der
Parkplatz ebenso, auch das Büro mit diesem »i«, in dem man
Zimmer
bekommt, war leer, aber geöffnet, und

in fünf Minuten hatte ich ein Zimmer gemietet und den Namen einer Frau erfahren, die über Brigitte Reimann etwas erzählen könnte, außerdem war ich herzlich begrüßt worden: Schön, daß Sie hergekommen sind.

So kam ich also
nach Hoyerswerda, suchte mein Zimmer, fand es gleich
hinter der engen, alten Innenstadt, wo
die
Ein-
und Zweifamilienhäuser der Jahre vor und nach
dem letzten Krieg in ihren Gärten standen, und meine Straße hieß
nach Walther Rathenau.

Die Neubaustadt war in Wohnkomplexe eingeteilt, das Wort wurde abgekürzt benutzt. Den Stadtteil, in dem die Krawalle gegen die Ausländer gewesen waren, nannten alle: WK 9. Der Teil, wo die

Frau wohnte, die Brigitte Reimann gekannt hatte, hieß WK 1. Ich fuhr auf einer breiten Allee in die Neubaustadt ein wie in einen Film über die Stadt der Zukunft. Dieser Film war aus den fünfziger Jahren. Eine altmodische Vorstellung von Anstand und Symmetrie steckte drin, aber auch Schwung, jedenfalls für den Autofahrer, der schnurgerade zwischen hohen Sträuchern und Häuserblöcken rollte, die eigentlich niedrig waren. Die Frau, die ich suchte, wohnte im fünften Stock und sah von oben zu, wie ich mich die letzten Stufen hochquälte. Alle diese Häuserblöcke hier waren noch von Hand gemauert und ohne Fahrstuhl. Die Frau, die da oben wartete, war mollig und Mitte fünfzig vielleicht, ich kam unangemeldet, aber sie führte mich ganz selbstverständlich in eine große, gemütliche Dachwohnung mit Balkon. Nach 1989 hatte es ein Angebot der kommunalen Wohnungswirtschaft an die Mieter gegeben, die Wohnungen zu kaufen, das hätte sie mit ihrem Mann zusammen getan, und die Wohnungsgesellschaft hatte einen Westarchitekten für die Planung des Ausbaus engagiert. Wir gingen auf den Balkon, Sonne schien, ich sah runter auf das Gebiet. 1957 war hier angefangen worden zu bauen, vor 40 Jahren. Neubau

kann man nun wirklich nicht mehr
sagen, und
auch der Blick hier vom Balkon war mir
nicht neu,
das war ein Bild aus unsern Lesebüchern,
nur
wußte ich nicht mehr, hatte ich
Zeichnungen davon gesehn als Kind oder
genau das Foto von der Stadt hier, so von oben,
auf jeden Fall: was ich hier sah, das war
das Sinnbild unsrer frohen Zukunft mal gewesen,
und glücklich,
sagte die Stimme neben mir, sind wir in dieser Wohnung wirklich.

Das war im WK 1. Im WK 1 bekam ich ein Glas Wein, die Frau sagte auf einmal, daß sie schon Bücher von mir gelesen habe, und übrigens auch selber welche schreibe. Ihr letzter Roman habe den MEDEA-Stoff zum Inhalt gehabt, sei aber nicht erschienen, weil der Verlag Pleite gemacht habe, auch habe die Lektorin gekündigt und ihr das Manuskript niemals zurückgegeben, und nun, zwei Jahre später, liege ein andres Buch MEDEA in allen Buchhandlungen. Über Medea zu schreiben, sagte ich, ist jedem erlaubt, sie aber glaubte Anhaltspunkte dafür zu haben, daß Szenen, die sie sich ausgedacht hatte, in diesem andern Buch auftauchen, was konnte ich da sagen? Vergessen Sie's, MEDEA, schmeißen Sie's weg, Ihr Kind aus Hoyerswerda? Der Ehemann kam aus dem Nebenzimmer immer wieder ungeduldig zu uns herüber, er wartete auf irgendwas und hatte plötzlich zwei Autorinnen am Tisch, dazu dann später eine dritte, von der sie sprachen, diese Frau Brigitte. Aber die wurde mir nicht deutlich. Auf den Fotos, die ich von Brigitte Reimann gesehen hatte, war sie immer jung, lachend, dunkler Typ mit ungewöhnlich schrägen Augen. Es waren Bilder einer geförderten Schriftstellerin, gefördert, weil sie an einen Schauplatz des sozialistischen Aufbaus gezogen war. Gefördert auch, weil sie in Form einer Erzählung öffentlich erklärt hatte, warum sie ihrem Bruder nicht in den Westen folgen wird. Weswegen noch gefördert, weiß ich nicht, sie muß Charme gehabt und den Männern gefallen haben. Wer sie sah, verliebte sich in sie, das hatte mir mal ein Mann erzählt, der sie gekannt hatte. Die Frau hier erzählte ohne Begeisterung, eher reserviert. Es war von Einsamkeit die Rede, Liebschaften, mehrmals fiel das Wort Zwiespalt. Sie soll gehinkt haben, als Folge einer Kinderlähmung, derentwegen sie einen Teil der Kindheit im Krankenhaus verbracht habe. Meine Gastgeberin erklärte sich damit auch die Unruhe der Frau und einen ungewöhnlich großen Anspruch an das Leben. Auch ein Kind im Krankenhaus sei ja in gewisser Weise ein Heimkind. Das Hinken habe sie nicht mehr ganz vertuschen können, ihre Kurzsichtigkeit aber nie zeigen

wollen, und, obwohl sie deswegen überall anstieß, keine Brille getragen.
Als ich mich verabschiedete, wurde der Ehemann ruhiger, zeigte mir sogar noch Fotos der sieben Enkelkinder. Eines der Mädchen trug eine Spreewälderhaube. Diesmal fragte ich, ob das eine deutsche Tracht sei, und wurde ärgerlich zurechtgewiesen. Alle Trachten in der Lausitz seien sorbisch, auch beinahe alle Dörfer, und er selber sei es auch. Dann zog er sich die Straßenschuhe an, und beide begleiteten mich um die Ecke zu dem Häuserblock, in dem Brigitte Reimann gewohnt hatte. Die Straße, an der das Haus stand, hieß Brigitte-Reimann-Straße, es war schon Abend, und wir sahen zu den Fenstern im vierten Stock hoch, dort, sagte die Frau, diese Fenster dort sind es.

Dort wars, der Ort, den ich
gesucht hatte, war dort.
Und alles längst vorbei und ausgeflogen, ich
wollte auch nicht hoch, nicht noch mal klingeln, fragen, nach was denn auch, und wer
hat dort gewohnt?

Der Außenputz war grau, die Fensternischen waren Fensternischen, niemals bleibt etwas kleben von Blicken, vom Auf-die-Straße-Sehen und Warten, von der Freude nichts, die man erlebt, und von den Anstrengungen, ruhig zu werden, zu arbeiten, es war ein einfaches, graues Haus zwischen anderen grauen Häusern und vielem Gebüsch, und ich hatte es gesehn.
In der Altstadt, hinter dem Haus, in dem ich wohnte, saß die Familie im Garten und grillte Schweinefleisch. Mutter und Tochter wiegten sich auf einer Hollywoodschaukel, von oben sah ich deutlich die Lockenwickler auf ihren Köpfen, wahrscheinlich hatten sie sich gerade die Haare gewaschen. Vater und Schwiegersohn begossen Kotelettstücke auf dem Grill mit Bier. Aus einem anderen Garten war lautes Gähnen zu hören, Gabelklappern, irgendwo rauschte

ein Rasensprenger, Lachen, viele Stimmen, etwas wurde über die Hecke gereicht, es war eine Frisbyscheibe. In meinem Fernsehapparat liefen Männer über den Bildschirm, der eine rief: Ich will sie lebend! und: Wie wär's, wenn wir beide uns das Dachgeschoß vornehmen? – Okay, Boß, sagte der andere. Dann schlief ich ein und wurde erst wieder wach, als der offene Fensterflügel die Nachttischlampe umstieß und die Glasplatte auf dem Nachttisch zersplitterte.

Am Morgen bin ich aufgewacht und lebte noch, ich hatte also
diese Nacht in Hoyerswerda
geschafft
und konnte fahren, wollte aber nicht. Ich wollte
von der alten Stadt noch was verstehen und
hatte WK 9 noch nicht gesehen und überhaupt,
aus meinem Fenster sah ich die
Gärten vom Abend gestern nun im Morgenlicht, die
Amseln zwitscherten, Grünfinken hopsten auf den
Zäunen, es wäre schade, sowas zu versäumen,
zum Beispiel morgen
früh
könnt' ich das wieder sehn.

Erstaunlich leer die Innenstadt des alten Hoyerswerda. Zu DDR-Zeiten soll sie voller Menschen gewesen sein, weil die 70 000 Bewohner der Neustadt hier eingekauft hätten. Nun, hieß es, fahren die Bewohner der Altstadt in die neuen Einkaufszentren in der Neustadt. Ich sah am Sonnabendvormittag nur wenig Leute auf den krummen, alten Straßen, viele Geschäfte für immer geschlossen. Auf dem Markt handelte ein Vietnamese mit Obst, ich fragte den Mann, wie es ihm hier erginge, als Ausländer. Er sagte, er lebe schon über zehn Jahre in dieser Gegend und habe nie etwas Schlechtes erlebt. Als ich sagte, dann könnte er ja bald deutscher Staatsbürger werden, bekam er einen Lachanfall, hopste auf dem

Marktplatz herum und rief nein! nein! nein! – Warum nicht, wollte ich wissen. – Weil ich kein Deutscher werden kann, war die Antwort, und endloses Gekicher folgte.
Den nächsten Ausländer traf ich im Museum, also im Schloß. Es war ein Sportlehrer, der als Wolgadeutscher aus Rußland ausgereist war. Er saß an einem Tisch und bewachte eine Ausstellung von Häkeldeckchen und Topflappen, mit der sich die örtlichen Freizeitvereine vorstellten, dabei lernte er deutsche Vokabeln. Er sei vielleicht kein Ausländer, sagte er, würde aber überall so behandelt, und zwar gut. Von den Ausschreitungen hatte er gehört, könnte sie sich aber nicht vorstellen, denn er fühle sich hier nach zwei Jahren schon wie zu Hause. Er habe ebenso viele neue Freunde wie er zu Hause gehabt habe, Hilfe habe er auch von Anfang an bekommen, und er wohne genauso wie zu Hause in einer Neubaustadt. Das sei ja sein Problem, daß er sich hier so wohl fühle, denn Arbeit gebe es keine in Hoyerswerda. Wir kriegen keine Arbeit, sagten eine Etage höher auch Beate und Gabi, zwei junge Frauen, die mir eine Eintrittskarte für die Ausstellung verkauften, die sie zu bewachen hatten. Beide verdienten hier ebenfalls ihr Geld als Aufsichtspersonal, also mit Warten.

Das

war ein Bild, die beiden Mädchen quirlig und doch wie angebunden im großen Schloß vor einem hohen Fenster. Die eine blond und pummlig und die andre dunkel und kämpferisch, aber wohin die Kraft, wogegen und wofür? 600 Mark! – Wenn wir nicht bei den Eltern wohnen würden! Und trotzdem muß man manchmal eine neue Hose sich kaufen für ein Vorstellungsgespräch, in Urlaub fahren wir mit unseren Eltern!

Die Aufsichtstätigkeit war

auch so eine
Maßnahme, die
den Wettbewerb nicht störte, und brachte jeder

600 Mark im Monat, und zwar von Stadt, Sozialhilfe und
Kindergeld
jeweils 200 Mark, beide waren Erzieherinnen, gerade fertig
mit der Ausbildung, und
nun Sozialhilfeempfängerinnen mit 23 und mit 20
Jahren, und alle würden immer sagen, Waas?
Du haaast
immer noch nichts gefunden,
und
an dieser Stelle im Erzählen
verstummten sie auf einmal, ja ...
wir sind Sozialhilfeempfänger.

Ich sah, sie wollen jetzt nicht
klagen und kläglich aussehen auch nicht, aber
zwei
Minuten hat es schon gedauert, bis sie gelassen
wie sie es ja wollten, ihre Lage
zusammenfaßten, nämlich:

Wir warten noch! sagte Gabi, und Beate sagte: Man könnte wirklich
auf die Idee kommen, daß man nicht gebraucht wird.
Wie brav.

So brav! Die kleinen Löwen
knurrten nicht einmal, aber
als ich dann wiederkam nach der
Museumsrunde, da
platzte alles raus, die

monatliche Meldung beim Sozialamt und die vierteljährliche Meldung beim Arbeitsamt; die Bewerbungen im Westen, die so viel Angst machen; die Umschulung nach der Wende, die alle Erzieher selbst bezahlen mußten, und die Fassungslosigkeit darüber, daß die dabei wenig Neues gelernt hätten und dann doch ihre Arbeit verloren haben; der Kindergarten, der von einem Jugendklub im Nachbarhaus mit Nazisprüchen und Bombendrohungen tyrannisiert worden war, und die Schwimmhalle, die erst erneuert werden sollte und dann abgerissen wurde, und das Freibad, das erst erneuert werden sollte und dann abgerissen wurde, und die Kriminalität, nachts im Neubaugebiet, und die leeren Säuglingsbetten in den Entbindungsheimen, und die Altenpflege, die das Arbeitsamt ihnen zu lernen vorschlägt, zu

viel, rief ich, zu

viel,
und wollte wissen, ob
sie denn selber nichts
machen könnten, nein, war die Antwort, gar
nichts, gar nichts, nichts, nichts, und
von Gewerkschaften, da hielten sie nicht viel, das
hätte keinen Sinn, der Eintritt. Die Solidarität sei
eben nicht vorhanden.

Wir warten noch, sagte Beate, und Gabi sagte, sie würde wohl doch Altenpflegerin werden.

Das hat mich ziemlich deprimiert,
die beiden Mädchen, die
nichts machen konnten, nichts, und gleich darauf
traf
ich ein drittes, das saß auf einer Bank und sprach mich an.

Ach hallo, rief es,
bleiben Sie doch stehn! Wolln Sie
mal diese Katze sehn?
Die Katze schwarz, das Mädchen schwarz gekleidet und
dünn, beinahe unsichtbar. Es streichelte das Tier und gab es mir
zum Streicheln und

sagte, daß es nicht noch mal mit dieser Katze
nach Hause kommen dürfte und auch nicht eher
gehen würde, bevor es sicher ist, daß die Katze einen guten
Herrn gefunden hat.
Ich sagte, daß ich auf der Reise keine Katze
gebrauchen kann, und wir erwogen alles mögliche, da kam von
weitem eine junge Frau heran, die

lächelte beim Gehen. Diese Frau nahm uns die Katze in einer
Minute ab. Zuerst sagte sie: Nein, ich habe doch schon zwei, dann
sah sie das traurige Mädchen und sagte: Gut, dann hab ich eben
drei, bedankte sich und ging.
                                        Die hatte
nun drei, und ich nun wieder doch nur
zwei
traurige Mädchen getroffen, hier
in Hoyerswerda, am alten Markt, im Duft von
späten Linden.

Schon zehn Minuten später war ich weit weg davon,
in Hoyerswerda-Neustadt, war
ein Pünktchen im
Betrieb ums neue Einkaufszentrum LAUSITZ CENTER herum und
flimmerte mit allen andern Menschen dort durch
wie
bunte Luft, wie angesaugt und
fließend durch die Kiemen von einer Raumstation, mit
allen Läden, die der Mensch angeblich braucht und die
es in der Neustadt nie gegeben hatte und
in der Altstadt auch nicht, war
das der Ausgleich, die Gerechtigkeit oder
der Anfang von Las Vegas, kann sein, nur
allerdings, hier

leuchtete das Licht nicht rund –
rund um die Uhr.
Sie fegten schon die Flure aus, verkauften Obst und
Kuchen zum Schleuderpreis und warfen alle Gäste raus.

Das war im WK 2, der WK 9 stand östlich davon
am Rand
der neuen Stadt, die Häuser sahen aus wie in
Berlin-Marzahn, die Neustadt Hoyerswerdas
war überhaupt ein Bilderbuch der Bau-
geschichte der DDR, und WK 9 war fast zuletzt
entstanden, die Blöcke also
hoch und schmucklos,
glatte Kästen aus Beton.

Ich fuhr dazwischen herum, am Sonnabendmittag, das Altenheim, in dem die Ausländer gewohnt hatten, war ein Block wie alle anderen, es war niemand auf der Straße, mit dem ich hätte sprechen können. Bisher hatte jeder, mit dem ich in Hoyerswerda zu tun gehabt hatte, von sich aus über die Ausländerkrawalle gesprochen. Meine Wirtin hatte mir schon bei der Ankunft mitgeteilt, daß die Randalierer Ortsfremde gewesen und direkt mit dem Übertragungswagen des ZDF gekommen seien. Das habe sie selbst gesehen, denn zufällig sei sie mit ihrem Mann an diesem Tag durch den WK 9 gefahren. Das war nicht ohne einen gewissen Unterton erzählt. Erst als sie in diesem Ton sagte: Wir haben gut gelebt! und: Der Ossi ist viiiel begabter!, verstand ich, daß sie mich für eine Westfrau hielt und der Westen hier für den schlechten Ruf der Stadt mitverantwortlich gemacht wurde. Von ortsfremden Randalierern und den Medien, die Geld mit Sensationen verdienten, hatten auch Beate und Gabi gesprochen. Als ich durch WK 9 fuhr, war da nichts zu sehen als Beton und leere Straßen. Zwischen einigen offenbar für immer geschlossenen Läden fand ich ein italienisches Restaurant geöffnet, das vollkommen leer war. Der Kellner war ein Berliner und sagte zu mir, daß ich heute der zweite Gast gewesen wäre, wenn ich geblieben wäre. Ich hatte auch Broschüren über die Aufbauzeit von Hoyerswerda mit, deren Fotos ich an Ort und Stelle vergleichen wollte, kam aber über ein Gedicht am Anfang der einen nicht hinaus, es begann mit den Worten:

»Sagen wird man über unsre Tage
Altes Eisen hatten sie und wenig Mut.«

Das stimmte.

Ich fuhr dann bald zurück in meine Straße, die übrigens auch
Waltera Rathenowa Droha hieß, mit zweitem Namen,
so
war hier alles doppelt ausgeschildert, Hoyerswerda zum Beispiel
hieß Wojerecy, und Lübbenau hatte Lubnjow geheißen.
Warum ich das niemals beachtet hatte,
verstand ich selber nicht, es fiel mir erst am Abend
richtig auf, als ich
um
Hoyerswerda rumgekurvt bin, bis es mir
immer kleiner wurde, handlich, und ich wußte, wo die
Ränder liegen mit den Industriegebieten, wo
auch die SCHWARZE PUMPE lag, das Werk, das doch
jahrzehntelang das Herz
der Gegend war, ein Werk für 15000 Menschen,
die dann in Hoyerswerda-Neustadt wohnten.
Schon wieder so ein Herz, ein
Sportlerherz vielleicht, zu groß, zu schwer, zu schnell
gewachsen,
dachte ich und sah die grünen Ränder von
Hoyerswerda auch, mit Dörfern,
fein geharkt, gefegt, eins immer ordentlicher als das andere, bis

ich zu einem kam, da stand ein Gasthof ZUM
DEUTSCHEN KAISER, alter Fachwerkbau, und gleich daneben
ein Riesenkruzifix auf einem Markt, der neu gepflastert war, da
hielt ich an.

In der Kirche am Markt standen die Türen offen, ein Priester kam über den Hof. Auf meine Frage, wo ich jetzt sei, und warum hier alles so ordentlich sei, zuckte sein Kinn stolz, und er antwortete, der Ort sei sorbisch, heiße Wittichenau und es gäbe hier noch eine Sonntagskultur. Auf den Sonntag würden sich die Menschen hier noch vorbereiten. Sonntag sei übrigens morgen, und da würde es hier wie immer vier Gottesdienste geben, zwei in Deutsch und zwei in Sorbisch, er könnte da jedesmal mit 2000 Menschen rechnen.

So –
sorbisch war das Dorf und alle Dörfer ringsherum, da
fragte ich mich plötzlich, ob nicht überhaupt
die vielen Dörfer, die man wegen Kohle in
dieser Gegend weggebaggert hatte,
sorbisch waren? Sorbisch warn die Slawen –
Slawen warn die Sklaven, nein, Sklaven nicht, aber die Leib-
eigenen, die Knechte. Sehr lange jedenfalls, und abends
wurde ich wieder mal nicht klug aus diesen
Papieren, die ich im Museum gekauft hatte, die
SCHLOSSGESCHICHTE, stand drauf, und drin, daß
die Gegend Hoyerswerda germanisch gewesen war,
dann deutsch,
dazwischen sei sie unbesiedelt
gewesen,
einfach leer, von Slawen in den Randgebieten abgesehen,
bis wieder deutsche Herren kamen, und die waren
dann Burgherrn, Adel, Stadtbevölkerung. Und dann
stand da, die Leibeigenen waren die zahlenmäßig größte

Klasse und vor allem sorbisch.
Da wurdes mir wie in Lebus, wo
mir die Zahlen durcheinanderhopsten: Dunkel.
Wie schön,
daß es so hell war, als ich

am nächsten Morgen um sechs Uhr aufstand und nach Wittichenau fuhr. Die Sonne schien, vor der Stadt führte der Weg durch Getreidefelder. Lerchen flatterten im Gegenlicht und sangen. Je näher ich Wittichenau kam, um so mehr Autos sah ich im Rückspiegel hinter mir durch die Felder fahren. Im Dorf war die Hauptstraße voller Menschen, überall sah ich Haustüren auf- und zuklappen, immerzu trat noch jemand auf die Straße, fein angezogen, ein Gebetbuch in der Hand. Vor der Kirche standen schon viele Leute, alle unterhielten sich, eine alte Frau in einer schwarzen Tracht fiel mir auf, lange Bänder an der Kappe. Die Kirche wurde voll, es mußten Stühle hereingebracht werden. Ich setzte mich ganz nach hinten, neben einen alten Mann im Anzug, seine Hände waren krumm und verarbeitet, beinahe schwarz. Er zeigte mir sein sorbisches Gesangbuch, das 1979 in Bautzen erschienen war, die Sprache schien dem Tschechischen ähnlich. Die Frage, ob die Kirche hier seit der Wende so voll sei, verneinte er, er kenne es nicht anders. Und dann
war es still, und das Schiff, dieses volle,
bekam einen Stoß und fuhr los!

Es stieß sich ab vom Boden irgendwo und fuhr, vollbesetzt die Bänke, dröhnend, vibrierend der Sonne entgegen. Die stieg ja im Osten gerade auf, das Licht blendete im Fenster über dem Altar und spaltete sich von dort oben bis zum Fußboden hinunter in lauter Stäbe auf. An den Innenseiten der Säulen waren Figuren angebracht, die nun, wo die Kirche voll war, über den Köpfen der Menge zu schweben schienen, in ihren herrlichen Blau-Rot-und-

Gold-Mänteln. Von uns, den Besuchern, sah jeder nur Köpfe und Rücken, von ihnen die ganze Figur. Im Wechselgesang, der nun für eine Stunde sich aufbaute, standen im Klang und im Licht diese ernsten Figuren über uns allen. Ebenso ernst saßen die Männer, Frauen und Kinder da, standen auf, setzten sich wieder, beteten. Als alles vorbei war, verließen der Priester und die Ministranten die Kirche, aber die

Gemeinde setzte sich wieder und sang alleine: Strowa sy, Marija, hnady połna, Knjez je z tobu,

... und so weiter. Das Lied kam mir bekannt vor. Sie sangen es sieben Mal, einfach und klar, immer neue Strophen, die mit Strowa sy, Marija, hnady połna, Knjez je z tobu, begannen, bis es zu Ende war und alle hinausgingen, aber noch nicht fort, denn nun standen schon wieder andere Leute auf dem Platz, und man unterhielt sich. Es war ein

Sonntagmorgen im Juli, die Bäume grün, und
ihre Schatten auch, und
alles lachte ringsherum und freute sich und
wieder-
erkannte sich und rannte hin
und her, wie sehr
muß ich zurückdenken, wann ich das mal im
Alltag so erlebe. Premierenfeier, könnte sein, aber
am Tage, einfach so? Das
war dann höchstens in der Schule nach
den großen Ferien.

Ich fragte den alten Mann, der neben mir gesessen hatte, nach dem Text des letzten Liedes, und er sagte mir draußen vor der Kirche noch einmal alle Strophen auf, denn es stand nicht im Gesangbuch. Ein anderer erklärte mir, der Text sei ursprünglich als Friedensgebet nach den Gottesdiensten gesprochen worden. Ein Kaplan aus Tschechien, der gerade in Wittichenau gearbeitet habe, als die

Armeen der Staaten des Warschauer Vertrages 1968 in Prag einmarschiert waren, hätte das Gebet eingeführt. Im vorigen Jahr hätten junge Leute aus der Gemeinde an der Wallfahrt zur schwarzen Madonna von Częstochowa in Polen teilgenommen und die Melodie dazu mitgebracht.

Der gleiche Mann erzählte mir, daß die sorbische Sprache in der Nazizeit in Schulen und Ämtern nicht gesprochen werden durfte, sie habe sich nur in den Familien erhalten. Sorbische Gottesdienste seien verboten gewesen, alle sorbischen Priester in andere Gegenden geschickt worden, statt ihrer hätten Mönche aus Schlesien hier die katholischen Gottesdienste abgehalten. Die Sorben seien ja immer unterdrückt gewesen, aber damals besonders herabgestuft worden, allerdings nicht verfolgt. Auch in der Wehrmacht hätten sie schließlich mitkämpfen dürfen, was dann wieder Gemeinsamkeiten hergestellt hätte. Wie mochte sich ein sorbischer deutscher Soldat in Polen gefühlt haben, fragte ich, und mein Gegenüber lachte und sagte, das sei alles nicht aufgearbeitet. Die DDR habe dann die Sorben wiederum bevorzugt und bevormundet, was sie auch nicht gewollt hätten. So

standen wir noch eine Weile und
redeten, und er erzählte vom öffentlichen Wettbewerb fürs neue
Marktkreuz und von der Partnerstadt Bad
Honnef, die hilft, seitdem die Grenze offen ist, hilft
mit Lehrstellen sogar, und daß das alles
ohne Kirche gar nicht denkbar wäre, denn sorbisch heiße
immer gleichzeitig katholisch, und als ich dann,
vorbei an allen Menschen, die zum nächsten Gottesdienst der
Kirche zu-
strebten, die Felder lang
fuhr, fiel mir ein, an welches Lied mich das
Marienlied erinnert hatte, es war
Santa Lucia.

Wie wurde mir, als ich dann wieder
in Hoyerswerda auf dem Marktplatz stand!

Er war ja aufgeräumt und neu
gepflastert, und auch das Schloß, also Museum, stand
ganz nett auf seinem Hügel, aber
wie einsam kams mir vor, wie
gott-
verlassen.
Alles war leer, nur in der Toreinfahrt des
alten Schlosses wartete ein Grüppchen von
Leuten auf die Führung durch die alte Stadt, die
für zehn Uhr versprochen war, da
war ich mit von der Partie und hörte,
Hoyer

hätten die ersten Herren der Gegend geheißen – Hoyer von Mansfeld und Hoyer von Vredeberg, und daß die Stadt 600 Jahre alt sein sollte und bis zum Dreißigjährigen Krieg böhmisch gewesen war, danach dann sächsisch, und ebenso wie Lübben erst nach 1815 preußisch. Am meisten sprach unsere Führerin über die Fürstin Katharina von Teschen, eine Geliebte von August dem Starken, die 32 Jahre Herrin im Schloß gewesen war, seit er sie 1705 mit der Herrschaft Hoyerswerda abgefunden hatte, wegen Neuverliebung. Nirgendwo sah ich ein Bild der bedeutenden Frau, aber »die Teschen« hier, »die Teschen« da, so klang es den Weg vom und zurück zum Schloß, der Respekt, den die Frau sich erworben hat, hielt offensichtlich schon fast 300 Jahre an. Und dabei liefen wir vorbei an niedlichen Handwerkerhäusern und geschlossenen Kirchen, verrotteten Gebäuden und der schmutzigen Elster, auf der man vor 100 Jahren vornehm Kahn gefahren sein soll. Die Leute in der Gruppe wiesen sich gegenseitig auf schöne oder vernachlässigte Häuser hin und sprachen die meiste Zeit darüber, was für Entsetzen

der Name Hoyerswerda auslöst, wenn sie irgendwo in Deutschland nach ihrem Heimatort gefragt werden.
Schließlich lief ein Mann neben mir, der bemerkt hatte, daß ich hier fremd war. Er meinte, es hätten niemals so schnell so viele Menschen hierhergebracht werden dürfen. Außerdem sei Hoyerswerda immer eine Kreisstadt gewesen, aber weil die PDS hier so stark war, hätten gewisse Leute dafür gesorgt, daß es eine kreisfreie Stadt wurde, und nun veröde sie, aber immer noch seien die besten Kommunalpolitiker PDS-Leute. Als der Rundgang beendet war und wir wieder auf dem Schloßhügel standen, schüttelte er den Kopf und meinte, es sei wirklich kaum zu glauben, daß diese Stadt unter der Teschen mal über siebzig Schuhmacher und über zwanzig Schneider gehabt habe. Und es sei auch nicht wahr, daß nur Fremde gegen die Ausländer randaliert hätten, damals. Die meisten seien aus Hoyerswerda gewesen, einige seien sogar mehrmals hingefahren, weil sie schon lange neidisch gewesen seien auf diese fremden Arbeiter, die zu DDR-Zeiten bereits Westgeld gehabt und für den Geschmack ihrer Nachbarn zu viel gefeiert hätten. Die Polizei habe zugesehen und die Ausländer schließlich weggebracht, das sei der größte Fehler gewesen. Und dann

zerstreute sich der kleine Haufen, und
Hoyerswerda lag in der Sonne wieder leer da,
die alte und die neue Stadt,
die Brigitte-Reimann-Straße und die Walter-Rathenau-Straße, und
meine Wirtsleute brieten Kotelett in ihrer Küche, als ich
mich verabschiedete und
versprach, irgendwann einmal
wiederzukommen.

In Bautzen Telefonzellen fotografiert

Was immer klar war: Bautzen wollt ich sehn.

Den Knast,
aber als Gast für eine Stunde nur,
natürlich.
Mein
Freund Ralf Schröder, der Slawist, hatte mir viel
davon erzählt und viel davon für immer angenommen an
Angst und Schrecken, Schwachsinnsidealen, ich
bin ein Häftling, schrie er oft im Suff, acht
Jahre Einzelhaft!, und war noch
stolz darauf, und
traute niemandem und sagte allen immer gleich, was
er im Schilde führte, das
wollte er in Bautzen gelernt haben. Das
Wörtchen BAUTZEN kam auch sonst im Leben
eines Bürgers der DDR gelegentlich mal vor und ließ
die Stimmen leiser werden – in Bautzen! Er – Wer? – er
war oder er ist oder er kommt
nach Bautzen! Ja, Bautzen lag ganz nah bei
Hoyerswerda. An diesem
Sonntagnachmittag nach Gottesdienst und
ritueller Stadtbesichtigung bin ich
ohne
mich mit Essen noch lange aufzuhalten – das Essen
taugte nichts in Hoyerswerda –
weitergefahren.
Und,
worauf ich nicht gefaßt war, ich fuhr hoch!

Erst
war es eine Falte in der Wiese, dann
Wellen in der Landschaft, also Hügel, und
schließlich konnte man auch
Berge
dazu sagen, ich
fuhr höher, höher, höher, ich
fuhr hoch, und was sich da auffaltete, mit
tiefen Tälern, in die ich hineinsehen konnte wie
in aufgeklappten Illustrierten, das
war
die Lausitz vor
Bautzen.

Noch nie gesehen,
von Bautzen nichts gewußt, nur
rein-
gefahren, hin, und Berge eben, und dann –
ich dachte fast, mich trifft der Schlag, das war ja eine Burg,
nein keine Burg, die Stadt
war eine Festung, ein Mauerbauwerk über Wasserfällen, ein
Trutzgebilde und ein Schutzgebilde und ein Machtklumpen
zum Geldpumpen, also Geld
muß hier immer gewesen sein, oder sie ham sichs geholt.

Oh Mann, wieviel Geschichte klebte hier
nun wieder an jedem Pflasterstein und doppelter
Beschriftung. Deutsch und Sorbisch war hier gleich
groß geschrieben, das
Sorbische schon mal an erster Stelle, oder
wars nur gelegentlich?
Ach nein, ich irrte mich, aber so falsch war dieser Eindruck
auch nicht,

denn hier
wars nichts mehr mit dem Dunkel der Geschichte, hier
hatte,
wo man hinspuckte, der Slawe
seinen Fuß ganz deutlich auf dem Boden, denn
Bautzen nannte sich: die Sorbenmetropole.
Das hatte ich schon auf den ersten Metern des
Rundgangs durch die Stadt am Sonntag im Vorbeigehen erfahren,
die Kirchen standen alle
offen da, und Leute überall und Tafeln, Hefte, Info-Blätter,
ich las, daß viele Sorben hier auch evangelisch wurden und
ihre alten Bräuche abgelegt hatten, seitdem.

Nach einem ersten Rundgang hatte
ich irgendwo gegessen, wo auf der Straße
Stühle standen und Autos rechts berghoch und links
den Hügel runter gefahren sind im endlosen Verkehr, man ahnt, ich
saß auf einer Höhe, aber das war ja nichts gegen die
Mauern, Türme, Bollwerke, die gegenüber
der Straßenkneipe sich befanden, dort lief ich nach dem Essen hin
und dann im Kreis und hoch und runter, Gassen rein und raus.
Wenn ich es heute, rückblickend, bedenke, war
es schon ein Nürnberg, was ich da
betreten hatte, groß, mit weiten,
schrägen Plätzen, Granit und Kopfsteinpflaster überall und
Bürgerhäusern, die vielgeschossig, schief mit ihren Gaubendächern
sich aneinanderlehnten, auch
hatte ein Bäcker geöffnet und verkaufte warme Obst-
und Streuselkuchen, und Obst mit Streusel auch, in Riesen-
tortenstücken,
glei uff de Hand, den Guchn? – Hier
sprach man sächsisch! Vielleicht war ich schon in dem
Teil der Lausitz, den

Sachsen trotz der Freundschaft zu Napoleon
behalten durfte, 1815. Ach,
ich habe zweimal frischen Kuchen mir gekauft und zwischendurch
erfahren, daß Bautzen mal die Residenz
der Könige von Böhmen
gewesen war, und auch mal polnisch.
Und
eine große Schlacht hat es gegeben, hier in der Nähe, damals
kämpften die Franzosen gegen die Alliierten, also
die Generäle Ney und Oudinot gegen
die Generäle Gortschakow und Kleist, das heißt, die
Preußen und die Russen standen hier zusammen. Ich
war dann auch auf einem Turm, von wo ich runter auf
das wilde Wasser sah, das Bautzen in den letzten tausend
Jahren ganz gut beschützt hat.
Das,
konnte ich nicht glauben, war die Spree,
die in Berlin bei uns so depressiv
sich schleppt, und hätte ich den Mut gehabt, mir noch
ein drittes
Stück Kirsch- oder Pflaumenkuchen, der noch warm und auch mit
echter Butter
gebacken war, zu holen, dann
wäre Grund genug gewesen, auch die Straßen, die
bergrunter führten und aussahen, als ob
sie irgendwann im Mittelalter eingefroren worden waren, und
inzwischen dick mit Staub
bedeckt, doch immer noch nicht aufgetaut, mir
gründlich anzusehen, aber
wir solln nicht soviel Kuchen essen, wir
Frauen, sonst
werden wir zu dick!

Ich ging also mein Auto suchen, und
die Adresse, die ich hatte, zur
Übernachtung, war
wieder mal ein Häuschen, diesmal
nicht Eigenbau, sondern in einer Villengegend und
groß und innen alles neu
gemauert, tapeziert, mit Schaumtapete
isoliert, mit Trockenblumen voll-
gehängt und alle Fenster mit blauen
Glastränen geschmückt, so
war es schon ein ganz besondres Haus.

Als ich das Gepäck ins Zimmer getragen hatte, fragte ich die Wirtin, wo die Strafanstalt für politische Gefangene gewesen wäre, und sie sagte, in der Nebenstraße. Das wäre neuerdings eine Gedenkstätte, und an Wochentagen geöffnet. Das

hat mich doch erschreckt,

daß ich nun zum Spaziergang in der Abendsonne um die Ecke
ihn auch gleich sehen könnte, diesen
Knast.
Das ging mir eigentlich zu schnell, und
wiederum, was hatte ich erwartet, irgendwo
mußte er ja stehen, und
nun stand er eben hier, da
wo ich wohnte.

Es war ein Palast, Justizpalast, Jahrhundertwendearchitektur mit Zipfeln, Zapfen, Türmen. LANDGERICHT BAUTZEN, FREISTAAT SACHSEN stand am Eingangstor. Gegenüber eine Grünanlage, ringsherum Villen in ihren Gärten, Linden waren an die Straßenränder gepflanzt und warfen Schatten, eine gepflegte, ruhige Gegend. Erst als ich um das Haus herumging, sah ich niedrige Gebäude, die sich hinter dem breiten Palast verbargen wie hinter einer Wand. Sie waren von Mauern umgeben, zwei Straßen weiter gab es eine Eingangstür aus Blech, an der tatsächlich Öffnungszeiten standen. Die Tür war verschlossen, und ich lief zurück, die stillen Straßen lang in dieser feinen Gegend, zu einem Eiscafé, da saßen vier Frauen an einem Tisch und riefen: Nein! Nein! Nein! Wir haben Feierabend!, und zeigten mir auf ihren Armbanduhren, daß die Zeit hier abgelaufen war für Kaffee und für Eis.

Am Abend
wollte meine Wirtin wissen, wie lange
ich in Haft gesessen hätte und warum.
Es kämen viele Gäste, die ihren Knast sich
noch mal ansehn wollten, da
mußt ich sie enttäuschen. Ich
war ja immer brav gewesen, vorsichtig, ich
wußte doch von
Bautzen, sagte ich, und sie darauf: Na
jede Zeit vergeht, und diese Zeit
bleibt ooch nich wie se is, so
schlimm.

Was meinte sie? Sie war schon weg, in allen Fluren
glitzerten die weißen Schaum-
tapeten, und oben dann, in meinem Zimmer,
tanzte die SISSI wieder
in Schönbrunn und Possenhofen, aber
auf diesen sieben Tagen Reise seit
dem letzten Sonntag waren mir Fürstinnen und deutsche Kaiser
auf Schritt und Tritt
schon
so normal geworden wie Planerfüllung oder
Wettbewerbe.

Am nächsten Morgen leuchtete die blaue Träne an
meiner Fensterscheibe, das Haus war leer, und
der Justizpalast stand offen.
Zum großen Tore vorn hinein, hinaus, da
liefen Täter, Opfer, Richter, Henker, nein,
keine Henker mehr, so wurde mir
versichert, die Treppen hoch und runter für ihr Recht, und
hinten drückten Opfer und Betrachter der
Vergangenheit nur einen weißen Klingelknopf, dann

sprang die Metalltür auf und schlug auch wieder zu. Es war niemand zu sehen, ich lief alleine in den Knast hinein, vorbei an einem Bronzekopf von Julius Fučik, einem tschechischen Widerstandskämpfer. Es stand darunter, daß der hier 1943 vor seiner Hinrichtung in Berlin Plötzensee 10 Wochen lang inhaftiert gewesen war. Die tschechische Grenze ist nicht weit von Bautzen. Dieser Kopf stand etwa metergroß am Anfang des Ganges zu den Einzelzellen als Schmuckelement. In den Korridoren waren alle Holztüren zu den Zellen aufgesperrt, manchmal waren es auch Gittertüren, zum Beispiel vor einer Zelle mit einer Badewanne. Nirgendwo war ein Mensch zu sehen, und nach einer Weile des Herumlaufens wollte ich raus und fand eine Tür auf den Hof. Es war aber kein Hof, es waren die Höfe, viele einzelne Höfe für Gefangene, große und kleine, die kleinsten waren für Einzelhäftlinge, dreieckig, ihre spitzen Enden liefen alle unter einem Wachturm zusammen, der über den fächerartig auseinanderlaufenden Wänden thronte. Aus so einem Hof sah man nur Betonwände, denen Stacheldraht aufgesteckt war. An ihren spitzen Enden waren diese Höfe so eng, daß man mit ausgestreckten Armen beide Wände berühren konnte. Drinnen hackten Frauen Unkraut. Ein Mann zeigte mir den komplizierten Weg in den Wachtturm, durch mehrere Höfe und Wände hindurch. Klippklapp, immerzu schob er hinter mir Riegel auf und zu. Aus der Bude oben konnte man in fünf oder sechs Höfe gleichzeitig sehen, sie

hatte klapprige Fenster nach allen Seiten und einen Wasserfleck an der Decke. Auf einem Fensterbrett stand ein altes Telefon. Wie
oft habe ich unsere Bewacher in ihren Wachtturmstübchen
sitzen sehn, über der Mauer in Berlin, sie
haben sich gelangweilt, sah man, und mit Ferngläsern alle die
Tiere in ihrem Zoo betrachtet und gegähnt, in
ihrem Hochstand oben, wie Jäger, die
noch warten müssen, jetzt
stand ich drin in dieser Billigkeit der Konstruktion, und das
zurückgelassene Telefon,
das hatte die Form
von meinem Telefon im Osten. Ich
hatte mein altes Telefon ja lange schon
vergessen,
da stand es nun, und einen Augenblick
lang dachte ich, es könnte wieder ein Mensch von damals
an der Strippe sein, ein
Mann vielleicht, vielleicht die
reine Liebe, und dann – warum fiel mir das nun in Bautzen ein?

Ich wollte raus, ich durfte auch, es war ja
außer diesen Gärtnern kein Mensch im Bau, und
eine Ausstellung hab ich mir auch noch angesehn, mit
Berichten über Gitterwagen,
als Postwagen getarnt,
in ganz normalen Reisezügen, worin
in Wirklichkeit die Häftlinge nach Bautzen gefahren
wurden und angekettet waren. In Vitrinen
lag feinste Handarbeit geflochten mit Fäden, die aus Damenbinden
gezogen waren und Schmuck aus Draht und
hochpolierte schwarze Pumps der Schließerinnen
standen da, und irgendwann, da

klappte die Blechtür draußen hinter mir zu, und ich war frei.

In der Haftanstalt hatte ich viel fotografiert, und zuletzt fotografierte ich eine kaputte, alte Telefonzelle vor dem Gericht, die einen gelben Anbau hatte, genauso groß und gelb wie die Telefonzelle daneben. In diesem Anbau hatte bestimmt eine ganze Abhöranlage Platz gehabt, dachte ich, schließlich waren Telefonzellen in der DDR eine Rarität. Wer hier ins Gericht oder in den Knast wollte, war sowieso schon aufgeregt und wird froh gewesen sein, schnell mal telefonieren zu können, so stellte ich mir das vor und setzte mich zu drei jungen Männern auf eine Bank, die gerade eine Gerichtsverhandlung hinter sich hatten, wie sich herausstellte. Sie hatten vor drei Jahren in der Altstadt von Hoyerswerda mehrmals Leute zusammengeschlagen und als Jugendliche 1 1/2 Jahre Haftstrafe auf drei Jahre Bewährung bekommen. Heute war die Bewährungszeit um. Ich fragte sie, warum sie geschlagen hätten, und sie sagten, aus Langeweile. Ist aber Ende mit der Alliende, sagte einer, und das sollte heißen: Jetzt ist Schluß mit so was. Dann sprachen sie über Langeweile in Hoyerswerda und erzählten die Geschichte von den beiden zerstörten Schwimmbädern.
Mir fiel ein, daß wir in der Schule gelernt hatten, die letzten Worte von Julius Fučik wären gewesen: Menschen, ich hatte euch lieb! Und dann fielen mir die letzten Worte von Erich Mielke vor seinen Genossen ein, der gesagt hatte: Ich liebe euch doch alle. Irgendwas an den beiden Sätzen und Personen hatte sich in meinem Kopf ziemlich verhakt und kam nicht mehr auseinander, in Bautzen, auf dem Fučik-Platz, wo es nach blühenden Linden roch und die von ihrer Strafe befreiten Jungs inzwischen Büchsenbier tranken. Dann stiegen wir in unsere Autos und verließen Bautzen, sie in Richtung Hoyerswerda, ich in Richtung Dresden.

In Dresden an der Elbe nachts gesessen

Von Bautzen bis nach Bischofswerda,
das ist nicht weit, und dann bis Dresden nur
ein
Katzensprung, diesmal

wollte ich bei einer Freundin übernachten, die ich lange nicht gesehen hatte. Ich fuhr und fuhr, aber ich kam nicht an. Bischofswerda steckte so tief im Straßenbau, daß ich auf Umleitungen dreimal um diese Stadt herumgefahren bin, und als ich den Weg gefunden hatte, war ein Unfall geschehen und alles angehalten, in Dresden blieb ich im Stau des Nachmittagsverkehrs stecken, auch fand ich die Auffahrt auf den Berg von Loschwitz nicht, sondern fuhr immer wieder den Berg hoch, der Weißer Hirsch genannt wird, fand keine Telefonzelle, um noch mal zu fragen, wie ich fahren müßte, Fußgänger gab es keine, schließlich klingelte ich an einem Privathaus, dessen Bewohner mir sofort erlaubten, ihr Telefon zu benutzen. Als ich dann alles noch einmal erklärt bekam und die richtige Auffahrt und auch die Straße endlich gefunden hatte, lag mein Notizbuch mit Adresse und Telefonnummer bei den freundlichen Leuten, wo ich telefoniert hatte, ich lief also die ganze Straße ab, um den Namen meiner Freundin auf einem Türschild zu finden, fing am falschen Ende an und suchte zwanzig Minuten, und als ich sie endlich fand, saßen da vor einer Torte vier Leute, die drei Stunden gewartet hatten, und ich sah, daß meine Freundin nicht mehr meine Freundin war.

Wir gingen dann spazieren,
über herrliche Terrassen zu
einem Schloß, das noch im Osten völlig neu
renoviert und
kürzlich einem Adligen zurückgegeben worden war,

der für das alles keinen Pfennig
zahlen mußte, wie
ungerecht,
das sagte meine Freundin, und beide
fanden wir die zarten, bunten Muster in allen
Säulengängen besonders schön, stiegen
den Weinberg hoch, dunkel und zugewachsen lag er da, und
manchmal blieben wir auch stehn und
sahen auf die Stadt im Abendlicht und auf die Elbe runter.
Ich hörte, daß
hier mal berühmter Wein gereift ist, jedoch die
Reblaus alles zerfressen hat, und
wenn die Reblaus einmal da war, konnte man
viele Jahre keinen Wein mehr pflanzen, so
lehrreich war der Gang, und wir
erzählten uns auch, was die
gemeinsamen Bekannten machten und die Kinder, aber
im ganzen waren wir recht stumm.

Ich bin zu spät gekommen, dachte ich, zu spät, und
das kann peinlich sein, aber ein Freund, der müßte das verzeihn,
und erst bei Nacht, in einem kleinen Zimmer unterm Dach,
wo's schön gemütlich war und Grün ins Fenster ragte, dach-
te ich, daß ich tatsächlich
viel zu spät gekommen war. Es war ja alles schon acht Jahre her,
die Zukunftspläne und die Nächte voll
von Leuten und Lagerfeuer irgendwo im Norden
von Berlin, dann
war ich weggegangen in den Westen und hatte nichts
erlebt von allen Märschen gegen
die Polizei, von Demonstrationen nur gehört und
keinen Pfifferling gegeben auf die Institute,
Akademien, Schulen und Betriebe, um die

die Leute hier gezittert hatten oder sich beworben und keines
aller neuen Ost-Gefühle gefühlt, und sie
die meinen auch nicht, ich
war ganz schön zu spät gekommen.

Wer geht, ist sowieso im Unrecht, das
war im Osten so, das hatte die Partei so
eingerichtet, die Grenze war ja zu, und wer dahinter verschwand,
der sollte weit entfernt sein, fast
als ob er schon gestorben wäre, und
nun, kann sein, es ist nicht angenehm, wenn einer wieder auf-
taucht aus der Grube? Mir
war es jedenfalls recht unbehaglich, ich
hätte ja auch nie gedacht, ich sterbe, und ich steige
ausgerechnet
in Dresden-Loschwitz auf aus meiner Unterwelt! Hier
war ich außerdem noch nie gewesen. Das scheint aber
Bedingung bei den Wieder-
geburten, daß man von vorne
beginnen muß, so
saßen wir dann auch beim Frühstück alle wie
brave Schüler da, ich und zwei Ehepaare, und jeder
ging dann seiner Wege. Ich mußte

mein Adreßbuch wiederfinden und suchte das Haus von gestern, das verschlossen war. Es war eines der wenigen Häuser in der Straße, von dem ich einen Zugang sah, sonst nur große Gärten hinter Mauern, an eine war eine Tafel angeschraubt, auf der zu lesen war, daß Friedrich Schiller irgendwo dahinter »Don Carlos« geschrieben hatte, zu Besuch im Hause seines Freundes Körner. Die Straße hieß deswegen Schillerstraße und war nun, zweihundert Jahre später, eine regelrechte Abgasschlucht, steil, dunkel und so befahren, daß der Fußgänger sein Leben riskierte. Wo sie im Tal endete, floß die Elbe unter der Stahlbrücke durch, die hier Blaues Wunder genannt wurde. Autos und Straßenbahnen fuhren darüber, es war ein buntes, helles Bild. Um die Mittagszeit boten Fleischereien warmen Kasslerbraten, Kraut und Klöße an – das schien mir schon ganz schön bayerisch zu sein und wurde viel gekauft und im Stehen verschlungen. Ich wollte mir die Innenstadt ansehn und wieder mal die alten Bildergalerien, aber

die Füße trugen

mich zurück auf diesen Berg, wo ich erst gestern von den Toten auferstanden war. Es wäre wohl zu viel
gewesen für
eine frisch geborne Seele,
sofort
mit allen Bussen, Bahnen und so weiter herum-
zurattern, sie
wollte nichts mehr sehen, und
das war gut, denn grade saß die Freundin meiner
Freundin in ihrer Küche ohne Kundschaft. Die Frau war Fachmann
für die
Rückführung der Geister aus dem Reich
der Toten, oder
anders ausgedrückt,
sie führte ein esoterisches Massagestudio.
Ein Zimmer,
lichtdurchflutet, voller Edelsteine, Musik
von irgendwo: Huiiing, Huaaang, und
meine Socken waren Gottseidaang
noch ohne Loch,
als ich zufrieden auf die Liege kroch.

Sie
zupfte
an mir herum und rollte mich ein bißchen und

klopfte mal oben und mal unten an und fragte
immerzu, ob das nun gut tut und ob ich was träume, mir
wurde leicht, ich sah
die Karawane, welche? Keine Ahnung, eine Karawane
im Nebel zog vorbei und
ließ mich fallen, hat
mich fallenlassen, das
sagte ich ihr, habe ich gesehen, was
sie zufrieden machte.
Die Frau war einmal Kindergärtnerin gewesen und kranke
Ehefrau und Hausbesitzerin, und hatte mit der DDR

das alles abgeworfen, sich getrennt und von besonderen Meistern behandeln lassen. Tatsächlich wurde sie gesund, und da sie es kaum glauben konnte, war sie davon so begeistert, daß sie sich vornahm, diese Methode auch zu lernen und selbst zu heilen. Seitdem sei ihr Leben wie ausgewechselt, sie habe die Ruhe gefunden, darauf zu warten, daß die Dinge sich ereignen, die für sie gut sind. Alles, was man sich im Leben wünsche, geschehe von selbst, wenn man es zuließe, sagte sie, das habe sie selbst erlebt. Sie hatte durchdringende, beinahe starre, blaue Augen, und ich hätte gern gewußt, wie alt sie war. Auf jeden Fall war ihr Freund wesentlich jünger und küßte und umarmte sie andauernd. Die Massage hatte sie mir geschenkt, wohl, weil sie gesehen hatte, wie unglücklich ich seit der Ankunft war, und wir unterhielten uns so lange, daß ich auch den zweiten Abend blieb, obwohl ich mir inzwischen schon eine andere Übernachtung in Dresden besorgt hatte. Als die nächste Kundin kam, nahm ich mir ein Buch über die Kraft der Minerale, und während aus dem Nebenzimmer die Klänge tönten, las ich, man

sollte

allen Schmuck am Abend waschen und
ins Mondlicht legen oder in die Sonne, damit
er seine Kraft zurückgewinnt. Die

Edelsteine bräuchten Ruhe. Ruhe!!!
brauchen
sogar die Steine, und nur beruhigt könnten sie
den Menschen und
den Pflanzen nutzen, denn ein Bergkristall
im Blumenwasser zum Beispiel könnte
das Wachstum fördern und ein Moosachat den Wasser-
haushalt regulieren, und bei Umpflanzungen helfen
Bernstein und Rotjaspis.

Da wußte ich auf einmal, warum ich
nach dem Weggehn aus dem Osten einen roten Jaspis am
Hals getragen hatte, und dabei war es mir doch
elend schlecht gegangen - wie gut! Wie wär es erst gewesen
ohne Stein, so überlegte ich und las, für Reisen
seien Quarze gut geeignet, sie
schirmen schlechten Einfluß ab, man könnte
so einen Quarz auch auf den Monitor eines
Computers legen, beim Fernsehapparat dagegen
muß einer drauf und zweie noch
daneben. Man soll auch Wasser trinken,
in dem Edelsteine tagelang
gelegen haben, vor allem Amethyst und Bergkristall, dazu
Lavendelquarz und Tigereisen,
Granat, Achat kann auch noch rein,
das sah vor allen Dingen herrlich aus, die Fotos waren bunt, und
in der festen Absicht, mir
für jede Jackentasche einen Rosenquarz zu kaufen, da
schlief ich ein. Die Katze
weckte mich. Sie schnupperte an meinem Bett, das
war ja meine Katze!
Ich rief sie, Silvi,
Silvi komm doch her! Aber sie

wandte sich ab und ging. Statt dessen stand meine Freundin in der Tür und fragte: Hatte sie einen Namen? Sie hatte mir die Katze abgenommen vor meiner Reise in den Westen, als ich nicht wissen konnte, wo ich wohnen werde, denn sie besaß ein Haus mit Garten, ein anderes als dieses, aber mit ebensoviel Platz für ein kleines Tier, und hat die Katze dann versorgt, bis heute. Wie nennt ihr sie, fragte ich. Miez war der neue Name. So kamen wir doch noch ins Gespräch und saßen nachts zusammen, und als ich wieder alleine war, fielen mir Dinge ein, an die ich acht Jahre lang nicht gedacht hatte, und ich schlief nicht wieder ein, sondern ging raus in den Garten, wo ich Musik hörte, denn im Keller saß der Sohn der Familie und hörte Reggae.

Am
nächsten Morgen bin ich dann ins Tal gefahren, durch
Dresden, hell und zittrig
erschien die Stadt mir in der Sonne, Bau-
lärm an jeder Ecke, Staub und Gruben, ich suchte
dieses neue Zimmer, denn
es war ja schon bestellt, fand
es am Fluß, das war auch die Adresse: Ufer. Am
Laubegaster Ufer sollte es sein, und dabei rollte
ich fast in diese dicke Elbe rein, die hatte Hochwasser, das war
der Regen, den ich in Frankfurt und in Lübben ab-
gekriegt hatte, hier kam er nun gebündelt aus
Böhmen und vom Königstein.

Die Häuser
wurden immer niedriger und kleiner, jedoch nicht neu gebaut, im
Gegenteil, es waren wahre Dichterdomizile darunter, mit
dicken Bäumen, wilden
Gärten und zarten Gittern auf Balkons, seit hundert Jahren
nicht repariert, das war die arme Seite, hier
unten, flach und mittags in der Sonne liegend.

Gegenüber der dunkle, dunkelgrüne Berg
mit Parks und Villengärten,
das
war der Berg, von dem ich grade kam.

Dazwischen die Elbe. Der Uferweg war schmal und das Flußufer nicht befestigt. Das Haus, das ich suchte, stand direkt am Wasser. Am Zaun lehnten zwei Frauen und sahen auf den Fluß. Als ich das Haus betrat, sah ich die Tür zu ihrem Zimmer offenstehen, ihr Fenster auch, und durch das offene Fenster wieder die Elbe. Das Wasser schien den Fensterausschnitt bis zur Mitte zu füllen, und dieses große, graue Wasserstück floß immerzu vorbei. Die beiden Frauen waren schon zwei Wochen hier, Lehrerinnen aus Westdeutschland. Sie erzählten von wunderbaren Ausflügen, die sie gemacht hätten und behaupteten, Dresden würde bald die schönste Stadt Deutschlands werden, selbst München werde dahinter verblassen, und das würde gar nicht lange dauern. Dann empfahlen sie mir den Sächsischen Landtag, weil man von seinem Dachrestaurant einen herrlichen Blick hätte, zogen sich Turnschuhe an und fuhren auf Fahrrädern das Laube-
das Laubegaster Ufer lang.

Es war ein Wiesenufer, hoch
gelegen, darunter
gluckerte die Elbe, sie schmatzte, schluckte,
drehte
sich Wirbel ein, mal links, mal rechts herum,
ich setzte mich ins Gras an ihren Rand, warf
einen Stein hinein, an diesem
Sommertag am Fluß vor meiner neuen Wohnung,
an einem Weg,
den man auch barfuß gehen konnte, und barfuß
saß ich da, mit nackten Füßen, sah

den Dampfern nach, den Kohleschleppern, und auf das andre
Ufer, dachte an
Schiller, der bei Körner war, dort drüben, und
daß es hier im Tale immer noch so aussah, so
nach Goethezeit.
Nach seinen Zeichnungen, den braunen Tuschen, und den Bäumen,
die kringlig, locker, schief im Wind
vor Häusern stehn, die hell
und einfach sind.

So wars in Laubegast an seiner Wasserseite.

Die Straßenbahn hat mich dann schnell
nach Dresden
reingeschleppt, durch
alle Neubauviertel gezogen, die Wagen gelb und
rundlich wie Senfgurken, gemütlich, und
wie lange
hatte ich das Dresdner Sächsisch nicht gehört, zwei
alte Frauen vor mir sprachen über eine dritte:
Schprischt sisch nisch aus. Schprischt sisch mit niemandem aus!
Oujah, oujah, klang es
zu mir herüber,
Ounäh, ounäh.

Oujah, oujah, ounäh, ounäh.

Die Fahrt war grade teurer geworden, in allen Zeitungen
des Tages stand es und wurde übel kommentiert, aber
die Bahn war voll, wir
rollten dem Zwinger zu, und das ist immer wieder schön.
Obwohl,
erschrocken bin ich jedesmal in dieser Innenstadt. Die

Plätze sind so kahl, die
Straßen breit, und alles ist von einer Weite, die
dem Berliner angst macht, und
das will was heißen, wir
haben das Berliner Grau, alle Beton-
farben am Himmel meistens, an den Gebäuden sowieso,
die kleine Spree ist schwarz bei uns und
in der U-Bahn niemand froh, aber
es pfeift nicht so, man
steht nicht so im Freien
wie hier in Dresden, und
soviel Himmel immer und das Helle der Neubauten sogar, das
irritiert den harten Stadtbewohner.

Na ja, gefackelt habe ich nicht lange, frisch
auf den Zwinger zu-
marschiert, und die Gemäldegalerie der
Alten Meister muß
ich keinem von den Lesern eines Reise-
buches noch beschreiben, ich ging nur schnell zu
meinem Lieblingsbild und fragte dann
nach einer Fürstin Teschen.

Jawohl, man kannte sie und fand sie auch im
Bilderkatalog als Lubomirska, Ursula Katherina.
Ihr Bildnis hing im Raum zweihunderteins, dem
letzten Zimmer auf der oberen Etage links. Man
kommt herein und steht

in einem Raum voller Porträts. Ich zählte 56, Frauenporträts vor allem, dicht gehängt, in Farbton und Manier einander ähnlich. Rosalba Carriera aus Venedig hatte sie gemalt. Kleider oder Hintergründe hatte die Malerin vorzugsweise bläulich gehalten, sich selbst auch porträtiert und »Winter« genannt, jung nicht, aber doch ziemlich jugendlich, mit wüsten, weißen Haaren und dicken Perlen an den Ohren. Das Porträt der Teschen hing neben dem der Tänzerin Barbara Campanini, der berühmten Barberina. Es war 1730 gemalt worden, als die Teschen schon 25 Jahre in Hoyerswerda gewesen war und zeigte eine blonde Frau mit langer Nase und dünnen Lippen. Unauffällig und nicht gerade um Freundlichkeit bemüht, zwischen lauter lächelnden Gesichtern. Nach einer Weile gefielen mir die Bilder nicht mehr, die mir zuerst ins Auge gefallen waren, andere traten hervor, am sympathischsten wurde ein Frauengesicht, das heiter aussah, freier als die übrigen Damen. Ich ging hin, um die Bildunterschrift zu lesen, es war Maria Theresia von Habsburg. Ihr Bild hing über dem der Lubomirska, so hatte die Teschen durch Heirat geheißen, ihr eigentlicher Name war Bockum gewesen, zur Reichsfürstin von Teschen hatte August der Starke sie erhoben, nachdem sie ihm einen Sohn geboren hatte, ein Jahr vor ihrer Abschiebung. Im bürgerlichen Leben wurde Ehebruch damals übrigens mit dem Tode bestraft. Hoyerswerda war keine Abfindung gewesen, sondern ein Pfand für 250 000 Taler, die sie ihm einmal geliehen hatte. Unter der Habsburgerin hängend sah die Teschen mir nach einer Weile angestrengt aus. Immerhin, sie schielte nach keiner Seite wie viele andere hier an den Wänden, sie brauchte alle Kraft zum Gradestehn auf dem Tablett vor dieser unheimlichen Frau, der Malerin, der Hexe, die ganze Kraft im Raume hatte diese Frau

hier

nicht zu haben, meinte wohl
die Teschen,
sooo
gut sind Ihre Bilder auch nicht, Madame, womit
sie Recht gehabt hätte, die strenge Herrin.

Zufrieden? Immerhin, ich hatte sie gefunden, und
wenns in Hoyerswerda kein Bild gegeben hat, ich habe sie gesehn,

die Frau,
an die sie dort in Hoyerswerda dachten, mehr als an
irgendeinen Menschen, der
vielleicht sein ganzes Leben eingesetzt hatte dafür,
die neuen Werke, neuen Häuser aufzubauen, es
mußte solche geben, aber davon
ist nichts geblieben, jedenfalls kein
Name, der Fremden im Vorübergehn
als gut und teuer mit-
gegeben wird.

Den Landtag mußte ich nicht lange suchen. Das
wußte jeder, wo der ist, und doch lief ich erst falsch herum und
stand vor alten Speichern, die Farbe blätterte, der Putz, wie
überrascht war ich dann an der
nächsten Ecke, als da ein Glaspalast, Palast der Republik?, der
Freien Republik von Sachsen? stand. Es sollte
nicht gänzlich neu sein, dieses Haus, im Kern
sei es die alte Kreisleitung der SED, erzählte man, aber
das sah man nicht. Alles was neu war, war
aus Stahl und Glas, und das bedeutet Transparenz und Stärke.
Das Plenum unterm Dach, kreisförmig, drückt
Gemeinschaft aus, die Landesfarben Weiß und Grün
dominieren im Plenarsaal. Für die Bürger ist
ein Teppich ausgelegt. Orangefarbig,
lavagleich,
signalisiert er den Parlamentariern:
WIR SIND DAS VOLK.

Die letzten sieben Zeilen stammen
nicht
von mir, ich habe sie nur abgeschrieben aus
einem Faltblatt, das im Landtag lag.

Das Volk von Sachsen also, das
diesen stolzen Spruch erfunden hat:
WIR SIND DAS VOLK,
liegt teppichgleich den Volksvertretern hier zu Füßen, so
wie es ja gewollt hat,
Volk zu sein? Von
weitem soll das Haus am Ufer einem
»Dampfer gleichen, der im Hafen liegt, ver-
läßlich und verletzbar«, das war mir neu, daß
Architektenlyrik sich viel
weiter vorwagt als die müden Dichter heute, aber
ich war in Sachsen, dem Ursprungsland der friedlichen
Revolution, und immerhin,
sie hatten ihren Landtag schon.
Wo in Berlin der Reichstag grade mal zerschlagen,
ausgeweidet,
hohl
dasteht, da kann man hier sehr wohl
die Treppen rauf und runter gehen, ein Süppchen essen oder
Zeitung lesen, wozu das ganze, weiß ich nicht, auf jeden Fall,
der Blick ist königlich.
Tatsächlich dachte ich an Rom – die Weite!

Die Elbe riesig, Steinbrücken darüber,
und darauf
Autos, Züge, Straßenbahnen, das
rollte alles in die andre Hälfte
der Stadt, die auch zu sehen war, mit Kränen, Türmen,
oder kam von dort, das Ufer war sehr hoch
gemauert, außerdem
stand eine Doppelreihe Linden längs, die blühten.

Dort bin ich langspaziert, wo rechts und links
der Elbe beinah alle Herrlichkeiten, die August I.,
genannt der Starke,
mal begründet hatte, nach
Bombennacht und Bränden wieder stehn.

Es ist
eine ganz andre Welt, hier unten, bei den Sachsen, die
ja keine sind, die Sachsen sind nach England aus-
gewandert, hier war bis zum Jahr 1000 und noch etwas länger
slawisches Gebiet, und später dann regierten die
Wettiner, aber
im Dunst und Klang der Elbe eben, die
weich macht offenbar und weit. Ich
dachte immer noch an Hoyerswerda. Vielleicht
ist aller Rechnerei zum Trotz,
mit der heut jeder realistisch tut, und
allem Fluchen auf die allgemeine Ver-
blödung und Bequemlichkeit
am Ende auch bei uns
nur Schönheit etwas wert?

Ob nun in Dresden oder Hoyerswerda, die kleine Säule war es,
die die Stadt zusammenhielt,
und hier,
ich stand inzwischen auf den herrlichen Terrassen
des Grafen Brühl, der seinerzeit
der größte Schuldenmacher war, und
was ist nun? – Sie ehren ihn.

Mit Essen vorzugsweise, Restaurants, und einem
Reim
über dem Tagesangebot:

ZUM BIER SCHMECKT NICHT NUR HAXE GUT
PROBIERN SIE MAL WIE LACHS ES TUT!

Da schien ja eine mir verwandte Seele
in eine Küche reinverbannt, hätte ich Zeit gehabt, wir
hätten uns erkannt, aber es ging nicht, es
war beinah schon wieder Abend, wir
müssen einzeln, jeder, ganz alleine weiter
uns durchschlagen so Schritt für Schritt durchs Leben und
die Wörter, dachte ich und schritt
der Frauenkirche zu, die mußte ich gesehen haben, das
hatte ich der Hausbesitzerin versprochen, die
am Laubegaster Ufer abends fragen würde, wie
sie mir gefallen hat.

Die Frauenkirche war vielleicht sechs Meter hoch und von Gerüsten umgeben. Auf der Wiese davor lagen provisorisch zugedeckt numerierte Teile der Ruine. Kupferbleche ragten heraus, barock geformt und von Explosionen zerknittert. Eine Informations-Baracke gab es auch. Dort konnte man lesen, daß die Kirche 17 Jahre lang erbaut worden war, von 1726 bis 1743, und daß sie beim Bombenangriff vom 13. Februar 1945 verbrannt und danach als Ruine ein Denkmal dieses Krieges geblieben war, bis Dresdner Bürger nach der deutschen Vereinigung beschlossen, die Kirche aus Spenden wieder aufzubauen, und zwar bis zum Jahr 2006, wenn Dresden 800 Jahre alt wird. In der Baracke waren Dinge ausgestellt, die man kaufen konnte, um sich am Aufbau zu beteiligen, vor der Baracke standen Tafeln mit Zahlen und Bildern. Ich sah, daß die Frauenkirche beinahe rund gewesen war, eine einzige, hohe Kuppel. Um die Baustelle war ein Drahtzaun gezogen, und vor dem Zaun standen in Abständen Bänke mit Blickrichtung auf die Kirche. So konnte man den Arbeitern auf den Gerüsten in Ruhe zusehen. Ein großer, runder Fleck, das ganze, und seitlich davon ruhte die echte, alte Turmuhr auf einem Podest und tickte bereits. Sie zeigte

die Zeit von heute!

Diese Uhr, die
50 Jahre unterm Schutt gelegen hatte, zeigte
am 16. Juli 1996 die Uhrzeit: Zehn Minuten
nach sechs!
Sie tickte, sie bewegte sich, und auch auf dem Gerüst
standen noch Leute und hämmerten, der
runde Fleck in Dresdens Mitte
klopfte, man hörte es ganz deutlich.

Es waren ältere Frauen, die auf den Bänken um den Zaun herum saßen und zusahen. Eine redete leise auf ihren Enkelsohn ein, ich hörte sie sagen, wenn er groß wäre, sollte er sagen, daß er den Platz noch leer gesehen hätte, als er klein war, und eine andere rief einem Bauarbeiter, der mit einer Eisenstange in der Hand hinter dem Zaun vorbeilief, zu, daß er auch schön ordentlich bauen soll. Der blieb stehen und sah sich die Frau an, bevor er, ebenso geil wie sie ihn gerufen hatte, zurückrief, daß das Ehrensache sei. Es sah so aus, als ob

der Bau den Wert aller Beteiligten

erheblich steigerte, und
das

bestätigte meine Wirtin abends, als sie sagte: Das ist unser Herz. Als Dresdnerin dürfe sie das sagen: Es ist das Herz. Und wer anderes wichtiger fände, würde von Dresden nichts verstehen. Es sei auch gar nicht wichtig, daß es eine Kirche ist, aber daß es aus Spenden entstünde, das mache die Dresdner stolz, dieses Aufbauen. In vierzig Jahren sei nicht so viel entstanden wie in den letzten sieben, man brauche nur auf die Dächer zu sehen, nein, wir sind dankbar, sagte sie. Wir hatten auf den Stühlen vor dem Haus gesessen und auf den Fluß gesehen, und da sie annahm, daß ich aus dem Westen bin, hatte sie mir kurz den Marxismus erklärt als eine gute Sache, für die die Menschen nicht gut genug wären, und von der Arbeit erzählt, die ihr fehlte, da sie doch ihr Leben lang in der DDR so gute Kollegen gehabt hätte. Sie war gedrängt worden, jüngeren Frauen zuliebe in den Vorruhestand zu gehen. Neben dem Haus, vor dem wir saßen, standen nur noch wenige Häuser, dann folgten Wiesen, wild, ungemäht, voller Blumen. Viele Spaziergänger waren abends unterwegs, es war noch lange hell, der Himmel blieb blau, und die Elbe sah nun auch blau aus. Sie glänzte im Mondschein, floß schnell, wie Seide fließt und knattert, rutscht und Falten schlägt, nur

endlos eben.

Lange
saßen wir so da, auch weil es warm
war und aus Gärten
Stimmen tönten, die ohne Kunstlicht,
Krach oder Musik nur
redeten im Dunkeln, kein Gegröle, Preußen
war weit.

Im Erzgebirge beinah abgedreht

Ins Erzgebirge!

Weg von der Elbe und durch Dresdens Randgebiete,
die Zschachwitz, Leubnitz, Strehlen hießen,
flach und verdreckt, mit viel Barock dazwischen, gings
über weite Flächen hoch im
dritten Gang, bis ich die ganze Welt von oben
sah und abwärts rollte.
Am Anfang war es wie in einem
Automatenspiel, der Asphalt teilte schwarz die Landschaft,
in die ich reinrollte, genau auf
Mittelachse, mal sah ich nichts, dann gleich wieder alles
auf einmal, so
raste ich von oben auf
Dippoldiswalde zu, das Bild, der Fleck da unten mit den roten
Dächern
- und alles Biberschwänze, alte, leuchtend rot! - war
unbeschreiblich, ein Juwel, die Stadt,

wo ich folglich sofort anhielt und eine Runde lief, aber nichts besonderes auf die Schnelle fand, nichts, was annähernd so schön war wie das alles zusammen von oben ausgesehen hatte.
Danach

dann lagen die Straßen mehr
diagonal,
so kams mir vor, mehr schräg und immerzu am
Abgrund. Na, obs ein Abgrund war, auf jeden Fall, da wars
zu tief, viel
zu viel Luft war da, und
meistens war es auf der rechten Seite, und

Burgen! schossen
unerwartet und erstaunlich nah
an mir vorbei, vielleicht auch ich
an ihnen,
dann wieder Waldsäume, Alleen,
aber die netten Schilder fehlten:
SCHÖNE ALLEE und
SCHÖN AUFPASSEN!
Ich war nicht mehr in Brandenburg. Der
Freistaat Sachsen sorgte sich weniger um
seine Bürger, oder
sie machten ihm nicht so viel Sorgen, das
könnte auch sein, aber Kurven hatten sie
hier mehr als dort, Wald-
einsamkeit gabs keine, nur Autos vor
und hinter mir, und viele mit
dem Zeichen MEK auf
ihren Autoschildern, was
sollte das bedeuten?
Auch warn die Häuser
eigenartig. Ich sah:
Im Erzgebirge hat ein Haus
vier Wände und ein spitzes Dach.
Ein großes Haus, das waren also vier
große Wände und ein großes Dach,
ein Riesenhaus,
das warn vier Riesenwände und ein Riesendach,
das wars.
Nicht eine Arabeske, kein Schnörkel,
keine Stufe, kein Balkon, so platte Kisten
standen
immerzu am Straßenrand, aus allen Zeiten waren sie,
mit schwarzen Schieferdächern, und

irgendwann war mir so schwindlig von den engen Kurven, da wollte ich nicht mehr und rollte in einem Dorf von dieser Straße Nummer 171 runter in einen Garten rein und blieb stehen. Ich hatte eins der frischen Brötchen mitgenommen, die meine Wirtin mir am Morgen serviert hatte, Dresdner Wasser auch, und als ich kauend in die Runde blickte, da stand die Hänge hoch vor jedem Haus ein Mann, der hackte, baute, Zäune strich, und auf der Straße oben fuhren Autos, eins nach dem anderen, vorbei. Die Straße mußte jeder benutzen, der nach Tschechien wollte, das sah ich erst an einer Gabelung, wo

PRAG und TEPLICE geschrieben stand und diese

ganze Karawane links

die Berge hoch im Wald verschwand und ich dann

rechts

allein nach Olbernhau.

Der Name war mir durch Weihnachtsengel und Nußknacker bekannt, die erzgebirgischen Holzfiguren, auch war es ein Urlaubsort gewesen. Ich stellte mir ein Dorf auf dem Hügel vor, ziemlich kahl, mit großen Idiotenwiesen zum Skifahren, aber gerade als ich durch ein Tal fuhr, zeigte der Wegweiser OLBERNHAU auf Schotter und Industriegelände. Ich fuhr an einem Werk entlang, dunkler, neuer Metallkasten, dahinter begann eine Stadt. Das Wetter war trübe geworden. Im ersten Gasthaus am Wege machte ich Station. Als ich nach dem Werk fragte, an dem ich vorbeigefahren war, sagte der Wirt, das sei das Blechwalzwerk gewesen, und man habe es totgemacht. Ich sagte, daß es mir ziemlich neu vorgekommen sei, und er meinte: Darum ja. Der Mann sah ernst aus, seine kleine Tochter brachte mir das bestellte Bier und setzte sich neben mich an den Tresen. Das Lokal war groß, neu eingerichtet und leer. Draußen begann es zu regnen. Der Wirt sagte, daß nicht mal mehr die Urlauber kämen in diesem Jahr, und schenkte mir die Tageszeitung, als er sah, daß ich darin blätterte. Sie hießt FREIE

PRESSE, es stand drin, daß das Zschopauer Motorradwerk vielleicht doch noch gerettet wird. Die Stadt im Tal sah grau aus, aber in der Mitte war alles hell gestrichen und renoviert, eine Kirche und niedrige, alte Häuser, lauter neue Geschäfte darin. Die Straße davor aufgerissen, sie wurde gerade mit Granitsteinen gepflastert. Zwei alte Männer waren auf dem Trottoir stehengeblieben, einer stieß den anderen an und zeigte auf die Straßenecke gegenüber. Ich guckte, was es zu sehen gab. An die Wand war ein Spruch gesprüht:

Schwarz-Rot-Gold habs nie gewollt!

Ein Spruch von 1919? 1933? Ich lief die Straße weiter, an alten Fachwerkbauten vorbei, viele erneuert, aber ein sehr großes Haus war düster und leer. Es hatte ein schönes Tor, zwei Hände aus Messing ragten da aus dem Holz, jede hielt einen Stab, das waren die Klinken. Ich umfaßte sie, Staffetten. In einem Laden wurde Erzgebirgisches Holzspielzeug angeboten. Kleine und große Pferde, Bäume, Männer, Frauen, Nußknacker, Engel, Bergleute – einzeln oder alles zusammen auf Weihnachtspyramiden, wo die Figuren übereinander standen wie die arbeitenden Männer vorhin in dem Dorf. Das war alles sehr teuer. Gegenüber in einem Antiquitätenladen gabs das gleiche angestoßen und älter, das war noch teurer. Leer waren die Geschäfte beide. In einem Tourismusbüro bestellte ich mir ein Zimmer in Zschopau, hatte plötzlich das Gefühl, noch Zeit zu haben, und ging ins Rathaus. Dort

standen alle Türen offen!

Ich meine, daß dort jeder neugierig mit mir gesprochen hat. Zuerst wollte ich etwas über das Walzwerk wissen. Eine Frau, die für Wirtschaft zuständig war, erklärte mir, das Werk hätte als einziger Hersteller in Deutschland die sogenannten Tränenbleche hergestellt, also Riffelbleche, und vor der Maueröffnung zu Dumpingpreisen an die BRD verkauft, danach seien die Polen billiger

gewesen, und Olbernhau sei zur Zeit keine Industriestadt mehr. In der DDR habe man ja versucht, alle Gebiete gleichmäßig zu industrialisieren, nun müßten sie wieder an die alte Gewerbetradition anknüpfen. Sie benutzte die Wörter LIQUIDIERT und REDUZIERT. Liquidiert worden wären 600 Arbeitsplätze im Walzwerk und 600 in der Spielzeugindustrie. Reduziert hätten das Glaswerk, das Fahrzeugwerk, die LPG und der öffentliche Dienst. Die Arbeitslosigkeit liege im Winter bei 24 Prozent, im Sommer bei 18. Dem Gerücht, daß das große Walzwerk erst aufgekauft und dann absichtlich in den Konkurs geführt worden sei, widersprach sie, es sei seit 1990 in den roten Zahlen gewesen. Ich fragte auch, was MEK auf allen Autoschildern zu bedeuten hatte. Es hieß MITTLERER ERZGEBIRGSKREIS. Mek, mek, mek, mek, das sei nach der Gebietsreform gekommen und betrübe sie auch, wie solln die Leute sich mit so was in Verbindung bringen? Auch leide das Grenzgebiet unter den Billigangeboten an Arbeitskraft in Tschechien, die Grenze sei nur einige Kilometer weit entfernt. Daß so was eine Chance sein könnte, bezweifelte sie, denn das ökonomische Gefälle sei zu groß.
Der Bürgermeister sprach zu mir über Verwaltung in der BRD. Er gebrauchte Wörter wie BEDENKENTRÄGERMENTALITÄT und TIPPELTAPPELTOUR, die sie hier in Olbernhau nicht drauf hätten, weil alle in der Stadtverwaltung aus der Industrie kämen, noch dazu der Ostindustrie, wo so vieles improvisiert werden mußte. Inzwischen würden die Leute aus der Partnerstadt Stadtbergen im Westen, bei denen die Olbernhauer anfangs gelernt hätten, sich in Olbernhau auch schon einmal beraten lassen, wie man unbürokratisch vorgehen kann. Er zählte die Erfolge auf: 300 neu gebaute Wohnungen, einige Kilometer grundhaft instandgesetzter Straßen und ein Gewerbegebiet, und meinte, auf dem normalen Amtsweg wäre das noch gar nicht fertig. Außerdem lobte er die Kulturraumförderung in Sachsen, wo mehrere Landkreise zusammen sich Dinge leisteten, die einer alleine nicht bezahlen könnte. Statt

Sachsen sagte er immer »der Freistaat«, das machte ihm Spaß, überhaupt war er jung und begeistert und von der CDU. Dann suchte er den Mann, der für Kultur zuständig war, traf ihn im Treppenhaus, und beide erzählten von den beinahe 70 Vereinen in der Stadt und der Gewohnheit der Olbernhauer, Theater zu spielen, luden mich zum Bergmannsfest nach Schneeberg ein und ließen mich erst gehen, als der Kulturmann mir alle Veranstaltungspläne und Theaterzettel kopiert hatte, es war ein ganzer Stapel. Außerdem sollte ich mir unbedingt die Saigerhütte ansehn, wo das ganze Silber Sachsens hergekommen war!

So munter
wie die beiden waren, ging ich auch die Treppen runter, in diesem
Rathaus, das ein Jahrhundertwendebau war und
bescheiden. Ihrem Amtssitz
hatten die Leute darin bisher kein Geld gegönnt, so
sah es jedenfalls von außen aus.
Es regnete, die Zettel, die ich in der Hand hielt, zeigten
für jeden Sonnabend und Sonntag eine
Theateraufführung an, vieles für Kinder, und diese
Saigerhütte,
die Touristenattraktion.
Das war ein Riesenkupferhammer von
1537, mit dem sie damals das Silber aus dem Kupfer schlugen, denn
im Erz, das hier gefördert wurde, lagen
die beiden Kostbarkeiten noch zusammen, und
aus dem Kupfer wurden Bleche, Dächer,

und da es in Grünthal, einem Ortsteil von Olbernhau, passierte, hießen sie die Grünthaler Kupfer und gingen in die ganze Welt. Die Bleche liegen heute noch auf dem Stephansdom in Wien, dem Schloß Charlottenburg, und auch die zerknitterten Teile auf den Ruinenstücken der Frauenkirche in Dresden waren einmal aus Olbernhau gekommen, das las ich, und

verstand auf einmal,
warum
ein Walzwerk grade hier entstanden war,
mit ganz besondern Blechen,
verstand, daß unsre ganze große Industrie
der letzten 200 Jahre
von hier gekommen war,
aus solchen Häuschen in den Bergen, die mit Wasserkraft
Maschinen trieben!
Verstand, verstand und stand

so ziemlich sprachlos in der gleichen Straße, in der ich vorher nur die Nußknacker gesehen hatte. Der ganze Reichtum Sachsens ist von hier gekommen? Auf jeden Fall kam erst einmal das Erz aus Silbergruben in Schneeberg, Annaberg, Marienberg hierher. Deswegen alle Burgen an den Straßen, die deswegen auch Handelswege wurden. Diese Burgen sollten den Silber- und den Kupferstrom bewachen oder plündern je nachdem, deswegen auch die Grenzen, über die man immer schwerer kam, deswegen Armut und Gemütlichkeit im Windschatten der Grenze für viele hundert Jahre, und nun die Angst vor denen dort in Tschechien, weil sie noch ärmer waren als die Leute hier.

Paar Ecken weiter mühte sich ein Mann mit einer Rolle am langen Stiel, den Spruch vom Schwarz-Rot-Gold
zu überstreichen. Die Hauswand
war nun wieder weiß, frei

für alles mögliche.

Die Quelle großen Reichtums bei den Sachsen, das
kleine Olbernhau, sah ziemlich grau aus, nachmittags, als ich
in Richtung Zschopau weiterfuhr, weiter

durchs Erzgebirge, und mich dabei fragte, wie man
mit erzbeladnen Pferdewagen
die Berge hoch und runterkommt, im Winter
beispielsweise, vereiste Straßen, ging das überhaupt,
und flog in einem Sessel quasi
auf Zschopau zu. Ein Kutscher war ein starker Mann,
wahrscheinlich.
Allmählich
glätteten sich Serpentinen, Nadel-
kurven gab es keine mehr, die Straße
wurde weiter, ich ließ
mein Lenkrad lockerer, auf
einem Hochplateau lag schließlich nur noch breiter
Asphalt mit Ampeln, Pfeilen, weißen Streifen, und Zschopau hab
ich schnell gefunden. Sogar die Siedlung mit dem Bett für mich,
und eine Wirtin, die

die Tür aufgerissen und gerufen hat: Herzlich Willkommen! In einem blauen Trainingsanzug stand sie da und zwinkerte hinter der Brille. Kurze Haare.
Das war die Rettung, und ich schlief
zehn Stunden.

In Zschopau das verstanden, was man so versteht

Am nächsten Morgen war die Spitzenmeldung, daß vor New York ein Flugzeug nach dem Start ins Meer gefallen sei und die Menschen, die in Paris in sieben Stunden auf ihre Freunde und Verwandten warten würden, das noch nicht wüßten. Sie wußten es nicht, aber ich wußte es, in Zschopau, in einem Zimmer mit Küche diesmal, vor einer alten Schrankwand sitzend, habe ich es erfahren, weil die Welt es wissen mußte, und dann ging ich raus und sah mir Zschopau an.

Die Stadt im Tal,
die Hänge hoch gebaut,
ein Renaissanceschloß in der Mitte auf dem Hügel,
das Rathaus war 250 Jahre alt, mit farbigen Figuren und Reliefs,
aber ich war schon müde
von so was.

Wieder war das einzige Schöne das Alte. Auf den historischen Straßen und Plätzen fielen die Autohändler auf. Glänzende, bunte Autos standen wie UFOs in der staubigen Gegend herum, das übrige war grau. Ich fragte nach dem berühmten MZ-Werk und erfuhr, daß es zwei berühmte Werke gebe. Das alte, wo sie das Motorrad überhaupt erfunden hätten, und das neue, das gerade Pleite mache. Das eine war ein dunkler Klotz im Tal, das andere sollte außerhalb der Stadt auf einem Hügel liegen, ein Bus fuhr hoch. Oben auf der Höhe sah ich ein vollkommen neues Werk, Grünflächen ringsherum, die Pförtnerbude groß, die Frauen darin wollten mich nicht reinlassen. Es

ist vorbei, die Presse ist
in der vergangenen Woche dagewesen, und nun ist Schluß, sie
könnten auch nicht mehr, genug gezeigt,
auch sei niemand da, um zu erklären, warum, weshalb und

wie's nun weitergeht, das
war nicht nur an mich gerichtet, zwei alte Männer waren
von weither gekommen,

weil wir gehört haben, daß hier Leute sind, die nicht aufgeben wollen.

Die standen eine Weile rum und
gingen wieder, ich stand noch länger, und
dann durfte ich rein.

Der Mann, der mir entgegenkam, war jung, Leiter der Abteilung Entwicklung. Im DDR-Werk war er Leiter der Abteilung Qualitätswesen gewesen. Das neue Werk hier oben hatte zwischen dem M und dem Z ein winziges U als Zeichen für die Neugründung. Die alte Abkürzung hatte Motorradwerke Zschopau geheißen, jetzt sollte MuZ als Motorrad- und Zweiradwerk gelesen werden. Der Mann erzählte, daß es nach der Wende im Werk viele Leute gegeben habe, die geglaubt hätten, MZ könnte nur überleben, wenn sie noch einmal ganz von vorne anfangen würden. Es seien Leute gewesen, die Lust gehabt hätten, die Freiheit zu nutzen, die ihnen in der Planwirtschaft der DDR gefehlt hatte. 1992 sei es dann soweit gewesen, der neue Betrieb gegründet, 1993 hätten sie begonnen, eine neue Maschine zu entwickeln, jeder habe täglich 15 bis 18 Stunden gearbeitet, in einem Jahr sei die Maschine produktionsreif gewesen, also 1994. Normalerweise dauere so was zwei oder drei Jahre. Im gleichen Jahr habe der Bau des neuen Werkes hier auf dem Hügel begonnen, und der Verkauf sei sogar in den USA und Kanada gut gewesen, jetzt fehle nur Geld. Die Kapitaldecke ist zu kurz, sagte er. Er führte mich zu den Motorrädern, die unten in einem gläsernen Treppenhaus standen, die neuentwickelte Maschine hieß SKORPION, er streichelte sie ein bißchen, sie gefiel mir auch. Andere Bautypen standen daneben, leichter oder schwerer, ein Engländer hatte die Formen entwickelt, sie hätten schon drei Preise dafür bekommen, er sprach leise und ohne jedes Selbstmitleid. Wir gingen durch die Großraumbüros und die leeren Hallen, und immer wieder sagte er, daß sie noch niemandem gekündigt hätten und daß es sowieso weitergehen würde. Es herrschte hier etwas von der Stimmung, die ich in Lübbenau getroffen hatte, bedrückt und offen, hell und aufgeräumt, und noch was anderes, es war wie früher hier und wiederum das Gegenteil davon, es war

das Werk,

das es nicht geben kann?
Nein umgekehrt, das Werk, das es mal geben sollte, von
dem die Leute alle mal geträumt hatten,
wahrscheinlich, auf ihren Demos, nämlich
ihr eignes Werk und
ihre eignen Leute, nur eben
alles schön modern und überall
geachtet,
anerkannt.
Das wars! Ich hatte es gefunden, aber es war
schon fünf nach zwölf, es

geht nicht, sagte der Ingenieur, was wir konnten, haben wir getan, und wir hatten viel Unterstützung, aber das Geld hat nicht gereicht. Das Geld hatte auch nicht gereicht, um für die letzte Entwicklung von MuZ Reklame zu machen – den Elektroroller CHARLY. Er kostete 2000 Mark, hatte eine Reichweite von 25 Kilometern und fuhr 20 km/h. Außerdem paßte er in den Kofferraum eines Personenautos und konnte mit Strom aus der Steckdose versorgt werden. Ich hatte so was noch nie gesehen, der Mann meinte, es sei der billigste und komfortabelste von drei Rollern, die zur Zeit auf dem Markt seien, aber Sponsoren für Rennmaschinen fänden sich leichter, und MuZ setze auch hauptsächlich auf den Rennsport. Der Roller sah aus wie E.T., der Ingenieur fuhr eine Runde darauf, rollte ihn auch auf den Hof, damit ich ihn fotografieren konnte, und da

stand er in der Sonne wie ein drolliges Kind. Niemand hatte es bisher ernst genommen, nicht mal seine Eltern. Als wir uns verabschiedeten, sagte der Ingenieur, daß er fest daran glaube, daß sich noch jemand finden würde, der Geld gibt. Dann sind Sie nicht mehr selbständig, sagte ich, dazu verzog er nur das Gesicht.

Dort
oben auf dem Hügel
weht immer Wind, der riecht nach Blumen, Heu
im Sommer.
Das ganze Erzgebirge ist zu sehn, auch eine Burg
natürlich, und die
besitzt schon lange ein Museum
für die
Motorradproduktionsgeschichte
der Gegend, aber
jetzt stehn die selber auf dem Berg und
grüßen,
sie
wolln noch nicht so einfach ins Museum, dachte ich und
ging
zu Fuß zurück,
das hieß, an Straßenbauten
– wo bauten sie die Straßen eigentlich in diesem Lande nicht? –
also an
Straßenbauten, an Schotter und an Gräben
vorbei, und mußte über ausgegrabne Erde steigen, die
am Rande dieser Straßen lag, da
sah
ich in der Sonne, wie es blitzte, glänzte,
bunte Steine, der Quarz sogar, den
ich mir kaufen wollte, der
lag hier frei in rosa Brocken
herum, das Erzgebirge war kaum eingeritzt,

FIAT
Autohandels & Technik G.

und schon lag Glitzerzeug in Haufen da.
Am liebsten wäre ich geblieben und
hätte jeden Stein beguckt, sie sind
sehr alt, viel älter als die Alpen,
die Steine hier, so
alt wie die Gebirge am Rhein und
die Ardennen, und lagen nun
im Krach der Straßenbaumaschinen, wo sie doch
Ruhe brauchen.

Ein feiner Weg war das, an teuren Villen
vorbei, die da am Hang
entstanden, und führte
durch einen Park auf eine Straße, die über eine andre
Straße führte, so daß ich freien Blick hatte, hinauf
zum Schloß und
auf eine Autohandlung unter mir, die
wollte ich fotografieren, da
stieß ein alter Mann mich an,
ein Riesenkerl, andauernd hustend, und besoffen war er auch.
Er schrie
– es war ja laut, ein Autostrom bewegte sich genau durchs
Zentrum – und er schrie:

Man kommt nich mal mehr über die Straße! Wir sind 12000 Einwohner in diesem Dorf, und wir haben fünfzehn Autohäuser! Er tippte sich mit beiden Zeigefingern gleichzeitig auf die Stirn und schrie, mehr Finger habe er nicht, aber was jetzt los sei, nein, nein, schrie er immer wieder, nein, nein! Dann zeigte er den Hitlergruß und sagte, so hätte er sie erlebt, die Leute hier, und machte eine Faust und schrie, solche Kommunisten haben wir hier gehabt, und jetzt heißts nur noch Geld, Geld, Geld, und Autos! Und
dann

wollte er mich küssen für die Fotos, aber
ihr habt sie doch mit in die Welt gebracht,
sagte ich, und er erschrak, nee,
schrie er wieder. Otto – ja, der Otto-Motor, der sei hier
entwickelt worden, das sei wahr, aber der Otto
war ein Däne, Kindchen! Nich wir, nee, nee, ein
Däne wars!

Als meine Wirtin hörte, daß ich bei MuZ gewesen war und dort einen Elektroroller gesehen hatte, wollte sie es nicht glauben. Die Doppelzüngigkeit, sagte sie dann, da haben Sie's wieder, es paßt nicht. Es paßt nicht zu den Autos, ist doch klar, oder? Sie war davon überzeugt, daß starke Betriebe im Westen nichts zulassen würden, was aus dem Osten käme. Sie hatte in der Landwirtschaft gearbeitet, und da hatte sie es erlebt. Immer wieder sah sie sich den Katalog mit dem Elektroroller an und schüttelte den Kopf. Es hätte sich auf alle Fälle eine Sympathieaktion mit so einem Roller auf die Beine stellen lassen, meinte sie, zumal in den neuen Bundesländern, oder wenigstens in Sachsen, wo alle mit MZ mitfieberten, das hätte vielleicht die Rettung sein können, bei der Frauenkirche ginge es ja auch. Aber dann legte sie das Heft hin und schüttelte wieder rigoros den Kopf. Wenn das nicht zustandegekommen ist, dann hat das jemand nicht gewollt, und wenn MuZ einen Investor finden sollte, dann würde der Roller still und leise aus dem Angebot verschwinden, das wette sie. Dann rannte sie hoch in ihr Wohnzimmer und brachte mir ein altes Buch, es hieß: MÄNNER UM DIE MZ und war 1962 in Berlin erschienen.

Das war ein altes Buch, ein Buch
das stolz und sachlich über
ein Werk berichten wollte, das
UNS gehörte, uns – als ich
noch FDJ-ler war und 12. Klasse, und
einen Satz wie diesen auf der Seite 27 noch

unbewegt gelesen hätte:

»Auf der Verladerampe überreichte das Motorradwerk seine erste Visitenkarte: Eine Kompanie sauber ausgerichteter, schwarzlackierter Maschinen.«

Das war liebevoll gemeint. Kritik

gabs auch, die Nazizeit war nicht verschwiegen. Das alte Werk hatte eigentlich DKW geheißen, die Abkürzung für Dampfkraftwagen. Wegen Benzinknappheit im Ersten Weltkrieg hatten der Däne Rasmussen und der Deutsche Mathiessen auf den steilen Straßen neue Motoren und neue Fahrzeuge ausprobiert, so war das erste Motorrad mit Beiwagen entstanden. Es stand auch darin, DKW habe während der Nazizeit zur AUTO-UNION gehört. Hier wurde der Text undeutlich. DKW sei kein direkter Kriegsbetrieb gewesen, die AUTO-UNION dagegen schon, DKW habe die Wehrmacht lediglich mit Spezialmotorrädern beliefert. Es folgten Umsätze der AUTO-UNION ab 1933. 1933: 70 Millionen Reichsmark; 1936: 221 Millionen Reichsmark; 1939: 260 Millionen Reichsmark; 1941: 392 Millionen Reichsmark; 1942: 459 Millionen Reichsmark; 1943: 540 Millionen Reichsmark; 1944: 740 Millionen Reichsmark. Das war Auto-Union wie gesagt, nicht DKW, aber immerhin las ich, daß der Betrieb auf Hochtouren gelaufen sei, und Fremdarbeiter, Kriegsgefangene, Häftlinge im alten Werk in Zschopau gearbeitet hätten. Für Dezember 1944 wurden 893 Fremdarbeiter erwähnt und 421 jüdische Frauen. Beim Volksentscheid in Sachsen am 30. Juni 1946 hätte die Mehrheit der Bürger für eine entschädigungslose Enteignung der Kriegsverbrecher gestimmt, und die AUTO-UNION sei enteignet worden. Das neue Werk habe VEB MOTORRADWERKE ZSCHOPAU geheißen. So

stands da drin, und das war exakt die

Dosis

Antifaschismus, die wir mitbekommen hatten.

Nicht eine Zahl der doch bestimmt genau
gezählten und abgerechneten
Spezialmotorräder, nicht einen Preis, den sie dafür verlangten
und
bekamen, und was für Räder das denn waren, wo
sie überall gefahren sind, wer darauf saß
– kein Wort davon.

Ein Hochglanzheft von heute, eine Festschrift, die
die Stadt
herausgegeben hatte, schrieb allerdings
überhaupt nichts darüber, und keine dieser
allgemeinen Zahlen, die
hier zitiert sind, war
darin zu lesen.

Als ich meiner Wirtin das Buch zurückgab, fragte ich, ob sie jemanden kenne, der Arbeiter bei DKW gewesen war und mir erzählen könnte, was und wie sie damals produziert hätten. Sie nannte mir den Namen eines Mannes im Haus gegenüber, es war eines von vielen gleich aussehenden zweigeschossigen Häusern, billig gebaut, in jeder Etage zwei kleine Wohnungen. Eine Frau öffnete mir, die Tür zur Küche stand offen, ich sah Linoleumfußböden und einen Küchentisch, der ans Fenster gerückt war, eine kleine Vase mit drei Rosenknospen stand darauf. Der Mann, den ich suchte, war nicht da. Da ging ich wieder und sah mir noch die Gärten an, jeder Mieter hatte hier einen Garten. Die Süßkirschen waren schon abgeerntet, die Erdbeeren noch grün, Vögel zwitscherten. Es war eine Arbeitersiedlung des Motorradwerkes.

Zum nächsten Frühstück stellte
mir die Wirtin
vier Sorten Wurst, vier Sorten Käse, drei
Sorten Obst plus Joghurt, Saft, drei frische Brötchen,

dazu noch Tee, Sahne, Marmelade, Honig und
Zitrone
auf den Tisch.

Seit ich in Sachsen war, wurde
ich morgens jedesmal verwöhnt, es war
mir schon Gewohnheit, aber so was
hatte ich noch nicht und später auch
nie wieder erlebt, ich bat
die Wirtin, doch zu bleiben,
mit mir zusammen was zu essen und von Ihrer Arbeit früher
zu erzählen, das eine tat sie und das andre
nicht, also sie
ließ mich mit dem Frühstück ganz allein und kam danach,
und dann erzählte sie.

Zusammen mit ihrem Mann hatte sie in einer LPG für Tierproduktion im Süden von Zschopau gearbeitet. Die LPG war 1973 aus acht landwirtschaftlichen Genossenschaften gebildet worden, sie hatten 5000 Rinder, 2500 Schweine und 30 Pferde zu versorgen und abzurechnen. Beim Zusammenschluß sei der Betrieb durch einige schwache Genossenschaften tief verschuldet gewesen, seit 1985 endlich schuldenfrei. Beide seien Brigadiers gewesen, das heißt, verantwortlich für die Leute, die Tiere und die Planerfüllung. Sie selbst habe die Jungrinderabteilung geleitet, es sei Arbeit von 15 Stunden am Tag gewesen, jahrelang ohne Wochenende. Da es immer zu wenig Arbeitskräfte gegeben hatte, habe sie alle liegengebliebene Arbeit auch noch übernehmen müssen. Außerdem habe die ganze Planung solcher Betriebe nicht gestimmt, wer viel Vieh hält, braucht auch viel Futter, aber Futter habe immer gefehlt, und es sei ihnen verboten gewesen, sich über die Bezirksgrenzen hinaus Futter zu besorgen. Trotzdem hätten sie heimlich mit Pflanzenproduktionsbetrieben gehandelt, denn es durfte kein Tier weniger gehalten werden, und alle mußten ihr Gewicht haben! Außerdem sei alles viel strenger gewesen, vor dem Schlachten sei jedes Tier untersucht worden, es mußte frei sein von seuchenhaftem Verkalben, leukosefrei und 4 Wochen ohne Medikamente, das mußte ein Tierarzt jedesmal attestieren, und das sei streng eingehalten worden, heute gebe es nur Stichproben. Oder die Milch: Eine Tier-LPG mußte eine eigene Molkerei haben, lange Transportwege hatte es nicht gegeben, keinen teuren Fahrzeugpark, keine Subunternehmer, also sei die Milch billiger und frischer gewesen. Aber so, wie es in der DDR organisiert war, habe es nicht mehr weitergehen können. Sie habe immerzu Streit gehabt. Die da oben brachten die Vorgaben, sie da unten hatten die Realität. Wenn aber heute Leute sagten, sie hätten nichts sagen dürfen, dann seien sie Duckmäuser gewesen, klar, daß sie heute nicht gerne zugäben, Duckmäuser gewesen zu sein!

Die Entlohnung war so gewesen: Je nach Einkommen einer LPG wurde eine Arbeitseinheit pro Stunde errechnet. Ein Leiter habe anderthalb Arbeitseinheiten bekommen, ein Bauer eine. Dem Leiter seien aber alle Defizite am Plan vom Gehalt abgezogen worden, dem einzelnen Bauer nicht. Bei der Endauszahlung habe es noch mal Auszahlungen auf Basis der Bodenanteile und Inventaranteile für die ursprünglichen Eigentümer der Immobilien gegeben, trotzdem hätten sich alle als Eigentümer gefühlt. Als die Wende gekommen war, seien aber die einen als Besitzer aus der LPG herausgegangen, die anderen als Besitzlose. Sie hatten sich in 20 Jahren Arbeit keinen Anteil am Eigentum erworben! Erst als sie reisen konnten, sahen sie in einer Genossenschaft in Frankreich, daß das dort selbstverständlich war. Da war es ihnen erst aufgefallen! Wie sonst hätte der Wertzuwachs, den sie erwirtschaftet hatten, vergolten werden können? Im Osten war bei Auflösung der LPG der Neuwert berechnet worden, also habe es eine Wertsteigerung nur für die Immobilienbesitzer gegeben. 500 Menschen hatten in ihrer LPG gearbeitet, fast alles Leute wie sie, die nichts eingebracht hatten, für die sei bei der Auflösung nichts übriggeblieben. Dabei – warum denn überhaupt auflösen, rief sie. Aber es galt nichts mehr, es galt nichts mehr, so schnell ist kein Fluß geflossen, wie unsre LPG zerstört war! Die Treuhand sei gekommen und Westberater und hätten gesagt, es muß sein, es muß vernichtet werden, und alle hätten abgestimmt und drei Agrargenossenschaften seien entstanden, fünf Leute hätten Einzelbauern werden wollen, dafür hätte es Geld gegeben, so sei es gewesen.

Wir saßen bald den halben Tag,
der Ehemann
kam runter, um zu sehen, wo
die Frau geblieben war, und meinte, die
Deutschen im Osten hätten nun den Krieg zum
zweiten Mal verloren, und
besonders noch mal die, die Idealisten gewesen waren, das
wären die geborenen Verlierer.
Also
zählte er sich auch dazu? Jawohl, er sei
Parteisekretär von dem Betrieb gewesen, er habe
gerne gearbeitet, und was
für einen Betrieb sie sich da aufgebaut hätten, das

sei ihm erst klar geworden, als sie einmal Westbesuch gehabt hätten und der Verwandte gesagt hatte: Hans, laßt euch das nicht kaputt machen, unsere Bauern träumen davon, wie ihr hier arbeitet. Er hatte seit er 20 war, in der Landwirtschaft gearbeitet, 20 Jahre als Leiter, einen Kuhstall mit 56 Kühen alleine betreut und monatlich etwa 800 DM verdient. Er hatte also seine Arbeitskraft billig verkauft und schließlich, da er keine 3 Hektar Land ums Haus rum besessen habe, als Habenichts als erster gehen müssen. Da habe es sich halt gerächt, daß damals bei der Gründung ein Zwang bestand, kein freier Wille. Und dann erzählten beide, wie sie sich nun fühlen, wenn sie beobachten, daß Leute im Westen ihnen nicht glauben wollen! Die säßen höflich da, hörten zu und glaubten ihnen nicht! Weil die DDR schlecht gewesen sein soll, glaubten die nicht, was sie von ihrer LPG erzählten. Auch würden die Leute aus dem Westen die Kritik am Westen zurückweisen, sagten sie, und daß sie selber früher auch so gewesen seien, wenn sie die DDR verteidigt hätten, und darum würde das auch alles nichts werden. Alle Sparmaßnahmen jetzt, das sei nur ein Luftholen. Sie nannten Anzeichen, die sie vor dem Zusammenbruch der DDR bemerkt hatten und die ihnen nun wieder auffielen, und äußerten die Überzeugung, es käme alles noch einmal, weil die da drüben die Realität nicht sehen wollten, so wie früher die Partei. Zornig saßen sie da, athletisch alle beide, in blauen Trainingsanzügen aus Nylon, die heute Jogginganzüge heißen. Wir müssen uns zurückentwickeln, sagten sie, wir hatten gelernt, mit anderen zusammen zu planen, und nun müssen wir lernen, nur an uns zu denken.

Zehn Seiten hatte ich
mitgeschrieben, aber die
bösen Zeichen doch vergessen zu notieren, die
die beiden nannten.

Hatten sie GELD gesagt,
immer die neuen Scheine, die man bekommt, so wie
im Osten, wo sie andauernd neues Geld druckten, zuletzt, hatten
sie EINSCHWÖREN gesagt? Als
Widerstand gewesen war gegen die Auflösung der LPG, da
habe man die Leute eingeschworen wie
früher die Genossen?
DAS SINNLOSE, das fiel mir ein,
DAS SINNLOSE, das hatten sie auf jeden Fall gesagt, am
Sinnlosen, da könnte mans erkennen.

Bevor ich Zschopau verließ, war ich noch einmal durch die Innenstadt gefahren, wo ab und zu ein einzelner Mensch langtrottete oder zwei nebeneinander, zwischen alten, dick verstaubten Häusern. Es war ein Sonnabend und alles leer. Ich suchte einen Geldautomaten, fand ihn, bekam frisch gedruckte Hundertmarkscheine herausgeschoben und fuhr dann zurück in die Arbeitersiedlung, zum Supermarkt, um mir eine Flasche Wasser für die Fahrt zu kaufen. Auf diesen Wegen kurvte ich immer wieder um eine Backsteinschule aus den Dreißiger Jahren herum, auf den Ecken des Gebäudes standen Figuren, die Handwerker, Arbeiter und Bauern darstellen sollten. Sie waren aus glasierter Keramik, lächelten, und da ich so oft um sie herumfuhr, schienen sie sich zu drehen wie auf einem Karussell. Es war sehr heiß geworden, blauer Himmel. Ich hatte ewig keinen Döner mehr gegessen, Pistazien, Feigen, Oliven, frischen Schafskäse.

Von Chemnitz bis nach Münchberg ohne Pause

Aus Zschopau wollte ich nach
Bayern runter, in
Richtung Süden oder Westen, wie
man will, und ich,
ich wollte ja.

Am Weg lag Chemnitz, das
vor kurzem noch Karl-Marx-Stadt hieß und auch
das sächsische Manchester genannt wurde,
Textilarbeiterstadt
soll es gewesen sein, arm, häßlich,
proletarisch durch und durch, wahrscheinlich deswegen
die Ehre: Marx - Manchester.
Ein frühes Hoyerswerda sozusagen.
Das Auto-Nummernschild nennt Chemnitz einfach:
C.
Das sah ganz hübsch aus, C und C und C,
fuhr vor mir her und hinter mir und neben mir das C,
als
die Straßen schon breit
wurden und noch mal breiter, und bereiter,
uns alle aufzunehmen, durch-
zuschleusen. Also - wie ich dorthin kam, weiß ich nicht mehr,
Filmriß von Zschopau bis
zu diesem C, und dann die Straßen eben breit und
links und rechts nichts schlechts, nein, nicht
wie ich gedacht hatte, Kasernen, Mietskasernen, sondern
die üblichen Jahrhundertwendehäuser, so
viergeschossig, Mietshausart und Bäume überall davor.
Nach einer Weile hielt ich an und fragte, was

ein Fremder in Chemnitz sehen sollte. Ich hatte eine Frau gefragt, die mit einem Mädchen an der Hand über die Straße ging. Sie blieb stehen und sagte: Nichts! Sie sagte es so aus tiefster Seele, daß ich erstaunt geguckt haben muß, und zufrieden mit der Wirkung ihrer Worte verzog sie ihr Gesicht zu einem Lächeln und wiederholte die Aussage. Diesmal sagte sie: Hier ist nichts. Hier ist wirklich nichts. Ich bat sie, mir zu sagen, wo die Innenstadt liegt, und sie hob einen Arm und zeigte die Richtung.

Dann
wars nicht weit, ein Fluß sogar, ein Rummelplatz, ein Kino, eine
Ecke unter Sträuchern, wo
ich parken konnte, und
nun für eine Stunde: Zentrum,
City.

City of Karl-Marx-Stadt.

Ein
Bauplatz? Aus der Ferne wars ein
Bauplatz
aber aus der Nähe --

----

soll ich noch mehr Striche machen?
Soll ich die ganze Seite aus-
streichen? Die ganze Stadt? Und weiterfahren, nicht
darüber reden, weil
sie schon zerstrichen war, zerratscht und ausgelöscht, die
Innenstadt,
ein Alptraum. Ein
Neubaugebiet der DDR, und zwar waren im Karree gebaut
sehr lange Kästen um eine Mitte, wo
ein Hochhaus prangte, ein Hotel,

von Ladenstraßen und Cafés umgeben, und
vor dem längsten Block an diesen Außen-
kanten stand hochgesetzt ein
schwarzer
Kopf von Karl Marx,
zehn Meter hoch. So ist es mal gewesen. Am

20. Juli 1996 lief ich aber an einem Hotel vorbei, aus dem ein Förderband ragte, Schutt rollte heraus, Staubwolken um das Hotel, Schutthaufen türmten sich über Stufen, die wohl einmal Terrassen waren, die Riesenscheiben einer Tanzbar CALYPSO sahen auch nicht so aus, als ob dahinter noch getanzt würde, die Ladenstraßen waren ausgeräumt, ich sah eingeschlagene Scheiben, eingetretene Schaufensterrahmen. Ein Laden, der noch geöffnet war, führte SONDERPOSTEN ÜBERPRODUKTIONEN HAVARIEWAREN LAGERAUFLÖSUNGEN RESTEVERKAUF – Konkursware also, und zwar reichlich. Darüber stand: WIR BLASEN DEN PREISEN DEN MARSCH. Der Marx-Kopf auf der anderen Straßenseite war noch intakt. Ich mußte eine Weile laufen, bis ich ihm endlich

genau

auf Mittelachse gegenüberstand.
Zwischen uns drei Hektar Asphalt und
alle zwei Minuten mal
ein Auto.

Wotan!

Wie grimmig blickte er, wie
eingeschnappt. Verständlich ist das schon, wer möchte gerne
zu solcher Größe aufgeblasen vor aller Welt alleine
stehn?
Wie peinlich, wie schrecklich und entsetzlich
peinlich! Jetzt kletterten drei junge Leute auf

das Podest, worauf der Kopf befestigt war, sie sahen
daneben wie die Käfer aus, ein
vierter sollte unten fotografieren, und
als er soweit war, da hoben
alle drei die Faust!

Wotan!

Auf einer dunklen Bronzeplatte hinter ihm
steht immerzu dasselbe: Proletarier aller Länder vereinigt euch!
Vereinigt euch!
Vereinigt euch! in
Englisch und Französisch, Russisch
auch.
Wir sollen uns vereinigen. Und dann? Gehorchen und marschieren,
so wie immer. Und das
ist nun vorbei, und dieser arme
Privatgelehrte Marx war hart bestraft mit diesem Kopfe, aber sind
die
bestraft worden, die das verbrochen haben, diese
Mitte von Karl-Marx-Stadt?

Ich brauchte eine halbe Stunde, um
das Ensemble abzuschreiten, und
in dieser Zeit begegneten mir zwei dunkle Männer auf einer Bank
und
zwei, die kamen mir entgegen, und jedesmal machten sie Zeichen,
daß ich mit ihnen kommen sollte oder sie
mit mir, zuletzt
– ich lief an hohem Unkraut lang, da war
was abgesperrt und dann vergessen, Ausgrabungen? –
ging vor mir eine junge Frau, die
wollte ich nach dieser Gegend hier befragen, aber

sie hörte wohl nur meine Schritte hinter sich, die näher kamen und wurde immer schneller. Um sie daran zu hindern loszurennen, rief ich sie an, da wagte sie, sich umzudrehen und blieb stehen, aber sie wußte nichts. Was mit dem Hotel geschieht, warum die Läden so aussehen, was das für eine stillgelegte Grube ist – sie wußte nichts und meinte nur, es würde doch alles geschlossen, zum Beispiel in Leipzig der Zoo, und daß dort schon ein Seehund vor Hunger gestorben wäre. Dabei standen wir unter den Kolonnaden eines neuerbauten Schuhgeschäfts der Firma GÖRTZ+HESS, und überhaupt waren auf dieser Seite lauter neue Geschäfte, eins am andern, aber alles war leer wie in einem unheimlichen Traum. Ich lief die Runde rum, wieder bis zu dem Marx-Kopf. In dem langen Neubaublock dahinter schienen einige Läden geöffnet. Auf großen Plakaten war links von dem Kopf zu lesen SOUVENIRS und rechts davon JEANS und ARBEITSAMT.

Dort, wo mein Auto
parkte,
zu Fuß nur fünf Minuten weit entfernt von allem, was
ich hier beschrieben habe, war
eine andre Welt, es standen dicke Bäume
am Fluß und die Fabrikgebäude des
vergangenen Jahrhunderts aus Backstein und mit
Schriften, schwarz und groß, das
war verwinkelt alles, und in den Ecken
nicht gerade Blumen, aber
stabil, und jedes Haus,
verschieden
vom andern und auch anders
heruntergekommen, strahlte Ruhe aus.
Schön kann es ja noch werden, dachte ich, dann
roch ich Popcorn, und das
roch ganz wundervoll aus einem Kino, LUXOR genannt.

Drinnen sah es amerikanisch aus, Musik spielte, ein schwarzes Mädchen saß an der Kasse, eine Bar war voll besetzt. 12 Filme liefen gleichzeitig in 12 verschiedenen Räumen, ich sah mich um und aß dabei das beste Popcorn, das ich je bekommen habe. Die Chefin des Kinos stand auch an der Bar, eine schlanke Frau, die sich ihre halblangen, blonden Haare ab und zu elegant aus dem Gesicht strich. Als sie sagte, daß sie aus Bonn nach Chemnitz gezogen sei, fragte ich, wie sie es hier aushalte. Ach, nein! sagte sie, und erklärte mir, daß es in Chemnitz jeden Tag etwas Neues zu entdecken gäbe, überall so schöne Ecken, und wie gerne sie hier sei. Als ich auf den Eindrücken beharrte, die ich gerade frisch empfangen hatte, wurde mir eine gelinde Geringschätzung zuteil und der strenge Satz: Waren wir vorher besser? Wer »wir« in diesem Falle sein sollten, und in welcher Hinsicht »wir« also nicht besser gewesen waren, konnte ich nicht mehr fragen, denn sie sah offenbar keinen Sinn mehr darin, mit mir zu reden, und war verschwunden.

Ich galt also schon wieder mal als
dummer Westler, der von der stillen Schönheit hier im Osten
nichts weiß. Wie wahr! Ich wußte mehr
von vierzig Jahren grauenvoller
Häßlichkeit, von Wohnungen in diesen alten Häusern mit
Außenklo, nicht zur Besichtigung, als Mieter
jahrelang mit Kind und Kegel, von Bierschinken in der HO, von
Säufern, Katzen, Ratten in den Kellern, Chlor im Wasser und
Rohrbruch jedesmal im Januar, ach
eine ganze Menge ſiel mir cin zu
Stadtruinen, Industrie-
gebiet
und wie das zieht,
wenn alle Fenster einfach und nicht doppelt und alle Öfen
hundert Jahre alt, na halt,
es war ja alles längst vorbei, ich hatte nun ein graues Auto, und

wenn ich jetzt einsteigen würde und so fahren, wie ich mir vorgenommen hatte, dann würde ich erst im Westen wieder aussteigen. Das habe ich hinausgezögert, diese letzten Minuten im Osten, und bin auf den kleinen Rummelplatz gegangen, der hinter den Sträuchern zu hören war, vor denen ich das Auto geparkt hatte. Dort war alles, was ich vermißt hatte: Menschen, Farbe, Leben, Essen und glitzernde Bewegung. Es war ein einfacher Sandplatz mit Müllcontainern an seinem Rand, aber immerzu kamen zwischen den Sträuchern Familien mit Kindern hervor, die zu lächeln begannen, wenn sie die alten Eisenbahnen und Holzpferde auf dem Kinderkarussell sahen, die Losbude, das Bierzelt, den langen Tisch mit den Würstchen und Schaschlik essenden Menschen. HAU DEN LUKAS gab es auch, auf der Meßlatte waren neben den Begriffen für Männer auch solche für Frauen zu lesen – ganz unten KRÄUTERELSE, ganz oben SUPERGIRL, in der oberen Mitte EMANZE, alles handgeschrieben. Unter den Sträuchern lagen Bierbüchsen und Papier, Musik klimperte, die Fahrgeschäfte drehten sich, sie waren mit Palmen und Wasserfällen bemalt oder Schlitten im Schnee. Es war schon drei Uhr nachmittags,
als ich den Weg nach Süden suchte
und gemächlich aus Chemnitz raus und gradeaus
gerollt bin, bis
zur Autobahn.

Daß
zwischen Städten, die mir Haltepunkte werden könnten,
nicht einfach Strecken lagen, sondern Berge, Landschaft eben,
von der so wenig in der Zeitung steht,
war mir nach Olbernhau nun klar, und
auf der Karte hatte ich gesehn, dem
Erzgebirge folgten
der Oberpfälzer und der Frankenwald. Die Autobahn
wird sanfter über alle Hügel führen als

diese Straße 171, dachte
und irrte ich,
ein viertes Bergmassiv war auch noch da, das Fichtel-
gebirge, das sich hier mit den übrigen verknotet, das
las und sah ich später, denn
über diese Knoten fuhr
steil und kinomäßig
meine Autobahn.
Das Gute wiederum: Sie war beinahe leer, und
als ich
Lugau, Stollberg, Plauen hinter mir
gelassen hatte, wurde sie noch leerer, hatte ich Schilder
übersehen? Nein, manchmal kam ein andres
Auto an und rumpelte
an mir vorbei, auf dieser Straße, die inzwischen eine
sehr
komische Chaussee geworden war, so
wie aus alten Bleiplatten gelegt, es
fehlten
Leitplanken und Haltestreifen, statt dessen:
hohe Wiesenblumen blühten
direkt am Rand, und manchmal blinkte auch
ein Pilz?

Das kann ich mit der letzten Sicherheit
nicht sagen, ich
sah ja nach den Schildern, doch
es schien erlaubt, hier langzufahren,
es
war die Straße auf die
Grenze zu, die Staats- und Militärpakt-Grenze,
den Todesstreifen sozusagen, von dem ich nichts gesehen habe,
denn

andre Streifen kamen mir entgegen – Schneeweiß auf Grau und
schnurgerade, und Asphalt glatt wie Butter unter mir. Ich
rutschte, stürzte
geradezu ins Glatte, das
wie ein ausgerollter Teppich in die Höhe stieg und
wieder abwärts führte, diese
Rollbahn war
für mein Auto ausgelegt, und das
gehorchte, flog
wie abgeschossen, summte
vor Freude gradezu beim
Rollen, das
konnte nur der Westen sein, es mußte hier am besten sein,
so
wars im Rausch der ersten zehn Minuten, dann
fuhr ich langsam an die nächste Abfahrt ran
und raus.

Der erste Ort, in dem ich Station machte, war Münchberg. Eine kleine Stadt, hucklig, steile Straßen und am Sonntagnachmittag voller Menschen! Cafés, Restaurants, Parkplätze – alles belegt oder besetzt, geputzte Schaufensterscheiben, renovierte Häuser, viel restauriertes Fachwerk und überall Blumenkästen, die Blumen rot, gelb und blau, Spaziergänger auf den Straßen, die sich laut unterhielten und von einer Straßenseite zur anderen etwas zuriefen, das hatte etwas Dörfliches, so daß ich zuerst annahm, Münchberg sei ein Dorf. In einem Eiscafé fragte ich zwei junge Frauen an der Bar, ob hier jemand privat Zimmer vermiete, sie hatten davon noch nie gehört und meinten, nach so etwas zu suchen, wäre sinnlos. Es gebe aber genug Gasthöfe oder Hotels. Da ließ ich mein Auto stehen und sah mir den Ort an. Tal und Hänge waren dicht bebaut, die Kirche auf dem Hang von Grünanlagen umgeben, türkische Kinder spielten auf dem Platz davor Verstecken. Von dort oben konnte man auf die Hauptstraße sehen, Treppen führten hinunter, ich sah, daß ein Mann gerade die Tür einer Pizzeria aufschloß, und bekam Lust auf ein gutes Essen. Der

italienische Besitzer war
noch allein in seinem Restaurant, er brachte mir
Nudeln mit Meeresfrüchten und
sah gelangweilt aus, erzählte, daß
er aus Ligurien hierhergekommen und nun zwölf Jahre
in der Gegend sei. Als ich
bezahlt hatte, fuhr er mir ein Stückchen
hinterher in einem Auto, rot, und
winkte, der war wohl allein.

Ich lief an einer Gartenmauer lang und sah
dahinter wie eine dicke, weiße Säule
eine Türkin stehn
mit weißem Schleier unter ihren Augen,
vier Männer standen um sie rum, die offensichtlich auf
Kommandos warteten, dann
fand ich einen Gasthof und ein Zimmer, das
ebenso neu
gebaut und möbliert war wie bisher jedesmal
im Osten, aber hier
selbstbewußt vermietet, ohne
den fragenden Blick, obs
wirklich auch gefällt?

Das Zimmer war klein, sonnig. Vor dem Fenster hörte ich es Sächsisch reden, einen Mann und eine Frau: Jäätz ist aber Schluß! – No Hilfe, wo willste denn hin, wieder uff de Autobahn? – Mir egal, nee, jetz is Schluß! Kaaiin Auchenblick länger hier!! – Die fuhren also zurück nach Sachsen, wo ich vormittags noch etwas über die LPG gehört hatte. Der Ort auf den zweiten Blick hatte doch auch seine unordentlichen Stellen, ein ruiniertes, altes Haus, Bierbüchsen und Papier in die Ritzen zwischen zwei Gebäuden geworfen, aber es gab keine toten Plätze, keine Industrieruinen, Baracken oder Neubauten aus Beton. Die Menschen schienen größer, fülliger zu sein und waren farbiger und teurer gekleidet. Frauen hatten größere Köpfe und größere Augen, oder machten das die Frisuren, der Goldschmuck, den sie trugen? Eine gesündere Gesichtsfarbe glaubte ich auch zu bemerken. Am Bahnhof sah ich eine Gruppe behäbiger, junger Männer zusammenstehen, die hatten ihre, meist roten, Autos auf den Bürgersteig gefahren und offengelassen, laute Musik dröhnte heraus, es waren Jugendliche. Sie standen zusammen, redeten und tranken Bier aus Büchsen. Die Attraktion des Abends war das Weinfest der Wasserwacht. Auf einer Anhöhe waren Tische aufgestellt, junge Birken dazwischen, eine Kapelle spielte, und es gab Wein, Bier, Schnaps und Speisen. Alle redeten darüber, daß auch Pfälzer Saumagen angeboten würde und beäugten skeptisch eine Art Bierschinken mit Zwiebeln und Erbsen. Unser Kanzler mag das, sagte einer. Es soll schmecken, sagte ein anderer. Am Tisch erklärten mir dann mehrere Männer, daß ich auf gar keinen Fall den Fehler machen dürfe, zu denken, sie würden so was essen, denn sie würden so was nicht essen, sondern die Pfälzer. Sie dagegen wären Franken. Sie aßen große Fleischstücke mit gebratenen Zwiebeln und tranken Schnaps dazu, was sie mit der Kälte hier an der Grenze zwischen Fichtelgebirge und Frankenwald erklärten, es wäre das deutsche Sibirien, heuer besonders. Da von der Geographie die Rede war, fragte ich nach der tschechischen Grenze und sagte, daß ich für einen Tag hinüberfahren wollte, was das reinste Entsetzen auslöste, da wegen der Kriminalität sogar von ihnen niemand mehr fahren würde, und sie seien große und starke Männer. Immer mehr Ehepaare und deren erwachsene Kinder kamen sonntäglich angezogen heran, man begrüßte sich mit: Grüß Gott! An den Tischen war bald kein Platz mehr, einer lud den andern zum Schnaps ein, schluckte, und mancher schrie danach: Pfui Teifi, was mer net für die Gesund-

heit tut! Alle kannten sich. Musik spielte zum Tanz, meine Wirtin
hatte mir gesagt, beim Tanzen seien die Münchberger ein wenig
bockig, es tanzte niemand, vorläufig, ich ging zurück, und
mir
geschah was, was ich gar nicht glauben konnte, ich
wurde traurig, hatte Heimweh nach
dem Osten.
Wo alles heiter war hier, aufgeräumt, und
diese Freude auf der Autobahn
war echt gewesen, aber schnell
verraucht. Warum?
Was hatten die denn dort, was hier nicht war, und
was hatten die nicht?

Zwei junge Ehepaare begrüßten sich auf der Straße - Ach, da seid
Ihr ja! - Den Bub auch mit hier? - Na du! -
Da
sah ich mal genau hin, was die hatten,
den
lässigen Schick von teuren Sommerkleidern und
Sandalen?
Das auch, aber vor allem
Ruhe, einfach so, den Heimatblick.

Im Hof der Wirtschaft, wo ich schlief, standen
ein paar junge Männer um ein Auto rum. Genau
betrachtet
waren die braungebrannt in
roten und blauen
Pullovern, klare Farben
trugen sie, und jeder hatte schon die Welt
gesehen. Sie lachten, scherzten kern-
gesund mit roten Backen über Ferrari, Benetton, Bugatti,

es folgten Zahlen, Daten von Motoren, das
klang nach Alltag, Selbst-
verständlichkeit.

Wie
sollen die das aufholen, in Chemnitz,
dachte ich, und wie
ertragen?
Im Grunde wars ja nichts, es ging
auch hinter diesen Bergen um Fahrer und Motoren, aber
in Sachsen die hatten das Spiel
verloren.
Ich fragte mich auch, wie es umgekehrt
gewesen wäre, ich
säße hier im nach-sozialistischen Bayern und hätte noch
die lachenden Sachsen von heute früh in Zschopau
im Kopf,
gebräunt und welt-
erfahren? Und diese Franken hätten sich ihr Leben lang
die Hälse ausgerenkt, um einmal
dort zu sein, dort drüben, dort im Osten, Zschopau!
Wär das gegangen?

Nein, sagte am nächsten Morgen die Wirtin beim Frühstück. Sie war jung, etwa dreißig vielleicht, und als ich erzählte, zu welchem Zweck ich unterwegs bin, sagte sie ihre Meinung über die Sachsen und den Osten überhaupt. Nämlich, es seien alles Sozialisten da drüben, die sich gar nicht ändern wollten. Sie und ihr Mann hätten es in diesem Sommer wieder gesehen, als sie nach Tschechien und Klingenthal gefahren seien, die Fahrt hätten sie dann abgebrochen, es sei nicht gegangen. Es ginge nicht, sie könne es nicht aushalten, nichts habe sich da geändert, die Straßen hießen nach Liebknecht und Karl-Marx, und an einem Haus habe sogar gestanden HAUS

DER BEGEGNUNG, da sei's ihr schlecht geworden, und sie habe gesagt, wir kehren um. Außerdem das Grau überall und die vergrämten Gesichter, das Triste überhaupt, wo die Leute es doch selbst angerichtet hätten, und bis heute wollten sie es nicht wahrhaben, daß sie selbst das Triste wären. Neuerdings sollte nun auch noch der Westen daran Schuld sein, wo sie und ihr Mann doch zum Beispiel Schokolade aus dem Auto verteilt hätten, damals im November, als 50 000 Leute hergekommen seien, in eine Stadt von 12 000 Einwohnern, aber diese Zeiten seien vorbei. Im übrigen würde man hier heute mehr Sächsisch hören als Fränkisch. (Das stimmte, gerade hatte ich es im Flur neben meiner Zimmertür von einer Frauenstimme flüstern hören: Da mußte ähmd mal zurücksteckn, da muß mer sich anpassen. Eine Männerstimme hatte zurückgeflüstert: Na dankeschön ooch. Warum nu eichentlich?) Die Sachsen würden für acht oder zehn Mark Stundenlohn in der Textilindustrie arbeiten, wo ein Hiesiger fünfzehn Mark verlangen würde, und die Tschechen würdens dann für eine Mark fünfzig tun. Was sollte aus den hiesigen Arbeitern werden? Grant hieß in ihrer Sprache Zorn, und einen Grant hätten hier alle auf die Sachsen. Es sei eben auch so, daß die Ostler unzufriedene Menschen seien. Ihr Mann zum Beispiel kochte immer frisch, da stünden dann eben drei oder vier Gerichte auf der Karte. Das sei den Ostlern nie genug, da würden die schon anfangen zu meckern, und beim Essen ginge das dann so weiter, nichts sei ihnen gut genug. Wenn sie selbst im Osten war – ja, da standen zwanzig, dreißig Gerichte auf der Karte, aber nichts sei frisch, einmal habe sie sich eine Suppe bestellt, und dann wurde die gebracht und der Löffel lag schon drin, und dann gäbe es blaue Vorhänge zu grünen Tischdecken, und das Lustlose überhaupt, nein, keine Gemütlichkeit, keine Feinheit, wo sie selbst immer gucke, ob sie sich etwas annehmen könnte, und da müßte man eigentlich immer was sagen, was Belehrendes, und das wollte sie auch nicht, da führe sie lieber nicht mehr hin. Während sie redete, wischte sie in der leeren Gaststube Tische und Stühle ab, richtete die Kerzen und Trockenblumen, die farblich aufeinander abgestimmt waren, und meinte schließlich, ich würde nirgendwo später in Bayern auf so eine harte Meinung treffen, aber sie seien hier auch am härtesten getroffen, lachte dann

und stellte mir ein

paar Minuten später
den Sachsen vor, mit dem sie längst befreundet war,
einen jungen Mann in
einer Runde junger Leute, die
an einem Gartentisch im Freien saßen.
Dem Tisch gegenüber an der Wand
stand ein rotes Rennauto, eine Zigarre,
das
sei ihr Hobby, sagte der Wirt, zu zweit
in dem Bugatti durch die Landschaft fahren, und
die Wirtin fügte hinzu,

daß die Leute jedesmal am Straßenrand stehenblieben und lachten oder winkten oder ihnen einen Vogel zeigten, nur eben im Osten, die machten Gesichter, »als ob wir was getan haben«. Beide standen mit anderen jungen Leuten auf ihrem Hof und winkten, als ich abfuhr.

In Bayreuth ein grünes Kleid gekauft

Ich war
geflogen gestern auf der
Autobahn, und jetzt wars eine Kutschfahrt über die Berge, dann
ein Tal entlang.
Die Dörfer waren alle bis
unters letzte Fallrohr fein
gepflegt, die Häuser hell, die
Gartenzäune fest, Kieswege sah ich, kleine Parkanlagen,
Pflastertrottoire und
Blumen überall, alles voll Blumen!

Blumen wuchsen nicht nur in Blumenkästen unter den Fenstern wie bei uns in Berlin. Zehn Kübel voll blühender Pflanzen sah ich vor einem einzigen Haus auf der Straße stehn! Zwei Quadratmeter blühender Bepflanzung auf einem Telefonschaltkasten, Blumenkästen standen auf Brunnenrändern, Blumenkästen auf Zäunen sogar, und in keiner Kiste war etwas abgeblüht oder vertrocknet, keine war vergessen. In einem Dorf begegnete mir ein sächsisches Ehepaar. Ich hatte sie nach dem Weg gefragt, und freimütig wie die Leute aus dem Osten es sind, erzählten sie, daß sie gerade zum Bergmannsfest nach Schneeberg fahren und überhaupt in ihrer Freizeit immer in den Osten, denn es habe mehr wirtschaftliche Gründe, daß sie hier wohnten. Als ich sagte, daß es ein schöner Ort sei, murmelten sie etwas, verabschiedeten sich mit einem knappen Grüß Gott – auf sächsisch ausgesprochen, starteten ihr Auto, und

jeder
fuhr dann in die Richtung,
aus der der andere gekommen war.

Willkommen! stand am Straßenrand, Willkommen
im Frankenwald, der
grünen Krone Bayerns!
So kann mans auch bezeichnen, dachte ich, wo
Bayern lange Zeit ein Teil des großen Frankenreiches war, nun
soll sein letztes, kleines Stück die
Krone sein, und grün, nicht gold.
Grün
war ja alles hier, die Berge hoch der Wald, die
Gärten und die Bäume an den Straßen,
und
mancher Ort war ganz
aus Blumen und Terrassen aufgebaut, mit
Gasthöfen und Kuchengärten unter Bäumen.
Bad Berneck
beispielsweise, dort
fand ich eine Kirche an den Hang gebaut, die stand
in Rosensträuchern. Ein
Weilchen saß ich dort auf ihren
alten Stufen und sah ins Tal, zur Straße runter, wo
Cafés, Pizzerias, kleine
Restaurants, eines am andern,
sich befanden und funktionierten, ich hatte in Bad Berneck
mehr davon gesehn als
in Zschopau, Chemnitz, Olbernhau zusammen, auch
Telefonzellen und Bänke, Park-
anlagen, Brunnen viel mehr als dort,
und alles war zivil, zivil, zivil.

Was war das eigentlich für
eine Grenze, über die
ich gestern
fuhr, die von dem alten Frankenreich etwa, endete

das tatsächlich vor der Zonengrenze?
das fragte ich mich auf den Kirchenstufen im
Rosenduft und bei
Nachmittags-Sonntags-Sonne mit
Blick ins Tal, wo Menschen liefen überall. Sie
tranken Kaffee, aßen Kuchen, schoben
Kinderwagen, Kinder wiederum umkreisten auf
Rollbrettern die Autos, die da fuhren, es
standen Schiefertafeln mit den Speiseangeboten in
Kreideschrift vor den Lokalen,
und
eine halbe Stunde später war ich in Bayreuth.
Vorbei am Flugplatz über große Straßen-
kreuzungen in Richtung Zentrum, und das Rathaus war
ein Neubau, Glas, Beton, ich
kam aus Chemnitz, mußte jedenfalls an
Chemnitz denken, und hatte mir Bayreuth ja
wirklich anders vorgestellt, die Lieblingsstadt von
Hitler und von Richard Wagner. Konnte das sein?
Ich ließ das Auto stehn und sah mich um, es blieb dabei, ein
glatter Neubauplatz. Natürlich kleiner als in Chemnitz und
mit Bäumen und mit Bänken viel
lieblicher gestaltet.

Es gab auch einen Teil der Innenstadt, der im letzten Krieg unzerstört geblieben war, für Autos gesperrt, daher bequem zu betrachten und voller Spaziergänger. In einer Sackgasse fand ich ein französisches Café und fragte nach einer billigen Unterkunft. Ein paar Ecken weiter in der Friedrichstraße sei ein billiger Gasthof, hieß es, und als ich um die Ecke bog, begann da eine barocke Straße, geschlossen gebaut, die Häuserreihen zweigeschossig. Ihre Gaubenfenster in den roten Dächern machten einen gemütlichen Eindruck, auch die breiten Toreinfahrten der Häuser. Eines davon war der Gasthof Vogel, wo ich nach einem Zimmer fragen sollte und auch sofort von einer Kellnerin aus der Gastwirtschaft eine dunkle Holztreppe hochgeführt wurde, über einen Flur und noch einen, und dann einen dritten, langen, langen Flur entlang. Am Ende dieses Tunnels leuchtete ein helles Viereck, das war die Glasscheibe in meiner Zimmertür. Wir erreichten sie, sie schloß auf, das Zimmer war mit einfachen Holzbetten und zwei Nachttischen eingerichtet, dann übergab sie mir den großen Zimmerschlüssel und ging über den schiefen und knarrenden Fußboden den langen, langen Flur zurück.

War das die Möglichkeit, ein
Gasthof wie vor vielen hundert Jahren? Und
das im Westen, der den Leuten drüben so angst machte, daß
sie die kleinste Laube nicht
ohne Fliesendusche einem Gast
anbieten würden? Und mal vom Osten abgesehn, es war
der Himmel!
Kein Dunst von irgendwelchen Teppichangeboten, kein
Plastikflusenkissen, kein
Nagelbrett oder Furnierholz an der Zimmerdecke,
ich hatte hier
ein Federbett und echte Baumwollbettbezüge, nur
allerdings: Der Teppich stand vor Dreck.

Egal,
es war das Zimmer der Poeten
und Reisenden im
Klassizismus und auch im Barock, die Decke hing schon etwas
schief, so wie der Flur, und
beide Fenster gingen auf
den Hof, wo lange Tische unter Linden standen und
abends bunte Lämpchen brannten.

Ja,
wie ein Schwalbennest ans Ende
des Hofgebäudes unters Dach geklebt
war dieses Zimmer,
und
wie ein Vogel habe ich dann nachts zwischen den
Lindenblättern die Sommergäste
unten sitzen sehn.
Ich sah auf
ihre Scheitel, Teller, Aschenbecher. Sie
hoben oft den Kopf und zogen dann
Grimassen, um
Langeweile oder Überlegenheit den Göttern
mitzuteilen, oder
als ob sie wüßten, daß hier oben einer
sitzt und alles sieht!
Nie
hatte ich geahnt, wie viele
Mienen
der Mensch so ungeniert zum Ausdruck bringt, wenn
er sich sicher ist, daß niemand guckt.

Das war der Hof am Abend, Gastwirtschaft, die Gäste.
Am Nachmittag, die Straße vorne, diese
Friedrichstraße,
war eng, und kaum war ich hinausgegangen, sah ich am Hause
gegenüber eine Tafel, auf der zu lesen stand,
ein Dichter
hätte hier gewohnt! Das war ja klar, und nun,
wer war es? – Herr
Jean Paul.

Bayreuth hat Herrn Jean Paul geliebt, bevor
Herr Wagner kam! Jean Paul hat hier gelebt, er hat
ironisch und kokett hier
ausgehalten, bis
sie ihn erkannten, und - zu spät! - ein Monument
errichtet haben, das steht
auch in der Friedrichstraße, aber wer
will das wissen?

Ich ging die Friedrichstraße weiter,
da
las ich noch ein Schild, Max Stirner
war hier geboren worden. Dieser arme Mann, den
Marx und Engels in die Grube höhnten, der war aus
dieser netten Straße
gekommen, diese

Friedrichstraße war schnurgerade gebaut und so vollständig barock, daß die Passanten nur die Kleider hätten tauschen müssen, und man hätte einen historischen Film drehen können. Neben dem Haus mit der Tafel für Jean Paul stand die Tür einer Boutique offen, und ich betrachtete mir die Kleider, die an einem Kleiderständer auf Rollen auf den Gehweg geschoben worden waren. Drinnen im Laden unterhielten sich zwei Frauen. Die eine war wohl die Besitzerin, die andere eine Frau, die sie gut kennen mußte. Die eine trug ein rotes Kleid und ein buntes Band um die Stirn, die andere war in hellen Stoff gekleidet, weit, bequem. Diese Frauen waren vom gleichen Schlag wie die jungen Männer abends in Münchberg auf dem Hof der Gastwirtschaft, nur Frauen eben, geschminkt, gebräunt und gut gelaunt, sie

strahlten

den Sommer aus, der ringsum
mächtig wärmte, und gute Laune, einfach so, und

Farbe, Farbe, Farbe! Mir
kniffen meine Jeans auf einmal mächtig
in den Bauch, war ich
die ganze Zeit darin herum-
gelaufen? Nein!
Und doch wars so gewesen. Ja
es war schon seltsam, kaum war ich im Westen, kaufte
ich mir sofort und auf der Stelle
ein grünes Kleid. Zog
es auch an, und mir war leicht und
sommerlich auf einmal, und ich konnte

die Friedrichstraße weitergehn. Sie endete an der Stadtkirche, wo krumme Straßen begannen. Die Straße vor der Kirche war aufgerissen, Haufen von Granitwürfeln lagen da, Haufen Sand auch, die Straße sollte wohl gepflastert werden. Auf diesem Weg fand ich das Markgräfliche Opernhaus, es war innen ganz aus Holz, wunderschön verziert, und roch nach Schweiß. Ich folgte einer Führung und erfuhr dabei, daß Wilhelmine, die Lieblingsschwester des Preußenkönigs Friedrich II., die auch Komponistin und Malerin war, es hatte bauen lassen, und daß sie Bayreuth zu einer kultivierten Residenz gemacht hat. Das war kurz nach der Zeit gewesen, in der Bernhardine, die Tochter des hiesigen Fürsten, nach Dresden mußte, weil sie August den Starken geheiratet hatte, mit dem sie so unglücklich geworden ist. Über diese Bernhardine sagte der Führer aber gar nichts, er lobte die Preußin. Auf dem Rückweg staunte ich über den großen Bedarf an Gold in dieser Stadt, es gab viele Juweliergeschäfte, deren Schaufenster voller Goldschmuck lagen, Spaziergängerinnen trugen Gold in auffälligen, dicken Ketten um den Hals und in Klumpen an den Ohren, und ich bekam auch Lust, mir eine goldene Kette zu kaufen. Schließlich sah ich mir noch die Stadtkirche an, wo gerade eine Ausstellung über Luther zu sehen war, aus der ich erfuhr, daß er in

Wahrheit Luder hieß, was damals schon dasselbe bedeutete wie heute, weswegen er den Namen ändern ließ, das

muß man in

Bayreuth erfahren, also
auch Luther, und nicht nur Lenin und Stephan Hermlin!

Wie übrigens auch Wagner beinahe
Geyer
geheißen hätte, aber
das wußte ich an diesem Abend nicht. An diesem Abend
in der Friedrichstraße

fing mich eine nette Schauspielerin ab, die Karten für ein Theaterstück verkaufte, das gleich beginnen sollte, es hieße DER RING DER NIEDERUNGEN und sei eine Satire auf die Wagner-Stücke, vom anwesenden Autor geschrieben. Mein Platz war ganz rechts an der Wand, die auf dieser Seite keinen Korridor besaß, und da es voll wurde, mußte ich bis zur Pause ungefähr anderthalb Stunden leidenschaftlichen Zähnefletschens aushalten, Gebrüll ohne Ende und Schnelldurchlauf der Handlung im heutigen Gewand – ging es um die Weltherrschaft? Der Ring des Nibelungen war im Osten kaum gespielt worden, ich wußte nicht, ob sie dort vorne übertrieben, wenn Siegfried Erda mit einer Eisenstange in den Boden rammte, nur fiel mir auf, daß alle Namen der handelnden Personen die Namen von Kindern aus meiner Grundschulklasse waren, außer Fricka, Alberich und Wotan – so hatte niemand geheißen.

Müde. Ich war auf einmal

schrecklich müde
von meiner Reise, und während das Publikum so
hell begeistert
in der Pause abends die
warme, dunkle Friedrichstraße hoch und runter

lief, ging ich nur hoch und schlief. Das
war mein Ring-Erlebnis, sehr
verkürzt und ohne die Musik, was
unfair war, natürlich, es brachte
mich schnell in meine Kammer überm
Wirtschaftsgarten, und
morgens hörte ich ebenso wie am Abend beim
Einschlafen das Klappern von Geschirr und
dieses schöne Wort: Ade.

Ade, ade,
das klang nach alten Liedern, nach
Taschentuch beim Winken,
klang,
wie ein Herz schlägt, dumpf
und weich: ade.

Sikst! Klang es auch, so wie ein Vogelzwitschern, sikst,
meine Schuh sind neu! – Eecht? – Sikst!
Das

waren die Kellnerinnen. Iich ho morgen frahai! rief eine, und schöö rief die andere, und: Schau, ich rauch jetzt auch noch eine, bevor die Stammgäste kommen, und wieder war schöö die Antwort, und jemand sagte: Normalerweise wär i scho weg. Unten wurden Geschäfte gemacht, ich hörte Männer verabreden, wie sie dies und jenes gegeneinander verrechnen könnten, es ging um Holz und Brot, vorne im Haus war eine alte Bäckerei. Im holzgetäfelten Frühstücksraum gab es kugelrunde Riesenbrötchen. Man hatte eine ganze Weile daran zu kauen. Es saß noch ein Holländer im Raum, der mir über zwei Tische hinweg erklärte, daß die Globalisierung Europa ins Unglück stürzen könnte, weil hier alles zu differenziert wäre, die Staaten ebenso wie die Menschen. Er war Wissenschaftler und hatte in Bayreuth einen Lehrauftrag. Abends sah ich ihn strahlend auf einem Fahrrad aus dem Torbogen kommen, mit einem großen Blumenstrauß in der Hand. Das

paßte zu der alten Straße, die

Tag und Nacht im Sommer jetzt voll Menschen war, und
wieder fiel mir Zschopau ein und
Hoyerswerda, wie war es leer gewesen unter
den gleichen Torbögen und Gaubendächern, und das
nach einer glücklichen Revolution!

Vor der Stadtkirche verlegten Arbeiter nun die Granitsteine, die da in Haufen am Straßenrand gelegen hatten. Gelber Sand flog überall herum, das neue Granitpflaster, das entstand, war eben und hellgrau. Von der Innenstadt zur Festspielhalle ist es weit, ich fuhr mit dem Bus und lief dann den Hügel hoch, er heißt der Grüne Hügel. Überall auf Wegen, Wiesen und Blumenrabatten sah ich gebeugte Gestalten hacken und graben. Oben ragte ein riesiger Fachwerkbau in die Höhe, aus der Nähe eher ein roter Speicher mit Fenstern und Fahnen, eine Art Handwerkerschloß. Viermal täglich fanden Führungen statt, aber da es kurz vor der Eröffnung der Festspiele war, wurde geprobt, und es war nicht hineinzukommen. Alles, was ich erreichte, war, daß eine Dame von der Öffentlichkeitsarbeit mir einige Glanzpapierhefte durch einen zehn Zentimeter weit geöffneten Türspalt schob, aber als ich fragte, ob sie vielleicht doch noch Karten für eine Probe hätte, zischte sie böse: Das habe ich doch gewußt! und schlug die Tür zu.

Der Tempel war geschlossen!

Es brodelte darin, es dampfte, an
allen Fensterscheiben klebten Anweisungen, die
mit dem Namen
Wagner
unterschrieben waren, der Tempel stand wohl mächtig

unter Druck, in
ein paar Tagen würden Präsidenten von
Staat und Notenbank, von Aufsichtsräten, Parteien,
Universitäten
den Grünen Hügel hochgefahren kommen, das
war ihr Treffpunkt, 1876 und
seit dem Jahre 1882 dann
beinahe jeden Sommer! Sie kamen
früher in den schwarzlackierten
Kutschen an, und jetzt, ich
stellte mir livrierte Jungs vor, wie sie die
Autoschlüssel in Empfang nahmen und die Limousinen
zum Parken um die Ecke fuhren, abends,
aber
das war ja Quatsch, sie kommen mit Chauffeuren!

Nur wenn
geschlachtet wurde auf den Feldern der Ehre und danach
jedesmal
der Krieg verloren, kam plötzlich niemand mehr. Der
Wagnertempel stand
nach 19 - 14 zehn, nach 19 - 45 fünf,
fünf Jahre leer.

Die letzten 45 Jahre wurde aber
kein Sommer ausgelassen, alles lief perfekt, auch jetzt
warn Menschen oben, herrschte
maßvolles Gedränge von Leuten, die, wie ich, den Meister
ehren wollten mit Besuch.

Man geht mal eine Runde rum und denkt sich was - ich
beispielsweise
dachte an das Opernhaus in Leipzig, ob nicht infame

Architekten dem Genossen Walter Ulbricht
in einer Zeit, als Wagners Opern in der DDR erst
selten auf die Bühne durften, dann
eben das ganze, neue Leipziger Opernhaus diesem Bayreuther
anverwandelt haben könnten, da
Ulbricht ja so ungebildet war?
Oder - noch schlimmer! - wenn der Ulbricht doch gewußt
und auch - vielleicht -
geliebt!! hat und
nicht so konnte wie er wollte und insgeheim gehuldigt?! - der
eine große Sohn der Stadt dem
anderen?

Ja, es ist nie verkehrt, sich selbst ein Bild zu machen.
Was auf den Fotos häßlich schien, das war
in Wirklichkeit
die Dampfmaschine vom Jahrhundertende, der
Bulldozer und Schneepflug, eine rote Kraft
und nackt
wie damals die Maschinen waren, steht sie da und brummt, ein
Haupt- und
Staats-
und ein
Familientempel!

Ist es ein Wunder, daß ich nach einem Buch griff, das den Titel
hatte: »DER HEILIGE GRAL UND SEINE ERBEN«?
Es war ja
eine Tempelbücherei
unter dem freien Himmel aufgebaut. Es gab dort
alles über Wagner und den Klan - nein, alles nicht, ganz
sicher nicht, wohl eher das, was freundlich oder mindestens
neutral

darüber dachte,
das

war eine Menge. Mit andern Menschen stand ich zwei Stunden oder drei vor diesen vielen, vielen seltenen Büchern und las in Wagners Schriften, las Nietzsche, Thomas Mann und blätterte auch viel herum, zum Beispiel in einem Bildband über die Familie, sah klare Fotos, helle Augen, Richard und Cosima, das ideale Ehepaar, und dann das nächste, Siegfried – Winifred, das war ja eine Schönheit, Winifred, nein, nicht nur schön, sie war von etwas überzeugt, und dann las ich den Satz, es gäbe eben Menschen, die sich nicht vorstellen könnten, daß eine ungewöhnliche Frau wie Winifred ein Leben lang mit Adolf Hitler eng befreundet sein konnte, ohne mit dem Nationalsozialismus etwas zu tun zu haben, und schlug das Buch schnell wieder zu, als ob es niemand sehen sollte, dabei war es doch gedruckt. Es gab alles, zu allen Themen, die man sich denken konnte, nur über Wagner und die Juden sah ich nichts, außer einen blauen Katalog zu einer Ausstellung, die es einmal in Bayreuth gegeben hatte. Es stand darin, daß es ein dunkler Punkt sei, aber letztlich von Wagner nie so gemeint, sondern eine Über- und Fehlreaktion auf den Ruhm von Meyerbeer, auch daß sein Stiefvater Geyer möglicherweise Jude gewesen sein könnte, Wagner hätte ja seinen eigenen Vater nie gekannt, und dann waren Juden aufgelistet, mit denen Wagner gearbeitet hatte, und Juden, die ihn geliebt hatten, und Juden, die auch Antisemiten waren, und eine Menge judenfeindlicher Äußerungen anderer, berühmter Männer. Über Wagner und den Nationalsozialismus sah ich nichts zu kaufen, und wieder blieben alle meine Fragen offen, ich hatte nie etwas Genaueres darüber gehört und angenommen, daß ich hier etwas erfahren würde, aber der Tempelberg, der schwieg, und da griff ich

eben

richtig in das Dunkle und
kaufte mir das Buch über den Gral. Wer weiß,

wenn man auf dem direkten Wege nicht
zum Ziel kommt, warum dann nicht
symbolisch, muß
ich wohl gedacht haben, auf jeden Fall, ich eilte
mit meiner Beute in die Stadt, den Hügel runter in der
Mittagssonne, und
auf dem neu gelegten Pflaster aus Granit, dem
feinen Sand, der drüber lag, entlang, zur
Friedrichstraße und dem Zimmer mit
den Lindenbäumen vor den kleinen Fenstern, und
dann streckte ich mich aus und
las.

War es die Müdigkeit?
War ich zu lange unterwegs, zu schwach inzwischen, ich
las und las und konnte
mich von dem Buch nicht losreißen. Der
Schwache, hatte ich bei Nietzsche oben an dem Büchertisch
erfahren, sei
im Instinkt geschwächt, was er zu scheuen hat, das zieht ihn an,
und
den Erschöpften lockt das Schädliche, das
nannte er das Klapperschlangenglück des alten Meisters Wagner,
aber es war das Glück der drei Autoren auch, in
meinem Fall, die
dieses eine Buch geschrieben hatten.
Das

handelte von dem Dorf Renne-le-Chateau in Südfrankreich, wo im Jahr 1891 der Priester Bérenger Saunière die Dorfkirche restaurieren lassen wollte. Die stand seit dem Jahr 1059 dort und war Maria Magdalena geweiht. So begannen die drei Autoren ihre Erzählung über das Languedoc, die Gegend um Marseille, die vor tausend Jahren eine selbständige Grafschaft war, kulturell dem spanischen Kulturkreis mit Katalonien nahe stand und wo zur Zeit des Kirchenbaus die neben Byzanz hochstehendste Kultur Europas herrschte und die deutlichste Abkehr vom römischen Glauben, die Bewegung der Katharer. Im 12. Jahrhundert hatten die ihre größte Ausbreitung, in der gleichen Zeit war der Ritterorden der Templer entstanden, seinerzeit eine mächtige und selbständige Organisation innerhalb des Christentums. Beiden Bewegungen war nachgesagt worden, sie hätten in Beziehung zu einem Gral gestanden. Die Vorstellung von einem Gral gründe sich auf einen keltischen Fruchtbarkeitskult, schrieben die Autoren, aber um das Jahr 1000 herum, mit Beginn der Kreuzzüge, wäre der Gral mit Jesus in Verbindung gebracht worden, auch mit jüdischer Tradition. Tempelritter und Katharer waren letztlich von Rom und dem König von Frankreich grausam ausgerottet worden. Die Autoren endeten hier aber nicht, sondern begannen, sich über die seltsamen Merowinger Gedanken zu machen, deren besonderer Adel allgemein bekannt ist, worüber aber niemand weiß, weswegen vor allem sie in Frankreich als königlich und unantastbar behandelt wurden. Warum wohl, fragten die Autoren, und fanden eine Antwort: Die Nachkommen von Jesus hätten sich nach ihrer Flucht aus Jerusalem in Europa aufgehalten, dort mit fränkischen Adligen verbunden, und daraus sei das Geschlecht der Merowinger entstanden. Denn Jesus sei durchaus kein Zimmermannssohn gewesen, Könige wären zu seiner Geburt gekommen, weil er ein Nachkomme des Königs David gewesen sei und Anspruch auf den Thron von Jerusalem gehabt hätte. Er sei Rabbiner gewesen, was bedeutete, daß er verheiratet gewesen sein und Kinder gehabt haben mußte. Die Frau von Jesus sei Maria Magdalena gewesen. Diese Maria habe unerhörtes Ansehen genossen. Im Bild der Madonna mit dem Kinde würde sie verehrt und in dem Kinde das Königshaus, dessen Anspruch auf irdische Macht. Bei den seltenen schwarzen Madonnen sei es noch lange bekannt gewesen, daß da

Maria Magdalena verehrt würde. Jesus sei auch nicht am Kreuz gestorben, sondern habe noch lange gelebt, seine Frau sei mit der Familie über das Mittelmeer nach Südfrankreich geflohen. Diese Herkunft der Merowinger sei der Grund dafür gewesen, daß die Kirche den Merowingerkönig Chlodwig um 500 taufte und salbte, als sie in Not gewesen war. Der sei zur römischen Kirche übergetreten mit der Vereinbarung, im Bunde mit Rom ein christliches Großreich zu schaffen. 255 Jahre später habe ein starkes Rom sich dann von den Bindungen an die Merowinger befreit und den Karolinger Pippin zum König gemacht. Rom hätte sein Wissen über die Merowinger ebenso wie über die wahre Geschichte der Familie Jesu immer geheim gehalten und im Neuen Testament eine Textmontage veröffentlicht, die Auslassungen und Verdrehungen enthielte. Nachkommen der Merowinger lebten aber bis heute in vielen Adelsfamilien Europas, und der Gral sei nichts weiter als das heilige Blut, das in dieser Familie flösse, und ein paar Kult-

gegenstände,

das

und manches andere stand

in dem Buch.

Nietzsche

hat Recht gehabt, ich hatte mir

den Hammer für meine arme Birne selbst ans Haupt

gesetzt,

wie

soll ich das beschreiben, das Gefühl beim Lesen?!

Die Jungfrau Jesus' Ehefrau mit Kind, das Kind

nicht Jesus, und

auch der Gral ein

jüdisches Geheimnis? Und König Artus soll ein

Zeitgenosse Chlodwigs gewesen sein, die
Nibelungen auch nicht weit
davon entfernt, die Herrschaftszeit
der Merowinger sei die Zeit der Mythenbildung gewesen, und
die drei Autoren meinten nun, nicht
ohne Grund – nein, ich verschweige alles Weitere.
Auf jeden Fall, ich saß
mit allen diesen Sensationen
auf meinem Bett und
überlegte, wie
ich überhaupt dazu gekommen war – Herr Wagner und die
Tempelbücherei, der Gral und Ring des Nibelungen und
Parzival und wieder Gral, und langsam
blieb mir
aus dem ganzen Durcheinander ein Wort, das immerzu
in diesem Buch auf-
tauchte, ein schönes Wort, es hieß: Das
Priesterkönigtum.

Das wurde so erklärt, daß man geboren ist mit
königlichem Blut, und deswegen muß man nicht kämpfen um den
ersten Platz,
er ist mit der Geburt gegeben und von allen anerkannt, und
umgekehrt
nutzt es dem Träger nichts, sich zu verweigern, man
ist es oder ist es nicht und wird verfolgt, auch wenn einem
schon alles weggenommen ist, das
Priesterkönigtum, das Wort
ging mir nicht aus dem Kopf, ein
Priesterkönigtum, das
hatte mir Bayreuth geschenkt, das Wort,
ein Priesterkönigtum, braucht den gesalbten Königssohn, das
hatte ich soeben hier gelernt,

und dachte an den Papst im Jahre 19 – 33, an herrliche Musik, die
in ein paar Tagen schon den Tempelberg in
Schwingung bringen wird, an Rausch
und Rausch und hohen Ton, so

lag ich in der Friedrichstraße überm Wirtschaftshof auf meinem Bett und hätte gern gewußt, wer Adolf Hitler war.

Draußen wars Nachmittag geworden, ein warmer Tag, und auch der Tag, an dem Franziska van Almsieck in Atlanta bei der Olympiade Gold für Deutschland holen sollte,

Gold!

Es ging mal wieder um das reine Gold!

also stand ich bald wieder auf und ging in das französische Café, denn dort lief immerzu ein Fernsehapparat. An diesem Tage war es ziemlich leer, der Fernsehapparat stand auf der Theke, zu sehen waren die Vorläufe, ich hatte die Zeitverschiebung nicht beachtet. Die junge Frau an der Bar warf immer nur einen Blick auf die Schwimmer, die da ihre Bahnen zogen wie Wasserpflüge, nur als Franziska van Almsieck endlich herankam, mit dem üblichen Schmollmund, hörte die Frau auf, Gläser zu spülen. Der Reporter nannte Franziska van Almsieck Franzi und sagte, daß ihr zur Aufnahme in den Schwimm-Adel nur noch das olympische Gold fehle. Das Mädchen sprang ins Wasser, Fehlstart, noch mal, sie gewann diesen Vorlauf, kam triefend heraus aus dem Bassin, wurde an ein Mikrophon gerufen, sagte mit seltsam blecherner Stimme: Freue mich, und ging triefend aus dem Bild. Schön braun isse, gel? sagte die Frau an der Bar und schaltete gleich um, da flitzte ein Pulk von Männern auf Fahrrädern über den Bildschirm, das war nun Paris, die Tour de France traf ein, genauer gesagt raste sie in Richtung der Tür zum Biergarten, die die ganze Zeit offen gestanden hatte, das wars. Ich las

noch etwas Zeitung, das
hatte mir im Osten so gefehlt, ein Milchkaffee und eine
Tageszeitung gleich dazu, die mal
aus Hamburg oder München kommt. Daran
war hier kein Mangel. Wie in Berlin lag auch
DIE ZEIT
am Tresen, ein Pfund Papier, dem der
Kalk
aus allen Zeilen rieselte, wie
immer, die SÜD-
DEUTSCHE dagegen munter und auch wie immer un-
schlagbar
in neuesten Nachrichten, sogar
über Tschetscheniens Banditenhaupt Radujew, der
tot sein sollte, wußte sie schon wieder was, er sei
aus dem Nahen Osten mit neuer
Nase
und einem Plastikauge heimgekehrt und
wieder gut in Schuß für nächste Attentate, auch
schrieben sie, der
Massenmörder Karadžic sei von Beruf ein
Psychologe und ein Dichter, na ja,
da waren wir schon wieder beim Ermorden,
ich zahlte und
bedankte mich und
ging
noch etwas durch Bayreuth, die
Friedrichstraße weiter gradeaus, wo dann ein Park
begann, der schattig, dunkel, alt war und
an dessen Rand
auf einmal das Haus Wahnfried stand, die
graue Villa, glatt, massiv und grau,
in ihrem eignen, dunkelgrünen Park.

Am nächsten Tag sah ich die Villa auch von innen, ein plüschig und altdeutsch eingerichtetes Haus, alles war noch so, wie Wagner es sich 1873-74 hatte bauen lassen. Drinnen liefen unglaublich langbeinige Schulmädchen die Treppen hoch und runter, aber das war eine optische Täuschung und lag an ihren kurzen Röcken. Eine Tafel über dem Eingang erklärt den Namen Wahnfried damit, daß das Wähnen hier Frieden finden soll. Wagner war 60 Jahre alt gewesen, als er einzog und lebte hier noch neun Jahre, später die Familie. Das Haus war großzügig angelegt, parterre ein Saal, der auf den Garten hinausging und offenbar für Konzerte gedacht war. Oben viele kleine Zimmer, nun vollgestellt mit Vitrinen, in denen Noten, Bilder oder vergilbte Fotos lagen. Ich hatte oft gehört, das Haus Wahnfried sei ein Bollwerk der Judenhetze und auch des Nationalsozialismus gewesen. Nun war ich in dem Hause drin und wollte etwas darüber erfahren, fand aber nichts. Mag sein, irgendein Exponat dieser Art war doch darunter, aber wenn ich es übersehen habe, muß es recht unscheinbar gewesen sein. Ich sah auch kein Foto von einem Besuch Adolf Hitlers in diesem Hause, das er doch offenbar gemocht hatte. Wieso wurde er so verleugnet? Der Konzertsaal unten stand offen, dort saßen einige Besucher und hörten weiblichen Gesang, der aus Lautsprechern tönte. Alle saßen so, daß sie in Richtung der hohen Fenster sahen, die eigentlich Terrassentüren waren. Schwere, rote Samtvorhänge hingen rechts und links von ihnen herunter, Sonne schien herein, es war eine wunderbare, süße Musik, die da erklang. Draußen, gegenüber der Terrasse, war im Schatten hoher Bäume ein Hügel zu sehen, darunter lagen die Gebeine von Richard Wagner und seiner Gattin Cosima. Wahnfried war also als Motto auch für den Tod gewählt.

Das

hatte ich verstanden, aber
warum die jüngste Welt-
geschichte hier so gar nicht wichtig
genommen wurde, verstand ich nicht, sah dann

im Stadtmuseum
aber dasselbe. Dort
war gerade mal ein halbes Zimmer mit ein paar Fotos zu
dem Thema eingerichtet, ich las auf einer Tafel, daß

die unselige, enge Verknüpfung Bayreuths mit dem Nationalsozia-
lismus allgemein bekannt und in den frühen zwanziger Jahren vor
allem durch das Haus Wahnfried und seinen Umkreis gefördert
worden war. – Ja!
es war so allgemein bekannt, so
allgemein bekannt, daß es bekannt war.
Und
hatten die hier nichts mehr aufgehoben? Gabs nicht einmal
die kleinste Wochenschau, kein
Foto, keine Rheingold-Ouvertüren mit Festspielglanz und
Flitter auf den Busen der Damen und
den Schulterstücken der angereisten Herren? Nein,
nichts davon in dem Museum, paar Fotos und
die Papptafel mit kurzem Text und noch ein bißchen
Ausblick auf versäumte Pracht, denn auf
dem Grünen Hügel hatte
so eine Art Akropolis ent-
stehen sollen, und überhaupt sollte die Stadt ganz umgebaut
werden, das
wurde sie auch, nach den Luftangriffen.

So wars in dem Museum, und bei so viel
Unverständnis meinerseits hab ich mich doch noch mal im
Rathaus angemeldet und
nachgefragt, aber ein netter Herr hat mir gesagt:
Ach, wissen Sie, es war doch
eine kurze Zeit.

Was
für ein schöner Satz, wie wahr: Es war
doch eine kurze Zeit. Natürlich, manchmal soll es schon geschehen
sein, daß
in einer kurzen Zeit
der Tod eintritt, und auch Pompeji ist ja wohl in einer Stunde
von Ascheregen, Lava über-
schüttet und wiederum für alle Zeiten festgeschrieben auf,
ja,
auf die eine Stunde - diese
kurze Zeit. Aber
das wären nicht die passenden Vergleiche, meinte
mein Gegenüber, der Wagner lebe noch und brächte
der Stadt viel Ruhm und viel Besuch, und
alles andere sei history, ja history, vorbei.

Wie hab ich aufgeatmet, als ich da wieder draußen war und abends in dem Wirtschaftsgarten unter meinem Fenster Leute traf, die anders zu der Sache standen. Zwei Männer waren das, die nacheinander an meinem Tisch saßen. Zuerst ein alter Mann, der sich ein Bier bestellte und auf die Frage, was die Leute hier zu der Stadtgeschichte meinten, freimütig sagte, er habe Hitler selbst die Hand gegeben, und seine Hand recht stolz besah. Damals war er bei der HJ im Fanfarenzug marschiert, und Hitler sei ein Mann gewesen, dem der kleine Junge damals nicht zu klein gewesen sei, ihn zu begrüßen, und dem man auch nicht alles in die Schuhe schieben sollte. Der Alte lobte den Gemeinschaftssinn, die Kameradschaft, die damals geherrscht hätten, einer sei für den anderen dagewesen, das gebe es heute nicht mehr, und am mangelnden Gemeinschaftssinn würde nun alles zerfallen. Auf Richard Wagner angesprochen, sagte er, er könnte gar nicht oft genug ins Festspielhaus gehen, und so fühlten die meisten Bayreuther. Nein, meinte er zum Abschied, wir stehen recht tüchtig hinter unserem Wagner.

Eine Weile saß ich alleine da, dann kam ein junger Mann, bestellte Bier und Wurst, und als ich den auf die Stadtgeschichte ansprach, sagte er, die sei schlimm genug, und der Wagner sei den meisten Leuten hier völlig wurscht, der habe sich die Stadt unter den Nagel gerissen, da wären die einfachen Leute gar nicht gefragt worden. Aber jetzt seien sie schon froh drüber, weils eben Geld bringt. Ich

war auch froh darüber,
daß mal ein bißchen Klartext übern Tisch kam, hier
in Bayreuth, an einem letzten, warmen
Abend, denn es war Regen angesagt, und sah mir so die Leute an,
die meisten waren jung und
lustig, und
alle sahen ab und zu nach oben, in
Richtung meiner Fenster, und das
tat ich mit Vergnügen auch.

Von Nürnberg weggerutscht nach Fürth

In Nürnberg war ich schon einmal gewesen, ich war
am Bahnhof angekommen und danach
aus irgendeinem U-Bahn-Loch
gestiegen, wo Punks mit Hunden auf der Straße lagen und
viel Betrieb war, eine Frau mit
schwarzen Locken und krummer Nase kleine, braune Brat-
würstchen verkaufte und jeden an-
machte dabei und schrie und redete und gellend lachte,
grad wie die schöne, junge Pfefferkuchenhexe, das
war mein Bild von Nürnberg dann geblieben.

Jetzt
gings von Bayreuth in der Mittagsstunde
in Richtung Nürnberg auf die Autobahn. Gewitter
kündigte sich an und
Regen tropfte bald
schön dick auf Dach und Scheiben von
meiner grauen Kuh, dem alten Honda, der glatt
da durchfuhr, durchs Gewitter eben,
an Wald vorbei,
die Berge hoch und
runter ins Tal der Pegnitz und
über sie hinweg und dann ihr nach,
und schließlich irgendwann sah ich Häuser
grau im Regen stehen,
viel Bahngelände, Gleise, Straßenbrücken,
das war der Stadtrand, übersichtlich,
leer, dann
wurde es glatter, voller, enger, im
Zentrum herrschte Kreisverkehr, und

ich wäre nie angekommen, wenn der erste junge Mann, der im Regen vorbeilief und mir den Weg erklären wollte, nicht eingestiegen wäre und mich durch den Verkehr dirigiert hätte. Als wir die richtige Straße gefunden hatten, verabschiedete er sich, stieg aus und ging im Regen den ganzen Weg zurück, so

empfing mich

Nürnberg.

Diesmal wohnte ich in einer Wohngemeinschaft. Das Haus ein Mietshaus, die Wohnung groß und übersichtlich. Es öffnete Eva, verschlafen, sie hatte sich nachmittags ins Bett gelegt, weil sie im Stadtteilzentrum DESI Nachtdienst haben würde, und zeigte mir zuallererst die Küche, die sie alle zusammen frisch renoviert hatten. Die Wände waren neu gestrichen, die Schränke, Fenster auch, und alle Stühle mit rotem Samt umhängt und rechts und links auf jedem Stuhlpfosten mit einer Goldkugel versehen, so standen sie wie Throne um einen Tisch herum, von dem ein Leopardenmustersamt bis runter auf den Boden hing. Eva sagte, das wäre erst gestern fertig geworden, denn sie hätten mich überraschen wollen, und ich

war

wirklich überrascht, es
war ja gotisch! Der Gral,
rief ich, und Eva

verstand nicht, was ich meinte. Sie kochte Kaffee und erzählte, wie es ihnen ginge. Es kam heraus, daß die vier Fürstinnen, die hier wohnten, ihre Königsstühle heute kaum besetzen würden, denn drei müßten jobben und die vierte würde nach Hause fahren, weil sie vom vielen Arbeiten schon ganz kaputt wäre. Eva studierte Sozialpädagogik. Als ich sie im Frühjahr kennengelernt hatte, arbeitete sie mit Drogensüchtigen, das war ein Praktikum gewesen, nun mußte sie ihre Abschlußarbeit vorbereiten. Eva war mit fünfundzwanzig aus Lindau zum Studium nach Nürnberg gekommen, jetzt war sie neunundzwanzig Jahre alt. Im Turnhemd saß sie da wie eine mächtige, müde Nixe, ungekämmt, ihre langen Haare lagen auf Schultern und Armen, und sie ging bald in ihr Zimmer, um weiterzuschlafen. Kathrin raste plötzlich durch den Flur, sie hatte einen Hefter vergessen und war gleich wieder fort, dünn und schwarz gekleidet wie immer. Als dritte kam Anita von der Arbeit, die darin bestand, für Druckwerke, in denen die neuesten Arbeitslosenzahlen zusammengefaßt wurden, Korrektur zu lesen. Zuletzt hatte sie viel zu tun gehabt, sagte sie, aber demnächst würde dieser Auftrag auslaufen, und dann würde sie diese Arbeit wohl verlieren. Wir setzten uns an den Tisch, der auf dem kleinen Küchenbalkon stand, von hier aus sah man auf den Hof und auf die Rückseiten einer Fabrik. In einer Wohnung unter ihnen wohnte der Hausverwalter, der die Frauen der WG ständig beobachtete und tyrannisierte, jetzt war er aber nicht zu sehen, und wir blieben den ganzen Abend auf dem Balkon, obwohl Anita eigentlich hatte nach Hause fahren wollen, um ihren alten Schrank mit Bienenwachs einzureiben, worauf sie sich schon die ganze Woche gefreut hatte. Anita stammte aus Schweinfurt. In schönem Fränkisch erzählte sie von einem Spartenvertrieb für Kosmetik, mit dem sie sich Geld dazuverdienen wollte. Dabei mußte man die Produkte selber kaufen und dann weiterverkaufen, das sei der Haken bei der Sache, und bisher hätte sie mit dem Verkauf noch gar nicht begonnen. Heute wäre ihr Tiefpunkt in der Angelegenheit, sie hätte schon zu ihrer Freundin gesagt: Grrad wir beide, die wo sich kaum trauen, einen Menschen anzusprechen, die wollen nun so was vertreiben! Klein und schmunzelnd saß sie da, mit einem runden Madonnengesicht und schwarz gekleidet. Ich hatte die vier Frauen immer nur schwarz gekleidet gesehen. Anita sagte, sie trage es, weil das schlank macht. Aber es sei auch Mode irgendwie, es sieht wichtig aus, sagte sie und lachte, wiichtik! Es wurde langsam dunkel auf unserm Küchenbalkon, Anitas Gesicht sah hell aus, nein, nicht hell, es schien zu leuchten. Das sagte ich ihr, und sie stieß entzückte Schreie aus, also wäre etwas zu sehen? Sie meinte die neue Kosmetik, die sie auch selbst anwenden mußte, was sie seit Wochen tat. Diese Kosmetik sei ohne Mineralöle, weil die schädlich seien, und sie habe eben auch das Gefühl ... ja, sie strich sich zufrieden übers Gesicht, aber wiederum, die Produkte seien teuer, allein die Algenpaste 88 Mark, aber nun hätte sie alle Lehrgänge hinter sich, es müßte losgehen, nein, rief sie, nein, es iist nichts für mich, ich zahl noch drrauf bei!, lief aber in ihr Zimmer, holte Tuben und Flaschen und zeigte mir wonnevoll die schwarze Algen-Paste. Gerade nach jeder Algen-Packung hätte sie das Gefühl der völligen Reinigung – aber genau waais mans ja nicht! Jedenfalls ihre Mineralölcremes hätte sie alle schon weggeworfen und stände nun vor einer Entscheidung. Dann fragte sie mich, was ich auf meiner Reise erfahren hätte, und ich sagte, ich hätte gesehen, daß die Fabriken verschwinden und die Burgen und Kirchen stehenbleiben.

Nürnberg

auf dieser Seite, wo die Frauen wohnten, war
türkisch. Kleine Läden mit
Teppichen und Gold, Gewürzen, Lebensmitteln waren
voll in Betrieb, Kinder und alte Leute liefen
die Straßen lang, und vor den türkischen Geschäften lagen
Papierblumen in Körben, gold-
verziertes Geschirr, Hauswirtschaftsartikel jede Menge, und
auf den Heizungsgittern vor den Supermärkten saßen
Penner, aber das
warn deutsche Männer.

Ich ging zu Fuß ins Zentrum, also
zur U-Bahn, die Station hieß PLÄRRER. Das
war ein runder Turm aus Feldsteinen gemauert, worin
die armen Sünder sitzen mußten und dann
weinten – so dachte ich zuerst, aber
es war gar nicht der Turm, es war der Platz, der

PLÄRRER hieß, ein Marktplatz früher, wo man eben plärrte,
das
sagte mir Anita, und das
stimmte auch nicht, wie ich später dann erfuhr, nur
woran der Name uns erinnern soll, das
hat mir niemand sagen können.
- Geheul, Geschrei, egal,
jetzt brüllte hier
der Kreisverkehr, davor mein U-Bahn-Eingang,
Treppen runter und
in der Fahrkartenverkaufshalle mit
Läden, Schaltern, Blumenständen
blieb ich stehn. Alles wie immer, aber
lange nicht gesehn.

Und außerdem so voll!
Liefen hier wirklich mehr
Menschen die Treppen rauf und runter als
dort, wo ich immer U-Bahn fuhr, dort in
Berlin? Ich weiß es nicht, auf jeden Fall, sie
liefen anders,
kamen mehr zu zweit, zu dritt, sie waren im Gespräch beim Gehen,
sie hopsten regelrecht und hüpften und
aßen eine Menge Zeug dabei,
es roch nach
Würstchen, Bier und Brezeln, Blumen, Apfelsinen, und
bunte Lichter flimmerten über den Ständen, das
war was andres als die trüben Korridore
der U-Bahn Ost- und West-Berlin. Lebendig war das, aber

arm. Eine tätowierte Frau in Elastikhosen kam mir entgegen, eine Büchse Bier in der Hand, eine Gruppe Männer stand in einer Ecke, von denen hielt auch jeder eine Bierbüchse umklammert, eine alte

Frau stolperte in einem langen, schlumpigen Kleid herum, auffallend die vielen billigen Nylonanoraks, billigen Taschen, zippligen T-Shirts mit großer Schrift auf Brust oder Rücken: N.Y. oder TRAINING oder 4 YOU oder ADIDAS. Das Wetter war umgeschlagen, es war kalt geworden, im zugigen Durchgang stand eine grell geschminkte Frau mit einem bunten Tüchlein um den Hals und hielt den WACHTTURM hoch, die Zeitung der Zeugen Jehovas. Ich fragte sie, ob es hier nicht zu kalt sei, und sie sagte, das sei nun mal ihr gewohnter Platz. Es war eine Polin, sie erzählte, daß sie mit Mann und Kindern seit vielen Jahren in Nürnberg wohnte, und es ihnen gut ginge. Sie seien eine glückliche Familie, weil sie alle in der Kirche mitarbeiteten, denn noch sei es ja nicht zu spät, die Menschen vor dem drohenden Weltuntergang wachzurütteln. Ob der denn so sicher sei, fragte ich, und sie zeigte nur um sich herum – Sie sehen doch. Stolz schenkte sie mir eine Zeitung mit der Bemerkung, ob ich eine andere wüßte, die zweimal wöchentlich in 125 Sprachen erscheine. Ich las sie in der U-Bahn, Thema des Heftes waren die Flüchtlingsprobleme in der Welt, auf Seite 10 waren ein Mann und eine Frau bei der Apfelernte gemalt, es stand darunter, bald würden sich alle Menschen wie wahre Brüder und Schwestern verhalten, und auf Seite 11 stand, ein Königreich Gottes würde bald alle Regierungen der Welt ablösen, dieses neue Reich würde ewig sein, und Jesus Christus würde darin herrschen. An der Station Lorenzkirche stieg ich aus, lief mit vielen anderen Menschen die Treppen hoch und stand vor einer gotischen Kirche. Es war ein weiter, belebter Platz, Menschen überall. Von da, wo ich stand, konnte ich zehn mittelalterliche Türme oder Turmspitzen auf einmal zählen, Musik war zu hören, eine Blaskapelle neben einem Hauseingang spielte Santa Lucia. Diese Männer trugen ebenso billige Jeans und Anoraks wie die Nürnberger, mit denen ich gerade U-Bahn gefahren war. Ein offener Trompetenkasten lag auf dem Pflaster, darin ein Pappschild: GRUSS AUS LETTLAND. An den Warenhäusern der Fußgängerpassage hingen grün-gelbe Fahnen

mit der Schrift: DAS BESTE ZUM SCHLUSS - SSV 29.7. - 10.8., es
gab frische Brezeln und Gartenblumen, und
leicht
wie ein Tourist bin ich dazwischen rum-
gelaufen, es war ja
Sommer in der Stadt, und viele Menschen
trabten
die Straßen hoch und runter und
um Ecken rum, ein Fluß floß auch recht träge
durch die Mitte, und schräg war alles angelegt und
schief und krumm, das machte Spaß, so durchs Gewühle und
Gedränge
zu laufen, und wenns zu viel war, einfach
wieder raus! Denn
um die Innenstadt da führt ein Mauerring, die Wand
ist hoch und dunkel und die Gasse, die
davor entsteht, beinahe menschenleer.
Ein paarmal lief ich an der Mauer lang, und wenn
der Eingang sichtbar wurde, ging ich
rein und ein
paar Stufen hoch, der Platz da oben ist so breit
wie eine Straße. Im Grunde ist um Nürnberg rum
so eine Mauer wie um China
aufgebaut, nur eben fränkisch und
gemütlich, also, es
wachsen Bäume drauf, und Bänke stehen
leer zumeist, es gehen
auch Menschen dort spazieren und sehen
auf Straßenbahnen unten, Autos, denn
um die alte Wand herum ist längst
die große Stadt gewachsen: Nürnberg. Hell, nicht dunkel.

Die Stadt der Reichsparteitage, der Rassen-
gesetze, des
Mittelalters und der Meistersinger ist
eine helle Stadt geworden, denn
beinahe alles war zerbombt und
ist nun neu gebaut.
Die Schätze
in den Kirchen hängen wieder
an ihrem alten Fleck, ich sah
die kleinen Engel von Veit Stoß, die in der Luft
um die Maria stehen!
Ich sah
Madonnen auf den Mondsicheln, von der Art, die schon
den Dichter Döblin in die Knie zwangen in
Warschau, 1925.
Sie waren hoch
an Häuserecken angeschraubt, und jede lächelte das Lächeln
einer Sphinx. Ich sah

den goldnen Brunnen auf dem Markt. Das war der Haupt- und Obstmarkt. Stände waren aufgebaut, es gab viel Gemüse, Obst, Kräuter, Käse, Eimer voll Blumen überall. Zwei junge Frauen mit einem Kinderwagen blieben am Brunnen stehen und stiegen die Stufen zum Gitter hoch, um einen Ring zu berühren. Sie erklärten mir, daß es ein nahtloser Ring ist, und daß er Glück brächte. Da stieg ich auch auf die Stufen und stellte mich auf die Zehenspitzen, um den Ring zu erreichen. Er ließ sich drehen und glänzte vom vielen Streicheln. Gegenüber stand

die Marienkirche,
die jeder Frauenkirche nennt, eine
dicke, breite Glucke, fest
auf dem Pflaster. Ringsrum.
die Menschen schwatzten, so beim Gehen, Sitzen,

An-der-
Brezelbude-Stehen, sie
waren einfach angezogen, nie
besonders schrill oder verwegen,
sie schien
nicht eitel jedenfalls, die Stadt, und
auch nicht reich, und immer
alt
und jung zugleich.
Zum Beispiel fahren sie
mit ihrer U-Bahn zu der Bärenschanze. Und
auch die Punks, die
ich dann wieder traf, an einem Tunnel, der
die Altstadt mit dem Bahnhofshaus verbindet, die
lagerten da auf dem Pflaster gegenüber
der hohen Stadtmauer, in schwarze Turnhemden und andre
schwarze Lumpen gekleidet, glatzköpfig, mit Ketten um die Hüften
neben ihren Schäferhunden, wie
Menschen aus dem Mittelalter oder eben
moderne
Reklame für die alte Stadt. Nur

als ein Junge taumelnd auf mich zukam, der die Augen so verdreht hatte, daß bloß das Weiße darin zu sehen war, und ein anderer ihm nachlief und dessen nackte Schultern umarmte und so auf diesem hängend ihn zurückschob zu der Gruppe, und auch dessen Blick war glasig und starr, da fand ich es nicht mehr possierlich und drückte mich an diesen Jungs vorbei wie alle andern Leute auch, und stand
dann wieder auf der Brücke über dem Fluß, der Pegnitz heißt, und vor
dem Heilig-Geist-Spital, in dessen Kirche
für Jahrhunderte an Ketten

das Schatzkästlein des Deutschen Reiches hing, mit
Reichsapfel und Krone, jetzt
steht es im Museum, aber leer. Von irgendwo
roch es nach warmen Lebkuchen,
ich ging zurück und kaufte mir ein dickes Stück in
einer kleinen Schachtel, es war
mit Mandeln und Orangenschale belegt und
warm, und damit
in der Hand lief ich
zu Dürers Haus, an alten Kirchen, Häusern, Plätzen
vorbei und
fühlte mich die ganze Zeit so
in der Mitte
von etwas, ja, wovon, dem Reich oder
der Zeit?

Das Reich, das Reich, ich hatte das so vor mich hin-
gedacht, es stimmte nicht, die vielen Karten, die ich hatte,
zeigten
mir Nürnberg einfach nur im Süden Deutschlands, das
war heute, aber ich blätterte zurück in meinem
Putzger-Atlas zur Geschichte, und

im Deutschen Reich bis 1919, das ein großes Preußen wie einen Flügel in den Osten schob, da lag die Stadt extrem im Westen und im Süden. Vor der Reichseinigung von 1871 hatte Nürnberg nicht zum Norddeutschen Bund gehört, sondern lag in Bayern, und dort ganz im Norden. Davor gehörte Bayern zum Rheinbund, und darin lag Nürnberg in der Mitte, und davor sah es kompliziert auf meiner Karte aus: Fürs Jahr 1803 war Preußen wesentlich bescheidener eingezeichnet, ein roter Strich war um viele, bunte Flecken gezogen, und in diesem Fleckendurcheinander war Nürnberg eine freie Reichsstadt ziemlich in der Mitte des rot umzeichneten Gebiets.

Unter dieser Karte stand: DEUTSCHLAND 1803 NACH DEM REICHSDEPUTATIONSHAUPTSCHLUSS. In der Erklärung dazu las ich, Napoleon hätte 1799 die Macht in Frankreich übernommen und ein Jahr später Österreich geschlagen. Im Bund mit Rußland hätte er entschieden, daß das ganze linke Rheinufer zu Frankreich käme und die davon betroffenen weltlichen Fürsten dafür mit dem Besitz der geistlichen Fürstentümer und den freien Reichsstädten entschädigt würden. Sehr zur Freude Preußens, denn damit wäre das alte Kollegium der deutschen Reichsstädte aufgelöst worden, im Reichsfürstenrat wären die Protestanten nun in der Mehrzahl gewesen, und überhaupt hätte die alte, deutsche Tradition damit ein Ende gehabt, ja welche denn, ich schlug

noch ein paar

Seiten weiter zurück, da war der rote Strich ja
immer noch die Grenze für viele Flecken, und
Nürnbergs roter Freier-Reichsstadt-Fleck sehr
groß und deutlich in der Mitte von diesem bunten Land,
und das
war das Heilige Römische Reich.

Es hat von etwa 962 bis 1806 bestanden. Im Inneren der roten Linienführung stand: Königreich Böhmen, Mark Brandenburg, Pommern, Braunschweig-Mecklenburg, Niederlande, Herzogtum Bayern, Erzherzogtum Österreich, Luxemburg, Land der Eidgenossen, Herzogtum Savoyen, Herzogtum Burgund und ein Haufen bunter Flecken im Westen Deutschlands und im Norden Italiens, deren Namen ich nicht entziffern konnte. Augsburg, Nürnberg, Frankfurt, Köln und Leipzig waren als rote Vierecke eingezeichnet, was bedeutete, daß sie um 1550 etwa 50 000 Einwohner hatten. Sie lagen alle an großen Handelsstraßen, aber die meisten Straßen führten durch Nürnberg: Eine Straße von Brügge und Gent nach Breslau und Prag, eine von Lübeck nach Venedig, eine andere von Nürnberg nach Salzburg und Wien, hier

war
die große Kreuzung aller Wege, es war
die Mitte! - Mal gewesen.

800 Jahre lang! Das
tritt sich in die Erde ein, das geht
so schnell nicht weg, und außerdem, der hohe und geschloßne
Mauerring, der hielt
die Mitte fest wie
einen Edelstein. Drei
Straßenringe liefen auch noch wie
drei Kreise
darum herum, und diese Stadt der Kaufleute, die
ganz Europa Ware lieferten, ist
immer frei gewesen und nur dem Kaiser untertan,
den
deutschen Kaisern, die alle Nürnberg auch
bevorzugt und geliebt haben, bis eben dann
der andre kam, der Kaiser der Franzosen, der
stand mehr auf Paris, auf Warschau, Wien, auf
jeden Fall,

er hat dem Kurfürsten von Bayern für militärischen Beistand die Königswürde verschafft und Nürnberg geschenkt und Nürnbergs Reichsschatz nach Schönbrunn gebracht. In Wien, da liegt er heute noch. Das war 1806, seitdem gehört Nürnberg zu Bayern. 40 000 Bayern mußten den Rußlandfeldzug mitmachen, und noch im September 1813 kämpfte Bayern auf Seiten Napoleons, ließ sich aber heimlich von Metternich seinen Besitz und seine Souveränität bestätigen und erklärte Napoleon im Oktober den Krieg. So

war

der frisch erhobne König klüger als
der Sachse, der die Lausitz dann an Preußen auch verlor,

ja,
Nürnberg mußte bayerisch bleiben durch
schlaue Politik.

Von bayerischer Politik erzählten auch Eva und Kathrin, als ich sie abends in der DESI besuchte, diesem Stadtteilzentrum, wo beide im Kneipenkollektiv arbeiteten. Die DESI war ein niedriges Gebäude auf einem Hügel und soll einmal eine Desinfektionsanstalt gewesen sein. Sträucher wuchsen um das Haus herum. Die Gäste standen schon Schlange, jedem wurde für fünf Mark ein Stempel auf den Handrücken gedrückt, dann durfte er rein. Innen unterschiedlich große dunkle Räume mit rohen Mauerwänden und ein langer Tresen. Dahinter stand Eva und füllte Biergläser. Auf der Wand über ihrem Kopf rannte ein bunter, kleiner Trickfilmindianer mit einem Kriegsbeil wütend gradeaus. Es war ein Kleinbildfilmstreifen, der auf Schleife lief. Die ganze Nacht rannte der Indianer mit dem Kriegsbeil über Evas Kopf in Richtung der Tür des großen Saals, später half Kathrin Eva, und beide füllten Biergläser oder spülten sie, stellten sie auf den Tresen oder nahmen sie herunter und bekamen fünf Mark dafür oder gaben zwei Mark als Pfand für ein leeres Glas zurück. Tücher hingen an den Decken, gerafft und farbig beleuchtet, Lichtreflexe und bunte Spiralen flimmerten unentwegt, dazu Musik aus großen Lautsprechern, so laut, daß ich glaubte, mir tritt etwas in den Bauch, aber gerade um die Lautsprecher herum standen nickende und zuckende Leute, die Tanzfläche war zuletzt so voll, daß man sich kaum durchschieben konnte, die anderen Räume auch. Es wurde mehr geraucht als getrunken, das Publikum war Ende Zwanzig oder Anfang Dreißig. Alle, mit denen ich sprach, hatten einen Beruf oder lernten irgendwas, aber die wenigsten hatten feste Arbeit. Sie erzählten das ruhig wie eine Selbstverständlichkeit und schienen Stammkunden in diesem Stadtteilzentrum zu sein, das frei war, und das hieß, es bekam Geld von der Stadt, durfte sich aber selbst verwalten und mußte seine

Ausgaben nicht begründen. Kathrin erzählte, daß sie viel Geld für Asyl- und Flüchtlingsarbeit verwendeten, dafür sei eine Frau angestellt, die schon vielen Menschen helfen konnte. In Nürnberg gebe es noch ein anderes freies Jugendzentrum, das KOMM. Seit die SPD Nürnberg 1996 nach fünfzig Jahren Regierungszeit an die CSU verloren hat, seien die beiden freien Zentren ständiges Angriffsziel des neu gewählten Stadtrates. Die Gelder für die DESI seien sofort stark gekürzt worden, und für 1998 habe die CSU ihren Wählern versprochen, die DESI zu schließen. Als ich nachts nach Hause ging, fuhr immer noch ein Bus, aber er hielt an einer ungewohnten Stelle. Dadurch irrte ich unbekannte Straßen entlang, nahe der Wohnung, zu der ich wollte. Es war warm, die Türen vieler Gaststätten geöffnet. Junge Türken standen davor und redeten, lachten, die ganze Gegend war belebt von Gesprächen, Licht und Musik aus offenen Fenstern, da

verließ mich meine Lust, nach Hause,
ja immer nur nach Hause zu laufen, und
ich hätte mich gern dazugestellt, aber
das wäre nicht gegangen, wie
hätt ich das begründen sollen, das
warn die Ausländer, die da so lachten und
in der warmen Nacht hier einfach so
gemütlich standen, die kannte ich nicht, die sprachen
anders, aber deutsch
verstanden sie doch auch! Egal,
da war
eine Barriere zwischen uns, oder bei mir
im Kopf oder im Herzen, nachts in
Gostenhof.

Das
spürte ich genau und dachte, morgen, auf jeden Fall
werde ich morgen

– bei Tageslicht dann eben – mal
mit Türken reden, die
hier leben.

Und hab es nicht geschafft. Es ist mir nicht gelungen. Ich ging zu ATAMAN PAZARI in der Gostenhofer Hauptstraße, im Fenster hingen Kupferkessel und Geschirr, der Laden war sehr groß, es gab alles, vom frischen Gemüse bis zu Teegläsern und sogar eine Ecke mit einem Imbiß. Auf Hockern saßen dort junge Männer und aßen frische Döner oder andere warme Happen. Die Kunden waren ausnahmslos Türken. Ich versuchte, mit jemandem ins Gespräch zu kommen. Zuerst kramte ich zwischen den Kupferblechen und Kupferschüsseln herum. Ich fragte einen Verkäufer nach dem Preis und danach, ob ihm der Laden gehöre, aber er antwortete einsilbig und ging schnell wieder zu seinem Stand zurück. Zu einer Frau, die sich Auberginen ansah, sagte ich etwas über das Gemüse, worauf sie nickte und weiterging, und das Mädchen an der Kasse verstand mich überhaupt nicht, es sprach kein Deutsch. Da
hätt ich schier
verzweifeln können, denn
sie sahen mir wohl an, daß ich sie nur
befragen will, weil sie die andern sind, die
Fremden, die, mit denen
ich eben nirgendwo so einfach in dem Leben,
das ich führe, rede, nein!
Dabei sind sie ja da, sind immer mit
im Bild, aber wir gehen aneinander
streng vorbei.

Wie
oft hatte ich mich gefragt, warum
bei Goethe keine Juden in den Texten vorkommen, wo
doch in Frankfurt und in Leipzig damals viele Juden lebten,

aber das wars, dem gings
genau wie mir
in Nürnberg hier! Sie waren da und kamen doch
nicht vor, ich mußte mir so ein Gespräch vornehmen,
krampfhaft überlegen, was
ich sie fragen könnte, so, als Türken eben, nein,
das ging nicht und das sollte auch nicht sein!

Also verließ ich ATAMAN PAZARI, den
schönsten Laden eines Türken, den ich seit langer Zeit
gesehen hatte, und
habe es nicht mehr versucht.
Statt dessen bin ich, weil ich ratlos war, an diesem Tag
zur U-Bahn runter und in Richtung Fürth
gerutscht.
Das geht.

Das ist das Wunderbare an
der Stadt, man nimmt die U-Bahn, und man fährt
nach Fürth!

In zehn Minuten oder fünfundzwanzig, das
weiß ich nicht mehr, jedenfalls,
am Stadtrand taucht die Bahn ans Licht,
man sieht
das Stammhaus QUELLE und das Stammhaus von
TRIUMPH, der Schreibmaschinenfirma, und
viele Arbeiter dazu, die auf dem Bahnsteig stehen und
warten, und schon gehts wieder runter
untern Boden
in eine Halle aus Beton zur
Endstation. Ein Mann ruft:
Füüüüüüt!! Rolltreppen rattern,

Tunnelkorridore
führen den Gast in jede Richtung, vor, zurück, und
hat er Glück, erwischt er diese Treppe, die ihn
hoch –

Das kleine Fürth
lag in der Sonne, und wir hatten schon August.

Fürth war die Industriestadt neben Nürnberg, im Kern standen alte Fachwerkhäuser und Straßen mit dicht aneinander gebauten Mietshäusern. Das waren feste, dreigeschossige Häuser, aus Sandsteinquadern zusammengesetzt, mit großen Toren und gepflasterten Höfen. Hier hatten die Industriearbeiter gewohnt. Weil Jakob Wassermann hier geboren war, war ich im Frühjahr in Fürth gewesen, denn seitdem ich Wassermanns in den Jahren 1932 und 1933 geschriebenen Roman »Joseph Kerkhovens dritte Existenz« gelesen hatte, ein geheimnisvolles Buch über den Wahn, in dessen altmodischer Romanhandlung und Erzählweise überraschend ein zweiter, moderner Roman versteckt ist, in harter und direkter Sprache, versuchte ich, mir ein Bild von diesem Schriftsteller zu machen. Die Heimatpflegerin Barbara Ohm war damals mit mir durch die Straßen gegangen, sie hatte von dem kleinen Jakob erzählt, der eine böse Stiefmutter gehabt hatte und lieber tot sein wollte, als nach Hause zu gehen. Wir hatten vor drei Häusern gestanden, in denen die Familie gelebt hatte, und vor jedem hatte sie mir ein Stück von Wassermanns Leben erzählt. In der Blumenstraße, in der Theaterstraße, in der Mathildenstraße. Diese Häuser hatten alle gleich ausgesehen. In einem bin ich die steile Treppe zu den Wohnungstüren der ersten Etage hochgegangen, die klapprig und alt waren. Der alte jüdische Friedhof grenzte direkt an die Blumenstraße, dort stampften wir durch hohes Laub und suchten das Grab von Wassermanns Mutter, fanden es aber nicht. Später saßen wir in der Pizzeria eines Neubaugebietes, und sie erklärte mir, daß auf dem Platz vor unserem Fenster einmal vier Synagogen gestanden hatten. Nun stand da eine tropfenförmige Plastik. Von Frau Ohm bekam ich die Adresse einer alten Jüdin. Ich besuchte sie in ihrer Wohnung nahe beim jüdischen Krankenhaus, das im Gebiet der Sandsteinstraßen hinter schmiedeeisernen Gittern frei stand, als einziges Haus, und verfiel. Die Frau war etwa 70 Jahre alt und bewohnte nur ein kleines Zimmer und eine Küche. Sie wußte alles besser, war mißtrauisch und schimpfte über die neu ankommenden russischen Juden. Trotzdem unterhielten wir uns gut, denn sie war auch amüsant, und sie nähte dabei etwas mit der Hand, das war gemütlich. Gleich um die Ecke in der Hellmannstraße stand das alte, jüdische Waisenhaus. Die Straße war nach dem Lehrer Hellmann benannt, der sich mit den letzten 33 jüdischen Waisenkindern hatte deportieren lassen und ermordet wurde, obwohl er hätte emigrieren können. In Fürth hatte ich auch Georg kennengelernt, einen Töpfer, der einmal in Leipzig gewohnt hatte und dort von der Staatssicherheit bedroht wurde. Man hatte seine Wohnung ausgeräumt und sogar die Dielen herausgerissen, um Flugblätter zu finden, die er verteilt hatte. Nun saß er in der winzigen Werkstatt eines Fachwerkhauses und drehte Teller und Töpfe, um sie auf Märkten zu verkaufen. Die Werkstatt lag an einer Fachwerkstraße, wo es auch Cafés und Restaurants gab. Alle diese Straßen, von denen ich erzählt habe, lagen auf einer Anhöhe. Lief man bergab, kam man in die Flußgebiete der Rednitz und der Pegnitz. Diese Flüsse fließen um die alte Innenstadt von Fürth herum. In ihren Tälern ist oft Hochwasser, deswegen konnte man dort nie bauen, und so lag das alte Fürth in der modernisierten Nürnberger Umgebung wie eine Insel aus einer vergangenen Zeit.

So wars
im Frühling damals. Jetzt sah ichs wieder, und
was ich vergessen hatte:
Es liefen Kinder überall und
spielten Ball und hopsten auf den Straßen, aus

Autos tönte laut
Musik, und schwarzgelockte Männer saßen
drin und redeten und lachten. In dieser Stadt, die
ihren Juden immer
mehr Freiheiten gegeben hat als
sonst in Deutschland irgendwo ein Ort, da
wohnten heute
Ausländer, die lachten!

Das sah ich staunend, und
da wurde mir erst klar, wie doch
die Fremden hier bei uns in Deutschland so ernst
und so entschlossen blicken, so
gefaßt.

In Fürth schiens mir an manchen Ecken überhaupt,
als ob ich schon im Süden wäre – bunt
war es, und
alles auf der Straße, und
die Kinder eben. Die rannten
nie alleine, immer viele, in
Gruppen, Rudeln durch die Stadt,
und
gute Laune steckt ja an. Ich
nahm sofort ein Buch von einem Stapel, den
ein Antiquar in einer Kiste vor die Tür gestellt hat, es
hieß DIE DÄMONEN UND DAS BLAUE BAND und war
im Jahre 1927 in Berlin erschienen, aber
in Nürnberg hergestellt, bei Frankendruck, und das
war ein Roman, und der ging so:

»Der kräftige Mann saß in einer Ecke der geräumigen Küche, wiegte sich im Schaukelstuhl, hatte den steifen Hut im Genick und sah bald nach dem jungen Mädchen, das am großen Tisch saß, bald über das glänzende Tuch seines blauen Anzuges hinweg auf die Spitzen seiner teuren Lackschuhe.« Der da saß, war ein Mister Racke in Brooklyn, New York. Ein Herrmann Horn hatte es geschrieben und ein Maler Müller geheimnisvolle Zeichnungen in die Anfangsbuchstaben der Kapitel gestrichelt, auf denen immer Mister Racke zu sehen war, einmal im Frack, einmal nackt vor einem Spiegel, einmal auf hoher See. Das

ganze kostete nur eine Mark, damit
ging ich nun in Fürth die Straßen lang, vorbei
an dem Theater, das
so wunderschön und riesengroß wie leer und
abgeschlossen war, zur Pegnitz runter, ihrem Park, wo
Frauen Kinderwagen schoben, Radfahrer schnell
vorüberdüsten. Es war sehr still hier unten, nur die Pegnitz
rauschte lustig nach dem vielen Regen, ich
lief ein Weilchen neben ihr und
las dabei ein bißchen über Mister Racke, der sich gerade große
Geldgeschäfte in Japan
überlegte,
stieg aber bald
den Hügel wieder hoch und suchte
das Fachwerkhaus, in dem der Töpfer sitzen mußte, wir

waren verabredet. Georg sagte, er hätte in dieser Nacht einen schlimmen Traum gehabt, von dem er nur noch wüßte, daß man ihn an den Haaren gezogen habe. Er trug seine langen Haare im Nacken zusammengebunden. Die Kopfhaut schmerze ihm immer noch, sagte er und setzte Teewasser auf. Da er sehr groß war, bewegte er sich langsam, um die vielen frisch gedrehten Dosen und Becher nicht umzureißen, die überall standen und trockneten. Vorzugsweise waren sie zylinderförmig mit spitzen Deckeln, und alle schachbrettartig bemalt. Er erzählte, daß er einen neuen Laden bekäme, mit einem Schaufenster zur Straße, hier ganz in der Nähe, und daß es auch Zeit würde, denn er habe keine Lust, ewig ein Geheimtip zu bleiben. Ich sollte ihm von Berlin erzählen, wo er auch lange gelebt hatte und gerne wieder einmal wäre, aber nicht für lange, denn in Fürth habe er Wurzeln geschlagen. In Berlin, meinte er, müßte man alle Beziehungen immer wieder neu aufbauen, und alles wiederhole sich immerzu, in einer kleinen Stadt dagegen, da stoße man auf das Verborgene. Hier sei man verflochten, eingeflochten. In was? Er lächelte – tausend Fäden, und lobte Fürth, von dem er sagte, nirgendwo in Deutschland würden so viele Religionen ausgeübt wie hier, und nirgendwo gebe es auch so viele Ausländer, anteilmäßig gesehen. Später zeigte er mir den künftigen Laden und sprach davon, daß er gerne nach Erlangen gezogen wäre, weil Fürth auch eine arme Stadt sei, wo er seine Keramik schlecht verkaufen könnte, und die Ausländer die Stadt auch kaputt machten, in gewisser Weise. Sie benutzten die Substanz, aber sie würden keine neue schaffen. Auf der Straße waren Tische für ein Weinfest aufgebaut, und immerzu faßte jemand Georg am Arm oder am Hemd und wollte mit ihm reden, das

waren wohl die tausend Fäden,

die

ihn hier hielten, es war auch eine Hand von einer
Lehrerin dabei, der er versprochen hatte, an
der Töpferscheibe Unterricht zu
geben, das
wollte er gleich tun und kehrte um, davor
rict cr mir noch, nach
Regensburg zu fahren, weil das die schönste Stadt in
Deutschland sei, und ich
ging weiter bis zu einem Telefon

und telefonierte mit der Heimatpflegerin Frau Ohm. Sie lud mich zu einem Abend ein, den sie mit ihrem Mann für Richard Volkmann geben wollte, einen Autor, der schon über 100 Jahre tot war. Ich sagte zu und sah dabei

durchs Glas der Telefonzelle, daß
diese wunderbare Bäckerei am Marktplatz
geöffnet hatte, die
in einer Häuserecke hinter
ornamentbedeckten Fensterscheiben den Kuchen noch
auf Marmortischen liegen hat, und Glöckchen hängen an
den Klinken! – da lief ich direkt darauf zu
und rein und hörte: Jetzt
ist Schluß!

Nach hundertundacht Jahren ist nun Schluß! Das sagte die Frau hinter dem Ladentisch. Die Bäckerei würde geschlossen. Ich fragte nach den Namen der flachen, runden Hefekuchen, die auf den Tischen lagen. Sie sagte, es sei alles nach alten Rezepten gebacken, und zwar lägen da: Zwetschenkuchen, Schwarzbeerkuchen, Streuselkuchen, Butteraniskipfel, Krapfen, Hefezöpfe, Kniescheiben, Zuckerbrezen. Ein besonderes Gebäck wäre immer der Wasserkringel gewesen, wo man Hefeteig in einem weißen Tuch in einer Schüssel gehen läßt. Diese Schüssel müßte so lange in lauwarmem Wasser stehen, bis sie sich darin zu drehen beginnt, dann könnte man den Teig ausrollen und Brezeln daraus formen. Aber es habe alles keinen Sinn mehr, sie würden schließen, es wäre nicht mehr schön. Gestern habe ein Mann in der Tür gestanden, da habe sie schreien müssen. Aber fort! Aber fort!, habe sie geschrien, aber fort! Die kommen her zum Stehlen, sagte sie, ich sollte mal aus dem Fenster sehn – kaum Deutsche. Ich sah aus dem Fenster, draußen trottete ein schwarzer Hund vorbei mit langen Brustwarzen. Da kaufte ich einen frischen Hefezopf und

ließ die kleinen Glocken noch
einmal erklingen und
dachte, ich könnte mal die alte Frau nahe vom

jüdischen Krankenhaus zum
frischen Kuchen einladen, und ging
nun wieder die Theaterstraße lang bis zu den hohen Gittern
und
den großen Bäumen
davor und dran vorbei. Die
Pflastersteine in der Einfahrt waren so alt, daß
Wagenspuren sich eingeschliffen hatten, ein-
sam und traurig sah es aus, das Haus, und
schwarz vom Ruß,
wie früher alle Häuser hier in Fürth.

Das Tor des Hauses, in dem die alte Frau wohnte, stand offen. Als ich an ihrer Tür klingelte, war sie da und öffnete. Wieder nähte sie etwas, ließ mich herein, und wir unterhielten uns. Auf meine Frage, was sie da nähe, sagte sie, es sollten die sieben Schleier der Salome werden, und zwar für einen Tanz, den sie selber vorführen würde. Das Problem dabei sei, welchen Stoff man für die Nacktheit des Körpers nehmen könnte, darüber wäre sie mit ihrer Freundin nicht einig geworden, die hätte gemeint, es müßte so ein Stoff sein, so Rosé mit Gold. Ich zog meinen Stift aus der Tasche und schrieb auf ein Stück Papier: Rosé mit Gold. Sofort riß sie mir das Blatt aus der Hand und schrie mich an, daß ich ihre Wohnung verlassen sollte, sofort! Ich stand auf, um zu gehen. Sie hielt mich fest und wollte wissen, warum ich das aufgeschrieben hätte: Rosé mit Gold. Weil es so komisch ist, sagte ich, Rosé mit Gold für die Nacktheit des Körpers, das könnte ich mir nicht ausdenken. Ich habs mir auch nicht ausgedacht, sagte sie, meine Freundin hat sichs ausgedacht. Es klingt so gut, sagte ich, so was gibts gar nicht, wie das klingt, nur darum hätte ich es aufgeschrieben. Das gabs ja auch nicht, sagte sie, den Stoff, aber das ginge keinen Menschen was an, und ich hätte es nicht aufzuschreiben. Ich ließ ihr den Zettel da und ging. Bis

zum nächsten Mal, so
dachte ich, es tat ihr ja schon leid. Den frischen Kuchen
klemmte ich
unter den Arm und zog nun die
Theaterstraße weiter, die
in einer leichten Biegung den
Hang etwas hinauf und
etwas wieder runter führt,
und schon
traf ich die alten Straßen wieder, die
Blumen- und Mathildenstraße, die
Wasser-, Rosen-, Gartenstraße,
die Marien-.

Sie
kreuzten alle die Theaterstraße,
und
erst an der Theresienstraße, da
waren alle Straßen
aufgebraucht,
und die Theaterstraße war zu Ende.

An diesem Ende hinter einem Bretterzaun, da
standen Ahorne und auch
Robinien in der Sonne, und Tische drunter und
ein Hüttchen, eine Bude regelrecht, aus der
ein Mädchen kam, mit schwarzen Locken wie
eine Prinzessin aus dem Morgenland, und fragte, was
ich trinken will.
A Weinschorle, a saure?

Die Kneipe hieß Bellevue und hat vielleicht
den kleinen Jakob noch gesehn, auf jeden Fall

sah sie hier täglich alle andern Kinder, die im Gebüsch
herumhuschten, ein großes, dickes Mädchen war
der Anführer. Auf

einer Brandmauer gegenüber waren alte Schriften zu lesen: FRANZ KÖNIG SCHREINERMEISTER, RICHARD ENGEL MALER UND TÜNCHEMEISTER. Sonnenflecken bewegten sich auf dem Tischtuch und fielen auf meine Weinschorle. Ich aß etwas von dem Hefezopf und las in einem Buch über Dürer, das ich in Nürnberg gekauft hatte. Es stand dort, daß er seine glücklichsten Zeiten in Venedig verbracht hatte, wo er zweimal hingefahren war, als in Nürnberg die Pest ausbrach, daß er in Deutschland als Maler nicht die großen Aufträge bekommen hat, die er zu seiner Entwicklung gebraucht hätte, und daß er von einer Zeitenwende überzeugt gewesen wäre, die alle 500 Jahre eintritt. Die Schorle stand auf einem Bierdeckel mit der Schrift: DAS GUTE ZIRNDORFER, DAS FRÖHLICHE BIER VOM LANDE, was mich wieder an Wassermann erinnerte, sein erstes Buch: DIE JUDEN VON ZIRNDORF, und nach einer Weile las ich nicht mehr, sondern sah nur noch den Kindern zu, wie sie sich riefen und versteckten, bis ein dicker Türke kam, der sie anknurrte, und sie wegrannten von diesem schönen Fleck am Ende aller Straßen. Aber
das stimmte nicht. Denn
als ich um die Ecke ging, war da noch eine
Straße, sehr kurz, und hieß: Mondstraße.
Die Mondstraße bin ich hinabgelaufen, paar
Schritte nur, dann stand ich an den Wiesen und
an einer kleinen Brücke übern Fluß.
Das Wasser, braun, floß schnell, Weiden ließen ihre Äste und
Blätter rein-
hängen, grün, und warfen Schatten, grün, auf
grüne Wiesen, wo die Sonne schien, hier
war alles Grün mit Gold.

In Nürnberg wollte ich noch das Reichsparteitagsgelände besuchen, eine Ausstellung über Nürnberg im Dritten Reich, Kirchen, Museen und die Bundesanstalt für Arbeit, aus der die Arbeitslosenzahlen monatlich gemeldet werden – ich habe mir das alles angesehen, aber beschreiben werde ich es nicht, es war zu viel. Es war

das Ärgste, was
man sich in kurzer Zeit
zusammenbacken kann: Ein Feldsteinturm, und drinnen
war ein Bunker! und
Hitlers Stimme tönt aus einer Ecke: Wie es den Tschechen geht,
wie es den Russen geht, das
interessiert mich nicht! Ob zehntausend russische Weiber an
Entkräftung umfallen beim Bau deutscher Panzer, das
interessiert mich nur soweit, ob der
Panzer fertig wird! – Und
paar Stationen weiter mit der Straßenbahn, da
war ich in der Bundesanstalt für Arbeit, zwei
Neubaublöcke, wo Leute seufzten in den Korridoren, die
Zahlen steigen, steigen – wie Wasser vor dem Überkochen,
sagte die nette Frau in der Bibliothek und gab mir
Zahlenmaterial. Schwer
war der Packen von Papier, und
ich fuhr weiter raus in gleicher Richtung und stand
dann an den Dutzendteichen, wo
die Reichsparteitage einmal im Jahr, und zwar wars im September,
500 000 Leute hier nach Nürnberg zogen. Beim
Rundgang um ein Colosseum, das vielleicht zehnmal größer ist als
das von Rom,
bekam ichs mit der Angst zu tun, und Flächen gabs da in der Nähe,
wo nichts wuchs auf der Erde, so
wie vor der Berliner Mauer, und
in den verschiedenen Museen, da erfuhr

ich, daß Nürnberg seine Juden nie geschont hat und
1349 das ganze, große
Judenviertel abgeräumt, drei Tage lang die Menschen
abgeschlachtet, die dort wohnten. Aus
Grabsteinen ihres Friedhofs
hatte man Treppenstufen in einem Turm der Lorenzkirche
gelegt, wo ihre Häuser standen einen Obstmarkt errichtet, und auf
der Synagoge die Frauenkirche.

Der Obstmarkt war der Markt mit dem Brunnen, dessen Ring
Glück bringen sollte. Auf diesem Markt soll
Nürnberg jedes Jahr einmal
die Reichskleinodien aus-
gestellt haben, den Apfel und die Krone, und grade hier
unter dem Pflaster sollen die
toten Juden aus dem Jahre 1349 liegen.
Das
war die Mitte.

Als
ich das alles nun gesehen hatte und notiert und
mich dadran beinah verschluckt,
ging ich
im Abendlicht noch mal von Lorenz zu Marien und
bemerkte, wie sanft
es hügelab ging und immerzu
der Sonne entgegen.
Auch abends waren die Straßen voller
Menschen, wieder fiel mir auf, wie lebhaft ihre Gesichter und
Bewegungen waren, die Madonnen
an vielen Häuserecken
lächelten und hielten ihren Sohn im Arm, und in St. Lorenz hob
Erzengel Michael sein

Schwert hoch in die Luft und sah dabei
so mild und so gelassen aus, so
gänzlich wunderbar. Und

das war auch mein Abschied von Nürnberg. Aber bevor ich abfuhr, war ich noch zu Gast bei der Familie Ohm. Ich glaubte, es würde ein Abend bei ihnen zu Hause sein, aber ein Kollege des Gastgebers, der mich abholte, fuhr uns an den Nürnberger Stadtrand, wo ein Haus offenstand, das früher einmal eine reformierte Kirche gewesen war und in das unablässig Leute hineingingen. Oben vor der Tür eines Saales stand Herr Ohm, begrüßte jeden Gast und stapelte neben sich Blumen und kleine Mitbringsel der Gäste zu einem Berg. Im Saal waren lange Tafeln für etwa 150 Leute aufgestellt. Auf einer Bühne stand eine Harfe. Niemand wußte so recht, wozu er geladen war, aber als alle sich gesetzt hatten, stieg Herr Ohm auf die Bühne. Er erklärte, daß diese Einladung an Bekannte und Verwandte der Familie tatsächlich keinen anderen Grund hätte, als den, den 125. Jahrestag des Erscheinens eines ihrer Lieblingsbücher zu feiern, von dem er gemeinsam mit seiner Frau alle vorhandenen Ausgaben besäße und immer noch weiter sammle. Es ging um TRÄUMEREIEN AN FRANZÖSISCHEN KAMINEN von Richard Volkmann. Ohm, der Chirurg am Fürther Krankenhaus war und den ich als Wassermann-Enthusiasten kennengelernt hatte, erzählte Volkmanns Lebensgeschichte. Der war ebenfalls Chirurg gewesen, hatte ein Instrument entwickelt, das die Chirurgen heute noch benutzten – längst sahen wir einen Lichtbildervortrag, und das Gerät erschien groß an der Wand des Saales –, dann sprach Ohm über Volkmann als national gesinnten Patrioten, einen Mann, der sich freiwillig zum deutsch-französischen Krieg 1870/71 gemeldet hatte. Die TRÄUMEREIEN AN FRANZÖSISCHEN KAMINEN hatte er in Frankreich als Märchen für seine Kinder geschrieben und in Feldpostbriefen nach Hause geschickt, bevor sie eines der meistgelesenen Bücher des Kaiserreiches wurden. Frau Ohm stand neben ihrem Mann, während er redete, einfach und zupakkend, und als er Anlaß und Person ausreichend erklärt hatte, begannen sie beide, ihre Lieblingsgeschichten aus dem Buch zu erzählen. Das waren die Geschichte von dem König, der kein Brummeisen spielen konnte, und von der Königin, die keine Pfeffernüsse backen konnte, sowie die Geschichte von dem gestohlenen Zauberring, bei dem man nur einen Wunsch frei hat. Zwischendurch musizierte eine Nichte, die in Paris Harfe studiert, und danach gab es reichlich und gut zu essen. Viele im Saal kannten sich, viele auch nicht, keiner von denen, mit denen ich sprach, hatte so eine Feier jemals erlebt, die Überraschung war groß, die Begeisterung ebenfalls. Wir saßen in einem hellen, großen Saal, bei Essen und Musik, alles war freundlich durchdacht – die Tischnachbarn, das Menü, die Nachhausewege. Obwohl einige es immer noch nicht glauben konnten, wurde keine Verlobung oder Silberhochzeit bekanntgegeben, es ging wirklich um ein Buch, das die beiden liebten, und wurde ein wunderbarer Abend.

An Regensburg vorbeigeschrammt

Der Weg dorthin war steil, ich bin
geflogen.
Dreimal die Autobahn gewechselt und geschafft!
Ein Haufen Silberbrocken fuhr da rum, Geschosse! Panzer!
Luftangriff! Und ich dazwischen, also
mit dabei, ja, wie die Pferde sind wir gejagt,
gerollt, gehetzt,
die Meute hinter uns, vor uns die Herde!

Recht hohe Berge standen da und schoben ab nach hinten, ein
Waldgebirge
nahm die Sicht, so zipflig, wipflig, grün, das war
die Alb, die Fränkische, da wollte ich auch hin,
und durch und weiter dann, bis
an die Donau ran. Daran lag Regensburg, die Stadt, die ich schon
immer sehen wollte, seit
wir im Pionierchor dieses Lied gesungen haben, das
bekannte, mit dem
Nix.
Ein Nix, und keine Nixe, nix, nix, nix!
Und Wasserstrudel! Regensburg!

Es war
mein Lieblingslied von allen Liedern, und wer das deutsche
Liedgut kennt, der weiß, es kommen viele
Städtenamen darin vor, aber
der ganze Chor, der liebte dieses auch
am meisten – Regensburg! He, schwäbische, bayerische Dirndl
juchheissasa, und so weiter,
hoch-

gestimmt erreichte ich die Stadt, aber
ein Wiedersehen unter alten Freunden
ist es nicht geworden, genau gesagt,
es wurde nichts mit uns.

In der Innenstadt war alles Einbahnstraße, ich konnte das Hotel nicht finden und beschloß das Auto stehenzulassen. Ich hatte die Wagentür noch nicht geschlossen, da änderte der einzige Mensch, der die Straße langlief, ein Mann, die Richtung, ging auf mich zu und sagte ärgerlich, daß mein Auto auf dem weißen Strich stände, und ich sollte es gefälligst ordentlich hinstellen. Als ich weiterging, kamen zwei alte Frauen des Wegs. Sie schoben einen Greis im Rollstuhl vor sich her, die fragte ich nach dem Weg zum Hotel. Die beiden Frauen riefen: HORTEN! Ich müßte zu HORTEN gehen, sie zeigten die Richtung. Der Mann wollte offensichtlich auch etwas sagen, sie schoben ihn bis auf einen Meter Abstand an mich heran und verstummten beide, als er den Mund aufmachte. Er sagte: Können Sie lesen?! – Das

war beinah zuviel, ich hätte
weiterfahren sollen, aber ich blieb
und suchte mein Hotel und fand es mitten in der alten Innenstadt, und fuhr mein Auto dann dorthin, denn ich
hatte ein Zimmer MIT
Parkplatz bezahlt nach diesem Anfang, und
das hieß, ich mußte in einer engen Gasse vor dem Hause
halten, den Wirtsleuten Bescheid geben darüber, daß
ich da bin, die
schlossen dann das große Gittertor auf, und
ich durfte hineinfahren auf ihren Hof, der
leer stand. Logisch. Aber

als ich dann angefahren kam, fuhr noch ein zweites Auto auf den Hof, und das Küchenmädchen, das herausgekommen war, um das

Tor aufzuschließen, schloß es auch sofort wieder zu und drückte mir das Schlüsselchen in die Hand mit den Worten, ich solle mir das Tor später wieder aufschließen. Ich trug meine Koffer ans Tor, inzwischen hatte die Familie aus dem anderen Auto auch einen Haufen Gepäckstücke vor das Tor gestellt. Es waren Mutter, Vater und ein erwachsener Sohn, bleich und riesengroß. Der Vater kam auf mich zu, sagte: Gehmse mal her! nahm mir den Schlüssel aus der Hand, steckte ihn in ein Schloß. Nichts rührte sich. Von hinten rief seine Frau: Da vorne an der Schranke, da mußte! Sie hatte ein tiefes, hohl klingendes Organ. Der Sohn rief: Da vorne, da vorne, sagt Mutti! Hab ich schon, rief der Vater zurück. Hat er schon, hat er schon, rief der Sohn. Hier ist auch noch eins, sagte ich, denn ich hatte ein zweites Schloß gesehen. Ja, hier ist noch eins, rief der Mann der Frau zu, aber das war auch nicht das richtige. Ich glaubte, ein leichtes Berlinisch in ihrer Sprache zu erkennen, und fragte danach, aber nein: Unser Standort ist Bremen! rief der Mann. Dann entdeckte er ein drittes Schloß, worin der Schlüssel steckenblieb, während der Sohn ein viertes Schloß fand, die Mutter brüllte, der Vater solle auf den Sohn hören, der Sohn schrie, der Schlüssel ginge sowieso nicht mehr raus, die Mutter rief, einer müsse in die Küche gehen, der Vater rief, es hätte was eingeschnappt in dem Schloß, der Sohn rief, wer in die Küche geht, solle mal gleich eine Zange mitbringen, der Vater brüllte, er habe den Schlüssel reingesteckt, er habe es getan, nun sei es passiert, die Mutter rief, nun sollte er wenigstens den Hund halten! – einen Hund hatten sie auch noch. Das Küchenmädchen wurde geholt, es brachte einen zweiten Schlüssel mit, den es in ein Schloß am Fuße des Tores steckte. Wie bei den ersten drei Öffnungsversuchen brüllte die Frau: Geht da weg da, nehmt die Taschen weg, jetzt geht es mit voller Wucht auf!, und der Mann schrie zum vierten Mal zurück: Nichts geht auf, siehst du das nicht?! Worauf das Küchenmädchen so erschrak, daß es beide Hände vors Gesicht schlug und wegrannte. Wir

waren eingeschlossen,

schleppten dann
unser Gepäck dem Küchenmädchen nach durch alle Räume
der Küche, die
auf überraschenden Besuch weiß Gott nicht eingerichtet war, das
machte nichts, aber
das Schwierige der Ankunft fiel mir langsam auf.

Das Hotel stand direkt in der Innenstadt, die Straßen waren eng und die Häuser alt, einigen waren Ornamente in die Mauern gehauen, Löwen. In Richtung Donau wurde die Bebauung moderner, parallel zum Wasser verlief eine Straßenzeile und versperrte den Blick. Erst, als ich einen Weg zu einer Brücke gefunden hatte, sah ich die Donau. Sie sah trübe aus und floß schnell. Auf dem breiten Ufer davor standen lange Tische, dort wurden Bratwürste mit Kraut serviert, und viele Menschen in gekrümmter Haltung saßen daran und kauten. Es war vollkommen still.

Da stand ich nun
am Donauufer in meinem grünen Kleid und
war enttäuscht. Die Donau sah ja direkt lauwarm aus!

Auf der anderen Straßenseite lehnte ein Mann mit dem Rücken an einer Hauswand, gekleidet in die Uniform einer schlagenden Verbindung. Aus seinem linken Hosenbein sah ein Gipsbein hervor. Ein Auto hielt, ein anderer Mann in schwarzem Anzug, weißem Hemd, Schlips und Schirmmütze stieg aus, half ihm beim Einsteigen, weg waren sie, und ich

hab ihnen nachgestarrt, denn
so was hatte ich noch nie gesehen, diese
Uniformen, und den Ernst dazu, die wichtigen
Gesichter. Warm war es auch, sehr warm
und schwül, es würde ein Gewitter geben, ich
kehrte um und sah
aus meinem Zimmerfenster bald den Regen

auf alte Dächer klatschen und auf diesem Parkplatz unten,
diesem Hof, recht große Flüsse bilden, die
beinahe drohten, unsre schönen Autos hinwegzuschwemmen, aber
zum Glück war ja das Tor verrammelt und verschlossen,
da kam nichts raus und auch nichts rein, ich
konnte ruhig ins Gewitter starren, auf
Hagel, Blitze, Dunkelheit über
der Stadt auf einmal, diesem Regensburg, der
Name hatte also seinen Sinn.

Wie zart war doch die Oder bei Lebus gewesen!
Die Elbe, wie lebendig, elegant, und nun?

Kein Radio im Zimmer, nur die Bibel, da
nahm ich mir das Buch von den Dämonen und dem blauen Band.

Der Mister Racke war ein Spekulant, der mit dem Dampfer von New York nach Japan fuhr und auf hoher See viele interessante Leute kennenlernte, die sich alle unentwegt Gedanken übereinander machten. Auch Millionäre waren darunter, und vor allem eine Frau, die immerzu unglücklich verliebt war, weil sie einen Dämon in sich hatte und deswegen dann auch ins Wasser ging. Mister Racke wollte die Frau retten, da setzte der Dämon sich in ihm fest. Er rettete also den Dämon, und es ging ihm nun sehr schlecht. »Momentan innerlich bankrott«, war sein Kommentar dazu. Er machte immer solche Bemerkungen, ich stellte ihn mir so ähnlich vor wie Hans Albers. Aber
die Sonne schien
bald wieder, und ich ging raus, denn schließlich war ich nicht
wegen Dämonen
nach Regensburg gefahren!

Die Stadt zweitausend Jahre alt, Castra Regina hieß

diese Festung, wo die Heerstraßen der
Römer endeten, und es kann hier gewesen sein, wo
sich das Volk der Bayern bildete, genaues weiß man nicht,
aber es heißt, als Rom verfiel und
ganz Europa für Jahrhunderte in tiefe Nacht
gestürzt ist, da wären viele Römer von denen, die
so hoch im Norden lebten, dort auch geblieben und
hätten sich mit den Germanen, die aus Osten kamen, vermischt.
Zusammen
wären sie dann alle als die Bajuwaren ins Licht der
Weltgeschichte ein-
getreten und
bauten sich ihr Herzogsschloß in Regensburg und einen
Bischofssitz, den
gibt es heute noch – nur eben,
irgendwann ist auch genug mit diesen alten Sachen. Die Wände
dieser Straßen, eng und bunt, die
störten mich auf einmal, es
gefiel mir nicht! Warum denn, gab es

einen Grund? Ich entdeckte sehr schöne Plätze, von alten Häusern umstanden, die schmal waren, hoch gebaut, viele wie Türme. Das war eine Besonderheit der Stadt, diese Wohntürme, eine Art Hochhäuser des Orients. Einem war auch noch ein jüdischer Grabstein als Trophäe ins Fundament gemauert, oder als Talisman. Je dunkler es wurde, um so mehr Menschen saßen auf den Caféhausstühlen, die auf den Plätzen standen, es wurde serviert, ein magersüchtiges Mädchen sang französische Chansons und spielte Akkordeon dazu. Mehrmals begegnete mir eine Frau, die sich ebenfalls allein die Stadt ansah. Eine Weile gingen wir zu zweit durch Regensburg. Die Frau war Sozialpädagogin aus Nürnberg, sie war arbeitslos, was sie nicht so schlimm fand, aber ihr Freund hatte sie gerade verlassen, und das war nun das erste Mal, daß sie alleine auf Reisen gegangen war. Immer wieder sagte sie, daß es hier wie in Italien wäre, und daß sie ihre Freundin nicht verstehen könnte, denn die wohne im Neubau, und wie könnte man in einer solchen Stadt im Neubau wohnen! Später saßen wir in einem französischen Café, eine Gruppe sauber frisierter Punks feierte am Nebentisch einen Geburtstag, ein junges Mädchen setzte sich ans Klavier und sang dramatisch klingende, selbstgedichtete Lieder, und meine Begleiterin wurde traurig und schweigsam. Noch später stand ich alleine vor den erleuchteten Fenstern einer Buchhandlung. Eines war mit Kafkas Werken dekoriert, eines mit Bildbänden über die Familie von Thurn und Taxis. Es war nun sehr dunkel in den Straßen, nur die Lichtreklamen leuchteten und warfen helle Flecken auf einen Löwen, der in Stein gehauen mitten an einer Hauswand sichtbar war, beinahe venezianisch, aber

ich war
an diesem Punkte angekommen, auf
meiner Reise, wo
ich endlich selber dachte:
History, is history, vorbei!

In Regensburg bin ich soweit gewesen, nur
Regensburg
war nicht soweit.

Ich bin natürlich in den alten Dom
gestiegen, am nächsten Morgen.
Sie haben da ein
Türchen drin, man windet sich wie
eine Maus hinein in ein ganz schwarzes Loch. Warum
nun eigentlich? Warum
gilt alles Alte eigentlich als gut und wird bestaunt? Es reichte
mir
nun langsam, trotzdem

bin ich noch brav
am Gartenzaun der Thurn und Taxis langgelaufen, auch hier
als Maus vorbeigehuscht, und habe erst danach mal als Tourist
Kaffee getrunken und gelesen. Das war auf einem dieser
wunderschönen Plätze, wo vor den Cafés viele
Stühle stehen, und Zeitungen gabs auch, der

STERN in dieser Woche brachte eine Fotomontage, die das Brandenburger Tor zeigte und ringsherum einen gigantischen Slum. Auf den darauffolgenden Seiten war zu lesen, daß die Wohlstandszonen gerade dabei wären, sich aufzulösen, es bald heißen würde: Made by Mercedes, statt Made in Germany, die Klassenspaltung heute zwischen Menschen verlaufe, die mit ihrer Arbeit Geld verdienten und Menschen, die Geld verlangten, um beschäftigt zu werden, und: Wir haben weniger als zehn Jahre, um den Zerfall unserer Gesellschaft zu verhindern. In der SÜDDEUTSCHEN fand ich die in diesen Tagen üblichen Klagen darüber, daß die Deutschen in Atlanta zu wenig Medaillen gewannen und eine ganzseitige Anzeige von OPEL mit dem Text: ES IST NICHT ALLES GOLD, WAS GLÄNZT, AUCH SILBER IST TOLL, FRANZI, DEIN OPEL.

Ich las und staunte noch, da
sah
ich am Rathaus eine große Fahne hängen, mit
Trauerflor, und wenn ich ehrlich sein soll, dachte ich, es wäre
etwas passiert, was Luft in diese Steinwelt
wehen würde, aber
die Leute gingen ganz gemächlich
unter der Fahne hin und her, kein Mensch
schien dieses Unglück, das da angezeigt war, zu beachten, und
niemand wußte was, wenn ich mich vorsichtig
erkundigte, und interessierte sich auch nicht, zuletzt
bin ich tatsächlich in das Rathaus
rein-

gegangen und habe nachgefragt. Es war
in Bayern Trauer angeordnet, weil Hans Katzer gestorben war,
Arbeitsminister. Mit
dieser Nachricht kam ich aus dem Haus dann wieder raus. Nun
wußte ichs und hätt es
allen sagen können, aber
es trauerte hier ganz alleine nur der Staat.

Touristen liefen überall herum, ich sah
viel Plastiksessel, viel Boutiquen, und Frauen immerzu in
langen Kleidern, das
sah hübsch aus und hatte alles die Tendenz, im
Kreis zu laufen. Ich lief da mit, und bald
hatte ich das Gefühl, ein
Püppchen zu sein in einer großen, mechanischen,
alten Stadt, die klappert, rattert,
die Geschäfte und die Tore
öffnet und schließt, die Sonnenschirmchen auf-
klappt und die Blechblumen
begießt
- oder eben nur ein überflüssiger Besucher.

Nach
ein paar Stunden brach ich aus,
aus diesen kleinen Kreisen, lief
von dem Zentrum weiter weg, da

kam ich in eine schmale Gasse, wo viele kleine Jungen eng nebeneinander auf der Bordsteinkante saßen. Sie hatten große Bücher vor sich liegen und zogen daraus Spielkarten hervor, die ich nicht kannte. Dazu sprachen sie Worte, die ich nicht verstehen konnte, eine Geheimsprache. Als ich fragte, was sie da täten, antworteten sie nicht. Direkt hinter ihnen stand die Tür eines bunt geschmückten

Ladens offen. Ich ging hinein, ein junger Mann in Bundeswehr-Uniform stand hinter dem Ladentisch, in dessen Vitrine eine Unzahl von Päckchen lag, auf denen stand MAGIC - DIE ZUSAMMENKUNFT. Es war ein Laden für Spiele. Er erklärte mir, daß die Jungs draußen MAGIC spielten. Das Spiel komme aus den USA und werde seit drei Jahren überall in der Welt an Universitäten und Schulen gespielt. Es sei eine Mischung aus Magie und Mittelalter. Ziel des Spiels sei es, den Gegner aus dieser Welt zu vertreiben und die Alleinherrschaft zu erringen. Es schien ein gutes Geschäft zu sein. Der Verkäufer sagte, es würden immer neue Karten erscheinen, und für ein gutes Spiel bräuchte man mindestens 300. Alte Serien liefen aus und würden nicht neu aufgelegt, so daß die alten Karten immer wertvoller würden und ertauscht werden müßten, was die Jungs da draußen gerade täten. Eine kleine Schachtel voll Karten, die der Verkäufer GRUNDBAUSTEIN nannte, kostete 15 DM. Ich kaufte mir einen Grundbaustein und sah mir die kleinen Metallfiguren an, die in Plastiktüten an den Wänden hingen. Sie sollten Tiere darstellen, aber ich verstand nicht, was für welche. Affen? Bewaffnet? Wo war der Kopf? Der Verkäufer meinte, diese Figuren gehörten zu dem Spiel WARHAMMER, das auch ein erfolgreiches Phantasiespiel sei, nur etwas härter. Was ich gerade in der Hand hielt, sei ein ORK, eine spezielle Kampfzüchtung zwischen Orang und Ratte. Meine Verwunderung amüsierte ihn, er war sehr geduldig und erklärte mir mehrmals die Rassen, die in diesem Spiel gegeneinander antreten. Es gäbe die Rasse der Ratten - das seien die Sklaven, die Rasse der Wikinger - damit seien die Nordvölker gemeint, die Rasse der Kislevs - der Ostvölker, die Rasse der Imperialen - die Deutschen. Außerdem gäbe es die Rassen der Zwerge, der Elfen, der Orks, der Chaos und der Untoten. Er holte eine Figur vor, die ihm gehörte, und zeigte, daß er sie bunt bemalt hatte, dann breitete er Bücher vor mir aus, die zur Erklärung jeder Rasse erschienen waren. Große, bunte Paperbacks mit Runen, Texten, Bildern von Rassentypen, Geheimschriften, Waffen, Rangabzeichen. Ein solches Buch kaufte ich auch. Es hieß CODEX ORKS, kam aus Nottingham, England, und kostete 40 DM.

In dem Hotelzimmer studierte ich die
Manuskripte. Ein winziges aus diesem Kartenspiel, das andre
groß und breit, und beide schwierig, das
hatte der Verkäufer angekündigt, man brauche
Monate, um alles zu verstehn!
Zum Beispiel diesen Satz auf einer Spielkarte von
MAGIC:

»Wenn das verzauberte Wesen auf dem Friedhof landet, fügt es durch die Bindung seinem Beherrscher Schaden in Höhe seiner Widerstandskraft zu.«

Es war die Karte KREATURENBINDUNG,
eine schöne, halb-
nackte Frau im Urwald war
darauf zu sehen, auf andern Karten meistens
Land im Nebel, Berge, Wald, ein Baum und
fürchterliche Ungeheuer.
Der CODEX ORKS schien einfacher zu sein,
alles war lustig dargestellt, der Krieg, der
Blutmatsch, schwierige Bewaffnung und wie man
einen kleinen Sklaven, einen Snotling oder Gretchin,
ins Feuer wirft oder zertrampelt, wenn
man grade mal so drauf ist,
war flott zu lesen, währenddessen
war es schon wieder Abend geworden, und
plötzlich
ging es los mit
Brüllen, Singen, rhythmisch Auf-die-Tische-Schlagen
– was war das, irgendwo im Haus oder im Hause gegenüber, da
randalierte was, nein, feierte auf militärisch und
besoffne Weise?

Es war schon Nacht, als ich zur Straße runter-
ging, das Zimmer suchte, diese Kneipe, irgendwo, da
mußten sie ja sitzen, die Burschenschaftler, dachte ich,
und würde sie mal sehen,
aber da draußen auf den Straßen war
alles still und dunkel, die Löwen steif
in ihren Steinklotzwänden,
die Pflastersteine feucht und
schwarz.
Kaum war ich oben, hörte ich es wieder,
das Trampeln, Johlen, Klatschen, Lieder
grölen, so
konnte ich nicht schlafen, aber nach
MAGIC - DIE ZUSAMMENKUNFT und CODEX ORKS
- ARMEELISTE UND KLANS,
stand mir der Sinn genausowenig, blieb
Mister Racke auf der großen Fahrt

nach Hokkaido. Er stritt sich mit einem alten Freund – Du hast ja'n Vogel!, schrie er ihn an, dabei spürte er seinen Dämon im Bauch, aber den hat er eines Morgens an der Reling aus eigener Kraft in den Sturm gekotzt, als ihm klar wurde, wen er liebt. Es war das Mädchen in Brooklyn, von dem im ersten Satz schon die Rede gewesen war. Danach ging es schnell, er telegrafierte ihr alles, sie telegrafierte zurück, sie heirateten, zogen nach Deutschland und kriegten lauter kleine Racker.

Das
war ein schönes Buch, beendet 1927, zehn
Jahre später waren dann die Racker zehn
Jahre alt, und heute sind sie neunundsechzig, das
dachte ich beim Einschlafen, und ob es von dem Weltenbummler
wohl
so richtig war, von Brooklyn über Hokkaido ausgerechnet

nach Deutschland dann zurückzugehen, aber
das war seine Sache.

Am nächsten Morgen bin ich vor der Abfahrt
schnell
noch einmal hingegangen zu dem Laden, da

saß ein kleiner Junge auf der Bordsteinkante mit einem Buch und wartete. Er sah klug aus. Es war anderthalb Stunden vor der Öffnung des Ladens. Ich fragte ihn, ob das Spiel nicht zu kompliziert wäre, und er meinte, das machte ja gerade Spaß, und das Zaubern, der Kampf. Er wollte es mir an den Karten erklären, zog eine, nannte sie einen Dämon, der unsterblich wäre, aber man könne ihn tappen, und es gäbe auch einen Gegenzauber. Das wäre anders als bei WARHAMMER, wo die Dämonen zum Chaos gehörten, das aus mutierten Typen bestehe, lauter Rassenmischungen. Das Chaos ist das abgrundtief Böse, sagte er, und dann ging ich zurück, trug meine Koffer in das Auto und versuchte, aus unserm großen Tor, das wieder offen stand, hinauszufahren. Als ich schon beinahe auf der Straße war, kam eine schöne Regensburgerin in einem BMW, die wollte rein und fuhr mit voller Kraft voraus, als ob ich gar nicht in dem Tore stände, ich rückwärts, fuhr beinahe einen Müllcontainer um und draußen dann

ein Auto an.

In Ingolstadt aufgeatmet

So wars. Schon auf der Autobahn
war ich erleichtert, nur
wieso war ich nun auf der Autobahn nach Passau?
Passau, das sollte doch
noch!
schöner sein als Regensburg. Nein,
erstmal war ich froh,
das Regensburg nun hinter mir zu lassen, denn
laufen konnte es ja nicht. Nur eben, Passau, aber
mir fiel nichts besseres in Richtung Süden ein, und in
den Süden wollte ich auf jeden Fall.
Der Atlas lag zwar neben mir, ich war aber zu froh,
um anzuhalten, und fuhr und fuhr nur erstmal
weg und hielt mich rechts, und plötzlich
war es eine Ausfahrtsspur, ich kam da
nicht mehr runter, es ließ mich niemand auf
die linke Seite, so
hat das Schicksal mich
von Passau weg-
gedrängt, ich hatte grad noch Zeit, zu lesen, wo-
hin ich überhaupt jetzt fahre, und
las auf einem gelben Schild den Namen
INGOLSTADT.

Marieluise Fleißer fiel mir ein, die Dichterin
aus Ingolstadt, die Frau, die Brecht nicht klein genug gekriegt
hat, um
sie in seiner Werkstatt arbeiten zu lassen, die Frau,
die ihre Stücke unter eignem Namen
geschrieben hat und später dann sogar

die Frechheit hatte, seine Korrekturen
hinauszuwerfen aus den Texten. Das
Ingolstadt war ihr Verhängnis, sie
wollte weg und konnte nicht, sie
hat es nicht geschafft, Provinz
hat sie verschluckt – so
heißt es ja und
fiel mir ein, und
daß sich auch in meiner Lebenszeit doch
immer alle einig waren, daß
man gehen muß, als Dichter, weg aus den warmen Ecken, und
warum nicht bleiben?

Die Gegend wurde flacher, und der Wald
verschwand.
Ich rollte in eine Ebene,
bepflanzt mit Hopfen, hell
sah das aus und heiter. Nur viele schwarze Spuren
auf Asphalt, die zick und zack von
einer Leitplanke zur anderen liefen
als
letzte Spur von einer letzten Fahrt, erschreckten mich, aber
man rollt und man vergißt, und irgendwann
da wurde alles drei-
spurig, die Aus- und Abfahrten nach Ingolstadt hinein, die
wurden angezeigt, ich wählte Nord, Ingolstadt-Nord, und
schon war wieder Stadtrand, Industriegebiet, und
eine glatte, breite Straße führte gerade auf etwas zu, die
Innenstadt vielleicht, da

hielt ich an einer Tankstelle. Drinnen scherzte eine alte Frau mit dem türkischen Tankwart, beide drehten sich um, als ich reinkam, und die alte Frau sagte an mich gerichtet, sie hat den Mann so gerne, daß sie schon manchmal zweimal am Tag herkommt. Ich zeigte das kaputte Blinklicht an meinem Auto, und der Mann erklärte mir, wo die nächste Werkstatt sei, er duzte mich dabei, es klang kameradschaftlich und nach einer Arbeiterkultur, die ich schon ganz vergessen hatte. Es war Mittag, draußen sah ich eine türkische Frau mit zwei kleinen Kindern vorbeilaufen, ein alter Mann mit einem Käppchen auf dem Kopf überquerte die Straße. Eine Stunde später hatte ich meine Koffer bereits ausgepackt und sah auf kleine Häuser, die in kleinen Gärten standen, Plattenwege, Schuppen mit Wellasbest auf den Dächern, Tomatenpflanzen, Zwiebeln, Erdbeerbeete. Mit

einem Wort, ich kriegte wieder Luft.

Mein Gasthof, befand sich in einer Arbeitersiedlung. Die Wirtin fragte mich, ob ich zu AUDI wolle, dieses Automobilwerk sollte sich in der Nähe befinden. Neben den Einfamilienhäusern fielen billige Mietshäuser der dreißiger Jahre auf. Wenn ich mit dem Bus in die Stadt fuhr, fuhren viele Türken mit oder stiegen hier aus, besonders Frauen und Mädchen. Ich sah eine deutsche und eine türkische Frau mit Einkaufstaschen nebeneinander sitzen und plaudern, als ich zum ersten Mal in die Stadt fuhr. Der Bus

fuhr leicht um ein paar Ecken
rum, am Busbahnhof, da blieb er eine Weile stehn, der
Fahrer, ein Türke, hatte Zeit, mit einer alten Frau
etwas zu reden, und

das verstand ich nicht, es war türkisch, dann stieg die aus, und für ein paar Minuten stieg ein junger Mann ein, wohl ein Bekannter des Fahrers. Er trug Bundeswehruniform und klagte über einen Verweis, den er wohl gerade bekommen hatte, worauf der Busfahrer entgegnete: A geh', nimms net so schwer!, der Soldat ausstieg, der Fahrer die Türen schloß, und wir weiterfuhren, hinein

ins alte Ingolstadt.

Die Stadt war ziemlich flach
gelegen, die Straßen gerade und die Häuser kamen
mir klein vor, hell und leicht, am
Rathausplatz bin ich ausgestiegen, um ein paar Ecken rum,
und schon
eröffnete sich eine ungewöhnlich breite Schneise, auf die
von beiden Seiten die barocken Giebel
der Häuserfronten sahen, so
wie in Holland, wie
in Amsterdam. Statt Wasser zwischen ihnen allerdings
Asphalt, viel Platz und Licht, sehr schräges Licht,
die Sonne
stand schon tief, die Ladentüren wurden
abgeschlossen, und Ruhe,
echte, alte Abendruhe, zog gerade ein.

Die Stadt ist deswegen nicht leer geworden,
an allen Ecken sah ich junge Leute stehen, reden und
im Gegenlicht
die breite Straße lang spazierengehen. Die
Straße hieß Theresienstraße.

Vor einem Café gegenüber der Münsterkirche standen Stühle auf dem Trottoir. Alle auf die Theresienstraße mündenden Gassen waren schon schattig, und deswegen ging ich nicht weiter, sondern setzte mich vor diesem Café in die Sonne. Die Münsterkirche war rot, alle Kanten weiß. Zwei riesige Ecktürme standen rechts und links vom Kirchenschiff, auch ihretwegen erschienen die Häuser ringsherum klein und der Himmel hoch. Die Tochter der Frau, die servierte, setzte sich zu mir an den Tisch, sah, daß ich mich mit dem Riesen nicht so recht anfreunden konnte, und sagte, das wäre ihre Kirche, und sie fände sie schön. Das Mädchen erzählte, daß es bald in die Schule käme, und begann mich auszufragen. Als es hörte, daß ich etwas schreiben würde, sollte ich: »Vertraue deinem Lieblingstanz und mach niemals Ende vor dem Schlußtag« in mein Heft schreiben, dazu noch Reime, fast alle handelten von Weihnachten. Die Mutter sah ab und zu argwöhnisch aus der Kneipentür, dann rief sie das Kind rein, und es verschwand in der Gastwirtschaft. Als die Sonne untergegangen war, wurde es kalt und kahl auf der Straße, die Stadt

war still geworden, der
Platz am Rathaus, wo die Busse fuhren, auch, Papierstücke
flogen herum, ein
Mädchen in Absatzschuhen stöckelte vorbei,
der Bus kam lange nicht und
war dann leer.

Am nächsten Morgen platzten die kleinen Nebenstraßen der Theresienstraße beinahe vor Menschen. Es sah aus, als ob in jeder Straße Markt wäre, überall gabs was zu kaufen und zu essen, ich hörte Spanisch, Italienisch, Russisch. Haufen von Kleidungsstücken lagen in Kisten und Körben vor den Geschäften, Warenhaustüren standen offen, Billigangebote waren auf die Straße geschoben, es war immer noch Sommerschlußverkauf. Das Kulturamt lag am Rand dieses Einkaufsgebietes in einer stillen Straße. Ich fragte nach jemandem, der für Literatur zuständig wäre, der Mann, der dann kam, schien wenig erfreut von der Störung und sagte sofort, die Fleißer wäre in der Stadt nicht unbedingt eine unumstrittene Figur, aber Ingolstadt verleihe seit 1981 einen Marieluise-Fleißer-Preis. Oh, sagte ich, und wie bekommt man ihn? Er sah mich nicht an, schüttelte nur den Kopf und sagte: Da gibts eine Jury, da gibts Statuten. Dann suchte er nach Unterlagen hierfür, kopierte sie, legte noch ein Faltblatt über die Literaturtage hinzu, die die Stadt ebenfalls ausrichte, nannte mir die Adresse ihres Geburtshauses und ihrer Schwester und hatte nun anderes zu tun. Ich las, daß die Bedingung für den Preis wäre, man hätte den Konflikt zwischen unerfüllten Glücksansprüchen und all-

täglichen Lebenswelten dargestellt, und mit den Zetteln in der Hand
stand ich dann wieder auf der Straße und

überlegte, ob die

unerfüllten Glücksansprüche in
meinen Büchern reichen könnten? Das
war wohl wieder mal ein Preis, der
seinen Preis hatte, na ja,
ich hatte schon verstanden, daß
ich nicht in Frage käme, aber
es ärgerte mich doch das feine, kleine, böse Wort vom
Anspruch auf das Glück.
Ach,
sei doch nicht so anspruchsvoll, Marieluise!
dachte ich und war schon weiter vorgelaufen, über
die bunte, enge Straße hinaus, aus der ich ja gekommen war,
und sah viel Grün und mittendrin

riesenhafte, gemauerte Teile, unerklärlich, was sie darstellen sollten. Als ich näherging, war auf einem Pfeil STADTMUSEUM zu lesen, über einen Wiesenweg lief ich drauf zu, unter einem riesenhaften Tor hindurch. Ein Schloß war das nicht, was da stand, zu dick und zu gedrungen alles. Die Räume innen prachtvoll, das Museum zeigte die Geschichte der Stadt von der Urzeit an. Ich sah die

Backenzähne von Elefanten, die man hier
gefunden hat, sie waren 10 Millionen Jahre alt! Und
Mammutunterkiefer aus der Eiszeit, und
Beile, Äxte, Klingenbruch, die alle
wunderbar gearbeitet, vom Feinsten waren, die
Gegend war wohl reich gewesen,
vornehm,
und technisch ganz weit vorn, ich sah die
Eisenschlacken von Verhüttungsplätzen, die Reste von dem

Glas der Kelten, die auch ein Industriegebiet
besaßen, nah bei Ingolstadt, bei Manching, da
soll vor 2200 Jahren die größte Keltenstadt von Nord- und
Mitteleuropa gewesen sein, bis dann die Römer kamen, und
von denen hatte man hier Geräte zum
Austernessen
ausgegraben, sie lagen fein und zierlich hinter Glas.
Die Austern sollen pünktlich zu den Jahreszeiten
von der französischen Kanalküste gekommen sein.
Die Donau wurde auf großen Tafeln liebevoll beschrieben als
ein Weltstrom, und
die Straße nach Byzanz, die in der Nähe hier
die Donau überquerte, wurde auch erklärt,
das wäre die alte Straße von Paris und
über Worms und heiße auch die Nibelungenstraße.
Das

alte Ingolstadt war als Modell von Jakob Sandtner, 1571, zu sehen, winzige Holzhäuschen um Kirchen herum - mit seinen roten Dächern und von der Mauer umschlossen sah Ingolstadt aus wie ein rotes Herz, an einen blauen Fluß geschmiegt. Auf dem Modell stand zu lesen: UND HAT DISE STAT 5000 SCHRITT UM SICH DER DONAU FLUS. Ich las, daß Ingolstadt das Zentrum der Feinde Luthers gewesen war, der Theologe Johann Eck hatte hier gepredigt, Kämpfe und Abschlachtungen der Wiedertäufer hatte es hier gegeben, auch die erste Universität in Bayern, die Jesuiten hätten sie dominiert und auch von Ingolstadt die Gegenreformation in Gang gesetzt, ihr humanistisches Programm, und

alles, was ich

las und sah, war
wunderbar im Raum zurechtgestellt und illustriert, die
schönsten Heiligenfiguren standen
in den Korridoren, Glas-

türen trennten und verbanden die
dicken Nischen, sogar
ein weißes Pferd stand ausgestopft
an meinem Weg, es soll
der Schimmel des Schwedenkönigs Gustav Adolf
gewesen sein, der vor der Stadt erschossen wurde – das
Pferd, der König nicht –, und hier
wird auch das Pferd geehrt, das sah ich und berührte es
mit einem Finger, es zitterte, niemand
hat es gesehen, ich war allein und fragte mich, wo
bin ich eigentlich?

Der Mann an der Garderobe hat mir erklärt, daß es der Kavalier Hepp sei, wo wir uns befanden, eine der vier Verteidigungskasernen, die in den alten Befestigungsring um Ingolstadt eingebaut worden waren. Sie waren höher und dicker als der Wall gewesen, ich sollte mir das vorstellen wie einen Reiter zwischen Fußtruppen, der säße ja auch höher, und darum hießen sie Kavaliere – Kavalier Elbracht, Kavalier Heydeck und eben Hepp, nur die Kaserne hinter der Donau sei ganz anders gebaut und heiße Reduit. Reduit Tilly. Ingolstadt sei als Festungsstadt lange Zeit auch »die Schanz« genannt worden, auch hätte der Bayernkönig Ludwig I. den Spleen gehabt, die alte Festung aus dem 16. Jahrhundert wiederherzustellen, für einen Ernstfall, sozusagen, von 1828 an wäre hier fast fünfundzwanzig Jahre lang gebaut worden. Leo von Klenze wäre Ludwigs Architekt gewesen, aber nach der vielen Mühe wäre die Festung dann doch niemals in Anspruch genommen worden, der Ludwig sei recht friedlich gestorben, und nach 1918 hätte man den Wall um Ingolstadt herum gesprengt, aber die Pioniere, die hier einquartiert worden waren, seien geblieben bis auf den heutigen Tag. Weil Pioniere immer Übungsobjekte brauchten, hätten sie dann 1961 den fünften Kavalier, der den Namen Spreti hatte, auch schon wieder gesprengt. Den übrigen Kavalieren wäre es beinahe

ebenso ergangen, aber da wäre dann der Denkmalschutz davor
gewesen. Ja, ja

der Ernstfall, sagte er, der
ist nie eingetreten, aber
ich hörte gar nicht hin – die Pioniere waren also immer noch
in Ingolstadt!
Ich kannte sie ja nur aus diesem Stück der Fleißer mit
dem Namen PIONIERE IN INGOLSTADT, und dort
ziehn sie am Schluß zum Tor hinaus!
Das
hat mich seltsam angerührt, daß alles echt war und
noch mehr als echt, denn die Komödie war alt
geworden, die Dichterin begraben, aber
die Pioniere liefen jung und munter durch
die Theresienstraße, Cola-Büchsen in der Hand.

Und ich lief mit.
Es war zu schön! Es war so hell und
warm und angenehm, die kleinen Straßen hin und her zu gehen,
ohne den Mief des Mittelalters, und doch in
Lieblichkeit, nun ja, vielleicht
bescheiden, aber halt ALLTAGSLEBENSWELTEN, wie
sie das in ihrem Preisgericht so nannten, ihre
Stadt.

Es gab da an der Schmalzingergasse einen Bäcker Hackner, der
Dampf- und Butternudeln frisch verkaufte, warm, und
frische Krapfen auch mit Hiffenmark, und
einen Türken, wo ein Döner für fünf Mark aus
selbstgebacknem Fladenbrot und extra frischem
Kalbfleisch zu haben war, so feine
Döner gibts in ganz Berlin nicht, und
als ichs dem Besitzer sagte, bekam ich gratis einen Tee, und wo

hatte ich das gesehen: Zwetschgen- und Marillenknödel, Winzernockerln, Nußpalatschinken?! Weiß Gott, ich merkte hier in Ingolstadt, wie korrumpierbar ich doch bin! Die andern auch! Es liefen alle Leute mit vollen Backen in der Schmalzinger herum, und meine Füße trugen mich am zweiten Tag von ganz allein zu Hackner und Konsorten – in Ingolstadt da hatte ich nun endlich den Bayernhimmel auch gefunden und betreten.

Das Elternhaus von Marieluise Fleißer befand sich in einer der engen, kleinen Straßen der Innenstadt, sie hieß Kupfergasse. Ein altes Haus, dreigeschossig, unten ein Laden mit Indianerschmuck. Der Ladenbesitzer wußte von Verwandten, die immer noch im Hause wohnten, und zeigte mir seine Räume. Im Parterre waren sie niedrig und dunkel. Er war gerade aus Afrika zurückgekommen, wo er bei den Tuaregs Schmuck gekauft hatte, edle Silberringe mit Holzeinlagen. Der Tabakladen, den die Frau Fleißer einmal betrieben hätte, wäre in diesen Räumen aber nie gewesen. Er wußte also davon und meinte, weit entfernt könnte der Laden nicht sein. Draußen ging ich auf die andre Straßenseite und betrachtete das Haus. Es war ein Schild daran, das aufmerksam machte auf das Geburtshaus einer Dichterin, es war sonst nichts, es war ein altes Haus, bescheiden und stabil sahs aus und eingefügt in andre alte Häuser, es war ein Stück von einer Straßenzeile.

Um den Tabakladen zu finden, fragte ich in einem Tabakladen, der Mann darin wußte sofort Bescheid. Er beschrieb ein Haus in der Theresienstraße und sagte, daß er Frau Fleißer natürlich gekannt hat, was denn sonst, und Interesse erfreue ihn immer, so

einfach war das, und so
familiär beinahe, nur
um zwei Ecken rum.

Den Tabakladen gab es nicht mehr, in seinen Räumen hatte eine italienische Bar eröffnet. Fenster und Türen waren riesig, viel Licht schien in den Raum, der voll war, überfüllt beinahe. Musik spielte, Kellnerinnen liefen andauernd raus, denn es wurde auch auf der Straße bedient.
Die Stadt am Mittag wurde immer belebter. In der Theresienstraße waren alle runden Bänke um die Bäume herum, die dort in der Fußgängerzone standen, besetzt. Man saß eng nebeneinander und aß etwas oder sonnte sich. Die Läden blieben geöffnet, und nur einige Nebenstraßen sahen sommerlich schläfrig aus. In einer stand die Tür einer Kirche offen, ein unbeschreiblich ausgeschmückter Innenraum war zu sehen. Das war Maria de Victoria, die Kirche der jesuitischen Studentenkongregation, die es in Ingolstadt einmal gegeben hatte, 1732-36 gebaut, und von den Brüdern Asam ausgestaltet. Ein älteres Ehepaar war gerade dabei, den Raum zu erklären. Zum ersten Mal sah ich das Blau der Brüder Asam, eine Farbe, die es auf der Welt nie wieder gegeben haben soll. Das war ein
böses Blau,
ein silbernes und kaltes, ein
Traumblau, das für klare Träume ist, ein
Blau, nach dem man süchtig werden kann, weil es
nicht vorkommt in der Wirklichkeit, eine
spczicllc
Erfindung, dieses Blau, kein Wunder, daß es mit den Königen
verschwunden ist.
Ganz weich bin ich
von dort herausgekommen, und
Sonne schien, und grüne Bäume standen Schatten
werfend

um die hohe, rote Münsterkirche rum, und wie ich so an diese
Uni dachte, die's nicht mehr gibt, las ich:

Wirtschaftswissenschaftliche Fakultät der Katholischen Universität Eichstätt. Fachhochschule Ingolstadt,
auf einem Schild.
Es gab sie also immer noch, diese katholischen Studenten!
Einer schob grade sein Fahrrad aus dem Tor, ein
junger Mann mit vielen blonden Locken, den

fragte ich, was er hier studiere, und warum gerade an einer katholischen Universität. Er sagte, weil man sich hier persönlich bewerben könnte, und daß es das Fach Wirtschaftsethik im deutschen Sprachraum nur in Ingolstadt gebe. Von hier käme der bekannte »Ingolstädter Ansatz«, und der hätte ihn interessiert. Ich fragte, was das wäre. Die Moral muß in die Rahmenordnung, sagte er. Als er sah, daß ich ihn nicht verstand, erklärte er es mir am Beispiel eines Kraftwerkes, das eine Rauchgasentschwefelungsanlage einbauen wolle, alleine aber ökonomisch unter Druck geraten würde. Eine Branchenvereinbarung zu erreichen, wäre dem einzelnen Betrieb kaum zumutbar, das beste wäre also Druck auf den Gesetzgeber. In dem Fall würde die moralische Forderung Teil der Rahmenordnung werden. Auch lobte er seinen Professor, der den Satz geprägt hätte: Wettbewerb ist solidarischer als teilen. Da
muß ich merkwürdig
geguckt haben, denn
der Junge sagte nun, er sei
in Eile und
der Prof gerade noch im Institut, den
könnte ich auch ganz persönlich
fragen.

Es war ein Nachmittag, die Hochschule schon

ferienhaft gestimmt. In dem Büro der Wirtschaftsethik saßen
einige Doktoren,
noch ziemlich jung und interessiert an
meiner langen Reise. Ich sollte doch erzählen, aber
ich wollte lieber wissen, was sie so lehrten in der
Wirtschaftsethik. Einer
erzählte was von dem Gefangenendilemma aus
der Spieltheorie, denn das benutzte er gerade, weil
es zwinge, mit
anderen zusammen einen Ausweg zu suchen, einer
legte mir einen dicken Hefter auf den Schoß mit
Vorlesungen, Seminaren.
De-
mokratie und Freiheit, las ich da, Li-
beralismus, auch Ge-
schichtslosigkeit, und einen Haufen andrer schöner Themen,
ich schrieb sie ab, da ging die Türe auf, und
der Professor kam.

Ein etwa fünfzigjähriger, großer Mann, der mich erfreut begrüßte, ebenfalls wissen wollte, was ich so gesehen hatte, und fragte, ob ich auch den Eindruck hätte, daß die Marktwirtschaft im Osten Deutschlands abgelehnt werde. Sie wäre aber das Wesen der modernen Gesellschaft. Das 18. Jahrhundert hätte die Marktwirtschaft erfunden, das 19. hätte sie genutzt und die Kosten gesehen, und das 20. hätte nun den Rückmarsch angetreten. Unmittelbarkeit, sagte er, was alle diese Sozialismen, Fundamentalismen und die Esoterik wollten, wäre Unmittelbarkeit. Aber Unmittelbarkeit könnte es in der modernen Welt nicht mehr geben, nur Sachkenntnis, und dann sprach er darüber, daß unsere Kategorien immer noch aus einer Vor-Neuzeit stammten und zu unserer Technik und Ökonomie längst nicht mehr passen würden. Im Gegenteil, sie brächten uns dazu, gegen unsere eigene, moderne Gesellschaft eine Verfallstheorie anzuwenden, und damit trieben wir uns selber zur Verzweiflung und könnten die moderne Welt überhaupt nicht mehr verstehen. Nein, es wäre furchtbar, gerade hätte er auf einen eigenen Artikel eine lächerliche Entgegnung der Gräfin Dönhoff in der ZEIT lesen müssen. Sie sägen alle an dem Ast, auf dem wir sitzen. Das Wort »modern«, das er so oft benutzte, mußte eng mit der Marktwirtschaft zusammenhängen, soviel verstand ich und fragte, warum Wettbewerb sozialer wäre als teilen. Weil nur die Wettbewerbsgesellschaft jedem Menschen persönliche Freiheit geben kann, sagte er. Nur sie sei effizient, und Effizienz sei Voraussetzung von Freiheit. Bekanntlich sei der Versuch, den Wettbewerb abzuschaffen, gescheitert und habe ethisch bedenkliche Folgen gehabt, nein, die Marktwirtschaft habe eine moralische Qualität. Wir müßten sie erhalten und unsere Forderungen in ihre Handlungsbedingungen einarbeiten. Ja,

geht das denn so einfach, fragte ich.

Da arbeiten wir dran, das
sagte er.

Wer WIR nun sind, und was für neue Regeln
dabei entstehen, das
habe ich in meinen Aufzeichnungen nicht gefunden,
und überhaupt
war mir noch manche Frage offen-
geblieben, deswegen
versuchte ich DIE ZEIT zu kaufen, die war
aber bereits
verkauft. Da ging ich in das italienische Café,
in Fleißers Tabakladen also, setzte mich an die große Bar,
die sie da haben, neben andre schöne Frauen, und
fand DIE ZEIT direkt an meinem Platz, jedoch
die von der letzten Woche.
Von dem Professor oder über ihn, sah

ich darinnen nichts, aber
ganz vorne links im Feuilleton, stand

eine Glosse über Brigitte Reimann. Aus dem Artikel ging hervor, daß man in Stasi-Archiven etwas gefunden haben muß, was darauf hindeutet, daß Brigitte Reimanns letztes Buch über die Neubaustadt von der Stasi zu Ende geschrieben worden wäre, denn die Autorin hätte es nicht vollenden können. Der Verfasser erinnerte sich an eigene, jugendliche Begeisterung über das Buch, definierte den historischen Moment seines Erscheinens und äußerte sich gönnerhaft über das Leben der Autorin, die er als tapfer und bemüht schilderte. Was an den Stasi-Gerüchten dran war, konnte er nicht wissen und war ihm für diese Glosse auch egal. Er, der aus dem Osten war, hatte wie immer den Auftrag, den Lesern der ZEIT, die ja im Westen lebten, ein Ostphänomen zu erklären, und das hatte er getan. Brigitte, wer? stand da, und daß sie viermal verheiratet gewesen war.

Die Schwester von Marieluise Fleißer hieß Gabriele Gültig, sie war 86 Jahre alt. Ich besuchte sie in ihrer Wohnung nahe der Gegend, in der mein Gasthof stand, dort besaß sie eine kleine Neubauwohnung mit Balkon. Frau Gültig erwartete mich mit Tee und Kuchen. Draußen war es sehr heiß, beinahe 40 Grad, wir tranken Tee, und Frau Gültig erzählte. Sie sagte Luis statt: Marieluise. Sie waren sechs Geschwister gewesen, die Luis das zweite. Die älteste war Anni gewesen, die später als Missionsschwester nach Südafrika gegangen und in Windhoek gestorben war. Die Anni sei auf der Lehrerinnenbildungsanstalt gewesen, und die Luis im Mädchengymnasium in Regensburg. Das sei damals ungewöhnlich gewesen, Luis war ja 1901 geboren. Der Vater hätte selbst gern studiert, mußte aber die elterliche Eisenwarenhandlung übernehmen. Darum hätte er es für seine Kinder gewollt, sagte Frau Gültig, und für die Luis sowieso, die hätte bei ihm alles gedurft, die hätte eine Sonderrolle in der Familie gespielt. Wenn die anderen arbeiten mußten, hätte sie sitzen bleiben dürfen und lesen oder malen, weil sie halt so begabt gewesen wäre. Deshalb sei sie auch nach Regensburg geschickt worden, in das damals einzige Mädchengymnasium in Bayern, mit einem Klosterfraueninternat, was der Luis wahrscheinlich gar nicht gut getan hätte, mit zehn Jahren schon weg von zu Hause zu den strengen Schwestern. Als die Mutter dann gestorben war, hatte der Vater die neunzehnjährige Haushaltshilfe geheiratet. Alle hätten ihm abgeraten, aber es sei eine wunderbare Ehe geworden, und die Stiefmutter lebe heute noch in der Kupferstraße, sie war nun 95 Jahre alt! Aber damals war die Luis älter gewesen als ihre neue Mutter! Frau Gültig beschrieb die Armut, in der die Luis lebte, weil sie durchaus schreiben wollte, fragte, ob das Schreiben immer noch so schlecht bezahlt würde, und sagte, daß die Luis ihr immer leid getan hatte, sie wäre ja fast verhungert, zumal die Männer sie alle ausgenommen hätten. Das erklärte sie damit, daß die Luis im Gymnasium gewesen war und ein behütetes Zuhause gehabt hatte, dadurch hätte sie immer schlecht abgeschnitten. Sie selber hatte als Kind ein strenges Verbot vom Vater gehabt, mit der Luis zu sprechen, wenn sie aus Berlin zu Besuch gekommen war. Damit sie mich ja nicht verdirbt! rief Frau Gültig und lachte. Als es so viel Ärger gegeben hatte in der Öffentlichkeit, da ist Luis nach Hause zurückgekommen, und die Stiefmutter hat sie aufgenommen, denn sie war ja bettelarm gewesen. Ein Zuhause hat sie immer gehabt, sagte sie. Aber der Papa hatte damals gesagt: Luis, wennd wieder was veröffentlichst, dann laßts mich vorher lesen, damit Zweideutiges gar nicht erst reinkommt. Und sie, fragte ich, was hat sie gemacht? Wahrscheinlich sich nicht dran gehalten, sagte Frau Gültig und lachte wieder, kochte neuen Tee, holte alte Fotos raus und erzählte, daß das alte Haus der Familie schon auf dem Sandtner-Modell drauf war und die Männer der Luis gar nicht zu ihr gepaßt hätten. Über einen könnte sie sich immer noch entrüsten, der gesagt hatte, die Luis käme aus kleinbürgerlichen Verhältnissen. Ja,

was ist denn schlimm dran, wenn man aus kleinbürgerlichen Verhältnissen kommt, rief sie. Nichts! Sie selber war auf eine höhere Töchterschule gegangen, hatte bei der Vereinsbank gearbeitet und einen guten Mann geheiratet. Der Luis sei es übrigens finanziell erst besser gegangen, als das Radio gekommen war, nach dem Krieg, da hätte sie den Tabakladen auch verkaufen können und sich diese Wohnung kaufen, in der wir saßen. Ganz zuletzt hatte sie sich auch der Kirche wieder zugewandt. Das hatte die Schwester Anni in einem Briefwechsel bewirkt. Die Luis war im Krankenhaus an einer Lungenembolie gestorben und hatte dort die Sterbesakramente bekommen. Die Wohnung habe sie von ihr geerbt, sagte Frau Gültig, aber den Schreibtisch lasse sie stehen, wie er bei der Luis stand. Es war ein einfacher Holztisch, er stand unter dem Fenster. Für ein Foto zog sie den Schonüberzug von der alten Schreibmaschine, und wir rückten den blauen Glaswürfel in die Mitte, den Marieluise Fleißer beim Schreiben immer dabei haben wollte. Er sollte auf dem Bild gut zu sehen sein. Dann gingen wir auf den Balkon, von dort aus hatte man einen Blick auf
Wiesen, Sträucher, es war

schon Stadtrand, Siedlung, nah
am Industriegebiet, die Straßen ringsherum sehr
breit und grade. Ich dachte an die alte Frau in Lübben, die auch
in solcher kleinen Wohnung, mit
Tee und Kuchen, in zwei Zimmern ähnlich eingerichtet, sich
gefreut hatte über Besuch. Die
Fleißer war aus ihrer Kupferstraße also
nach Regensburg, Berlin, und dann zurück und bis
hierher
gekommen. Wie
eine ganz normale Ingolstädterin.

Das Neubaufenster von Brigitte Reimann in Hoyerswerda fiel
mir ein, und daß das nicht die letzte

Neubauadresse von Brigitte Reimann gewesen ist, sie war
um 32 Jahre jünger, aber
sie starb 1973, das heißt, noch
ein Jahr früher als Marieluise Fleißer, und
ohne
Kupferstraße, Tabakladen,
Sterbesakramente.

Und überhaupt, es ärgerte mich immer noch der
seltsame Artikel. Viermal verheiratet! Wann wird das
über einen Mann geschrieben? Ein Mann
wird in der Kunst ganz anders ernst genommen! Da
sagte ich mir aber selber, daß
ich ja auch zuerst an Brecht und dann
an Fleißer
gedacht hatte, und außerdem - hätte ich
jemals von Marieluise Fleißer etwas
gelesen, wenn nicht
Herr Brecht im Hintergrund gewesen wäre, die Firma Brecht! Auch,
daß sie ihn verlassen hatte, war
mir immer noch genauso wichtig wie
die Stücke selber,
oh!
Wo
ist da meine Freiheit, dachte ich. Und gegen alle
zornigen Gedanken über Brecht, den Ausbeuter und
den
Reklamefachmann, da stieg was andres hoch, die Lust,
einmal zu gucken, wo der
nun hergekommen ist. Das
Augsburg lag ja ziemlich in der Nähe!
Doch wiederum, es war noch soviel anderes zu sehn,
das Saarland und das Industriegebiet am Rhein,

Karlsruhe, Basel, Kaiserslautern,
warum nun diese Stadt, die ist genauso alt wie
Regensburg, ich schwankte und entschied mich dann
für eine Nacht. Ja,
wenn ich hinfahr, dann nur wegen ihm, und
nur für eine Nacht, hab ich gedacht.

Und vorher seh ich mir was andres an, was Neues, was
man nicht in Büchern lesen kann!

Zu AUDI fährt man bequem mit dem Bus. In meinem Bus saßen einige junge Männer in Schlips und Kragen, sie sahen rosig aus in der Morgensonne, frisch rasiert, geduscht und eingekremt, richtige kleine Kraftpakete, und sogar auf dieser kurzen Fahrt sortierten sie Papiere. Das Werk steht an einer gut ausgebauten Straßenanlage und gegenüber von einem Pavillon, dessen Glastüren sich gerade aufschoben, als ich davorstand. Palmen waren innen zu sehen, ein Auto fuhr heraus, ein AUDI, er war nagelneu, darin saß eine lachende Frau. Das große Werk war ein unendliches, graues Rechteck, der Besuchereingang führte in eine Halle mit einer Art Rezeption. Ein Mann hinter einem langen Schreibtisch begrüßte mich freundlich, neben sich hatte er eine riesige Bildwand, Filmaufnahmen von der Olympiade in Atlanta waberten darauf herum, mitten im Raum ein neuer AUDI. Ich war angemeldet, die Frau, die für die Pressearbeit zuständig war, kam auf mich zu, sie war jung, dünn, sie wollte alles gut machen, sie war neu eingestellt und trug ein rotes Kostüm. In einem Großraumbüro sprach sie über das Werk, und als sie mir eine Führung vorschlug, bei der ich zusehen könnte, wie ein Auto entsteht, sagte ich ja, und sie schien erleichtert. Aber

da stand

das Zeichen DKW ja an der Wand!
Darunter:
RASMUSSEN ZSCHOPAU (ERZGEB.).

Es war ein Plakat aus den Zwanziger Jahren, Reklame für einen Fahrrad-Hilfsmotor. Ein kleines, gelbes Wesen saß auf einem alten Fahrrad und winkte. Die Frau im roten Kostüm erklärte mir, daß vier Motorenwerke sich 1932 zur AUTO-UNION zusammengeschlossen hätten, und zwar DKW, HORCH, WANDERER und AUDI-ZWICKAU. AUTO-UNION wäre dann in die Rüstungsproduktion des Zweiten Weltkriegs einbezogen worden und deshalb nach 1945 liquidiert. 1949 hätte man aber die Produktion in Ingolstadt wieder angefangen und sich 1969 mit NSU zusammengeschlossen. Allerdings besäße VW seit 1969 98,9 Prozent der Anteile. Die vier Ringe würden noch auf die alten vier Betriebe zurückgehen. Das

hieß

doch, daß von den vier Ringen, die
man überall, auf allen Straßen sieht, ein Ring
für Zschopau steht,
im Grunde für MZ?! Wo ich doch gerade erst
in Zschopau war, und die dort Hilfe brauchten, aber,
es war ja klar, die
Frau im roten Kleid, die wußte das bereits und
lächelte. Fau Weh,
sagte sie, hat sich ja schon in Zwickau
engagiert. Und sie erklärte dann zur Sicherheit noch mal
ausführlich, wie sozial
sich AUDI in Ingolstadt verhalte, denn
sie hätten hier 23 085 Mitarbeiter, und
bis 1998 würde es keine
betriebsbedingten Kündigungen geben, die Plätze für die
Ausbildung, die würden bleiben, und alle,
die hier was gelernt hätten, die würden übernommen werden, ja,
es sei wahr,
sie bauten auch ein Werk in Ungarn, und dorthin würde
dann ab 98 auch verschiedenes
verlagert, aber

nur so können wir die Arbeitsplätze hier in Ingolstadt überhaupt sichern, und wir gingen runter in die Halle. Was sagt denn AUDI zu dem Jahr 2000, fragte ich, wir waren ja noch auf der Treppe, und: Der Markt wird die Welt sein, sagte sie, Europa gibt an Wachstum nichts mehr her, und schon liefen wir auf Stahlboden, stießen schwere Plastikfolien auseinander, ich roch

Ölgeruch,

sah eine Halle, Kräne, hörte
Maschinenstampfen und Gebrüll, Stahlbleche
fuhren an Seilen durch die Luft wie Teile toter Tiere,
das
war die Produktion.

Es war so laut, daß meine Begleiterin alle Erklärungen laut herausrufen mußte. Ich verstand, daß hier alles automatisch und auf drei Ebenen ablief. In der Mitte die Herstellung, unter uns die Resteverwertung, über uns der Transport. Sie rief, daß wir die Herstellung im Preßwerk betreten hätten und nun mit den Unterteilen der Karosserie, die in einer großen Maschine ständig gepreßt würden, mitgehen könnten, am Ende des Bandes sei das Auto dann fertig. Dann lobte sie die Preßmaschine, weil sie perfekt sei, eine vollautomatische Mehrstufenanlage. Ich sah in den Glaskasten hinein, und mir wurde schwindlig, es war ein einziges Heben, Senken, Pressen, Schneiden, rrums und rrums und Schwung und Schwung, auch das Licht ging dabei an und aus. Da sie die Maschine so gelobt hatte, sah ich mir ihre Herkunft an. Auf einem Metallschild stand: VEB Kombinat Umformtechnik »Herbert Warnke« Erfurt, Hergestellt in der Deutschen Demokratischen Republik. Weiter gings Gänge entlang wie Alleen, Lichtkästen hingen über uns, das ist die Rohbaustraße eins, rief die Frau, und dann sah ich auch einen Rohbau, es war ein weißes Skelett! Roboterarme hoben und drehten es, gaben es weiter, klebten und raspelten an ihm herum. Diese Arme haben viele Gelenke, aber zu den Enden hin verdünnen sie sich, sie sehen

Menschenarmen weniger ähnlich als Insektenarmen. Manche warteten auch, eingeknickt und still. Wir liefen in Mäandern neben den Skeletten her, die sich langsam in Autos verwandelten. Ab und zu saßen Menschen um die Autoteile herum, sie arbeiteten, ohne aufzusehen, meistens in kleinen Gruppen. Nun war es nicht mehr ganz so laut. Zu einer Gruppe gehörten bis zu zehn Leute, sagte meine Begleiterin, sie müßten selbständig Prüfungen vornehmen und Teile bestellen, einen Gruppenleiter erkenne man an den roten Hosenträgern. Jedes Band habe auch eine bestimmte Erkennungsmelodie. Würde sie gespielt, käme der Band-Leiter. Je schneller die Melodie spiele, um so dringender sei es. Ich hörte die Anfangstakte des Triumphmarschs aus Aida, und »Freude schöner Götterfunken«, aber alles recht langsam, es lief also gut. Irgendwann kam der Moment, auf den die Frau mich schon vorbereitet hatte, sie nannte ihn Hochzeit, es handelte sich um das Zusammensetzen von Motor und Karosse. Danach übernahm ein Mann die Führung, und sie verschwand. Nun war das Produkt schon sichtbar, jedes wurde als Sonderanfertigung so hergestellt, wie der Kunde es sich bestellt hatte. Dafür liefe ein Chip mit, sagte der Mann. Auch die Farbpalette habe man erweitert, nun gebe es unzählige Varianten, die Trendforscher würden allerdings für die nächste Zeit Grün voraussagen, und dann standen wir schon vor den fertigen Autos, es waren alles Autos des Typs A 4, die dem Werk aus den Händen gerissen würden, wie der Mann sagte, weil sie es eben geschafft hätten, einen Wertewandel durchzusetzen, raus aus den billigen Kisten, hin zu – er gebrauchte das Wort Bekenntnis, wußte dann aber nicht so recht weiter, Bekenntnis zu – wie wollte er es nennen, es habe etwas mit Selbstbewußtsein zu tun, sagte er, Bekenntnis zur Qualität, ach egal, zum guten Auto eben.

Das wars,
er hatte recht, wir
bauen keine Kirchen, wir baun Autos, und jeder kriegt eins, und
sie fahren gut und

glitzern wie die Eier für den Zaren, die
Meister Fabergé ihm Ostern überreichte,
nur eben größer und für jeden, jeden, jeden auf
der Welt.
Vorausgesetzt, er kann das Geld
verdienen und bezahlen, aber
das mit dem Geld, das war mir plötzlich, dort in Ingolstadt, im
Werk, da unten, wo wir standen, und
immer neue Autos blau, rot, gelb, herumgetrudelt kamen, ganz
egal, denn dort, in dieser Halle hab ich mich ergeben,
ich hab die Front gewechselt, ja, Verrat
geübt, ich weiß nicht, wie ichs nennen soll, auf jeden Fall,
zum ersten Mal im Leben
war
ich nicht dagegen. Im Gegenteil,
war sprachlos, war ganz fix und foxi, daß
ich es noch nie zuvor begriffen hatte, die Zeit,
die Zeit,
ja, unsre Zeit ist SO.

SO glatt und bunt und schnell und
komfortabel, SO
unvergleichlich eigenartig schön, denn
Schönheit war es doch, was mir die beiden hier immerzu gezeigt
hatten, das Auto hier, und
seine Schöpfung, das
war
ästhetisch, erotisch, magnetisch, kinetisch, es war
nur ganz alleine unser Ding in diesen letzten tausend Jahren,
das Haus, der Panzer und die Flugmaschine, alles
auf einmal, und
es schien mir plötzlich
gut.

Ich überlegte ernsthaft, ob der A 4 für mich in Frage käme. Abends in der Gastwirtschaft saß dann ein junger Arbeiter aus Meißen an meinem Tisch, der den A 8 besser fand, weil er hinten nicht so verklumpt sei, sondern ein richtiges Heckteil habe. Ich verteidigte das Runde, das hatte mir ja gerade gefallen, und wir erzählten uns unsere Eindrücke, denn als Montagearbeiter war er auch auf Wanderschaft durch Deutschland. Er wurde von seiner Firma an wechselnden Orten für einfache Arbeiten eingesetzt. Ihm, sagte er, sei das Land kein Problem, er käme überall klar. Der Junge lachte immerzu beim Reden, es war ein merkwürdiges, verwundertes Lachen, als ob er über sich selbst lachen müßte. So eine Kneipe zum Beispiel, in der wir saßen, die sähe überall in Deutschland so aus, und er zeigte auf die Holzbänke, Grünpflanzen und dicken Übergardinen. Mehr als die Kneipen abends sähe er sowieso nicht, bei der weiten Anfahrt und dem Leben im Wohnheim. Immerhin sei er schon gereist, für das verdiente Geld. Am besten habe es ihm in Lanzarote gefallen, wo es ausgesehen habe, als ob jeden Augenblick ein Saurier um die Ecke kommen könnte, aber in Wirklichkeit sei es natürlich zu Hause am besten, und er wollte wissen, warum ich mir Meißen nicht angesehen hatte.

Was weiß denn ich, warum ich

dort nicht war, es
hat sich nicht ergeben, das
sagte ich und dachte immer noch an
diese große Presse, wie sie aus Blechen
sich Figuren zog und zerrte, und
wic am Endc kleinc
Panzer rollten aus
dem kleinen Palmenhaus, und daß die Firma
es wahrscheinlich schaffen würde, eines Tages,
den Audi auch in Asam-Blau zu liefern, und
was das heißen würde, ob
die Könige dann wiederkämen, in

diese glaubensstarke Festungsstadt, die nie
ein Ernstfall je erschüttert hat, wenn nicht vielleicht
doch einer,
eine,
diese
Marieluise.

Ich war doch ganz schön müde.

In Augsburg eine Nacht verbracht

Bei grauem Himmel und Hitze verließ ich Ingolstadt in Richtung Osten, Nibelungenstraße. Die Gegend um die Stadt herum war weiträumig bebaut, die Häuser wiesen keine speziellen Eigenarten auf, sie waren einfach nur neu gebaut und klein, die Straßen leer. Es war ein Freitagmittag, kein Mensch zu sehen, den ich nach der Nibelungenstraße fragen konnte. Auf einem Hügel, der noch nach Baustelle aussah, schien ich schon ganz in der Nähe zu sein, KRIEMHILDSTRASSE hieß der frisch gelegte Asphaltweg, erwies sich aber als äußerst kurz, eine Frau, die ich beim Besen-Ausstauben erwischte, schlug schnell ihre Haustür zu, schließlich las ich NIBELUNGENSTRASSE auf einem Straßenschild. Ob das auch wirklich die alte Nibelungenstraße war, weiß ich nicht. Sie führte jedenfalls an die Donau, und zwar zu einem Schießplatz und zu einer Baustelle. Der Fluß sah trüb aus, unansehnlich. Ich kehrte um und fuhr nun Richtung Süden, Augsburg, wählte die Straße Nummer 16 a, überquerte auf ihr die Donau, nach einer Weile machte sie einen Knick nach Westen und hieß 16 n. So

sah es ringsherum auch aus,

so: 16 n. So
zwischen Bahngelände, Masten, Drähten,
Hochspannung und
links ein Kraftwerk, rechts ein Kraftwerk, führte
die Straße, und
trocknes Gras, soweit man blicken konnte, als ob
das Hunnenland schon hinter Ingolstadt beginnt.

Rechts mußte irgendwo die Donau fließen, aber
dort roch es
gradezu nach Tod, was
hatten sie mit der gemacht? Ich wollte schneller fahren, raus

aus der Wüste und fuhr rein, in Schotter, Schatten, Hitze,
schwül
war die Luft, wo würde ich noch landen,
na ja, das hatte Kriemhild auch gedacht, als sie
durch diese Gegend ziehen mußte, und
daß es sinnlos wäre anzuhalten, nur
vorwärts also, machte ich mir Mut. In meinem Autoatlas war
über ein riesiges Gebiet der Name
DONAUMOOS
gedruckt, vor Aufregung habe ich DONAUMOOR gelesen,
ich fuhr ins Moor! Ich
war vielleicht schon drin? Und keine Kreuzung mehr
und keine Gabelung,
warum war ich so neugierig gewesen, was
war an einer Nibelungenstraße schon zu sehn, es war ja nichts
geblieben, nur das
Wort! Nibel hieß Nebel übrigens, auch daran war ja nichts
besonderes, wahrscheinlich war sogar ihr Schatz
nur römischer Import!
Ich dachte: Klingenbruch, und: Austernschalen, und,
daß das immer noch hier liegen könnte, hier unter
36 000 Kilowatt und Steppengras,
schließlich aus dieser Gegend
hatten sie's geholt für ihr Museum und
mich auf die Idee gebracht zu suchen die-
se alte Straße – und nun fuhr ich halt ins Moor.

Da tauchte auf dem schwarzen Strich, der meine Straße war, weit
vorn ein Auto auf, ein Lastwagen und wieder eins,
von da an
wurde es besser, irgendwann
verschwanden die Masten, das Gras war wieder grün, und
Felder sah ich, Korn, und zwar schon gelbes.

Wo
war ich eben noch gewesen? Hölle?
Vergessen und vorbei, der Weg nach Augsburg war von da an
ländlich, die Dörfer hießen meist nach ihren
Bächen, und Straßenpisten führten durch.
Das erste Bild von König
Ludwig sah ich in Gundelsdorf in einem Dorfgasthof,
es war sehr heiß, Fliegen klebten an der Theke, zwei
Männer zogen über einen dritten her, danach
wurde die Gegend hüglig, Blicke, weit, in Ebenen hinein, die
falteten sich auf,
und
zwanzig Minuten später sah ich auf eine große Stadt hinunter.

Augsburg lag in einer sonnigen, grünen Landschaft. Eine schwarze Wolke stand darüber. Auf der Höhe, oben, wo ich fuhr, schien die Sonne. Auch das Tal und die Wolke lagen im Sonnenschein. Beim Runterrollen wurde die Luft diesig, Wind kam auf, im Stadtgebiet fuhren schon alle Autos mit Licht, dann wurde es auf einen Schlag stockdunkel. Nichts war mehr zu erkennen, die Schläge auf mein Autodach hörten sich an wie eine Schlammlawine, es waren aber Eisbrocken und Äste. Schneebedeckt standen alle Autos da, niemand konnte mehr etwas sehen, da die Scheiben sofort beschlugen, Wasser lief einen halben Meter hoch die Straßen lang, große Äste lagen auf dem Boden. Als ich ausstieg, sah ich einen Mann, der fassungslos um sein angeschlagenes Auto herumlief, direkt davor waren zwei große Bäume umgestürzt.

Jahrhundertwendemietshausbau
stand, wo ich ausgestiegen war, mit alten Bäumen, von denen zwei
jetzt grade ihren letzten Seufzer taten,
und gleich,
als ich die grauen Häuser sah, mit ihren Erkern und Balkonen, war
mir so anders, dieses köstliche Gefühl: Aha!

Ich sehe was, was du nicht siehst, aber gesehen hast!
Ein
sehr intimer Augenblick, das gab mir auch zu denken, denn
mit Brecht bin ich doch lange fertig,
dachte ich. Und
ließ mein Auto stehn für eine Nacht, stieg in die Straßenbahn in
Richtung Innenstadt. Stieg wieder aus und lief hinein.

Da stand die alte Stadt Augsburg, die glatten Giebelseiten der Häuser, eine neben der anderen, in seltsamer, vergangener Pracht. Barocke Paläste, streng, hoch und dennoch mit Bürgergiebeln versehen. Brunnen fielen auf. Eine Straße, weit wie ein Platz, führte auf eine andere, die noch weiter war, und jedesmal standen sich diese glatten, farbigen Giebelwände steil gegenüber wie Mauern. Ungemütlich, anstrengend, anspruchsvoll. Ein ganz auf Größe angelegter Entwurf, der sich verläpperte in den Nebenstraßen, nur die riesigen Kirchen des Zentrums, die von überall zu sehen waren, erinnerten immerzu an diese starke Mitte. Die zentrale Achse hieß Maximilianstraße, bei den Römern soll die Straße Via Claudia geheißen haben, einer der Wege nach Rom. Der Stadtführer für Touristen nannte Augsburg eine moderne Industriestadt mit einer gut erhaltenen Altstadt, zahlreichen Sehenswürdigkeiten sowie einer Kongreßhalle. Augsburg wäre die älteste Stadt in Bayern, hätte 400 Jahre lang zum römischen Weltreich gehört, wäre seit 1400 Jahren Bischofssitz und die Heimatstadt der Familie Holbein, der väterlichen Ahnen von Wolfgang Amadeus Mozart und des Dichters Bert Brecht. Hier wäre der Dieselmotor erfunden worden, die erste Linde-Kältemaschine gebaut und von Messerschmidt das schnellste Propellerflugzeug und das erste Strahlflugzeug der Welt in Serie hergestellt worden.

Den reichen Fugger
erwähnten sie nicht, sein Name stand im
Untertitel der Broschüre: Augsburg, die Fuggerstadt.

Die alte Stadt hatte einen oberen und einen tiefer gelegenen Teil, dort unten flossen ab und zu ganz unerwartet Bäche neben den Trottoiren, wüst und stark. Sie waren ein Stück weit zu sehen und wurden dann wieder vom Straßenpflaster verdeckt, es waren Kanäle des Lech oder der Wertach. Vielleicht lag es am Gewitter, daß sie so kräftig waren. Im unteren Teil blieb die Stadt alt und wurde dennoch heutig, mit Straßenbahnen, Kirchen, Supermärkten. Dort unten lag auch die Fuggerei, eine Sozialsiedlung der Fugger, beklemmend eng, niedrig und gelb angestrichen, sie wurde immer noch bewohnt und vorgezeigt. Ganz in der Nähe davon war das Geburtshaus von Brecht als Museum eingerichtet, ein kleines, altes Haus in einer engen Gasse, die nun schick zurechtgemacht war. Ein Bach floß direkt an diesen Häuserwänden entlang, so daß man Brechts Geburtshaus nur über eine kleine Brücke erreichen konnte. Brecht war hier nicht aufgewachsen, das stand auf einer Tafel, und ich ging zurück. Die Stadt war dunkler jetzt, die Straßen leerer, die großen Plätze wirkten kahl wegen der Straßenbreite und der glatten Fassaden. In den Buchgeschäften waren ganze Schaufenster für Daniel Goldhagen dekoriert, sein Buch HITLERS WILLIGE VOLLSTRECKER. Es handelte von der Tradition und Bereitwilligkeit der Deutschen, die Juden aus ihrem Leben auszuschließen und zu töten und hatte im voraus seit Monaten ungewöhnlich große öffentliche Aufmerksamkeit bekommen, nun war es also erschienen. Im Hotel begegnete mir eine Frau, die mir bekannt vorkam, wir hatten uns in Nürnberg gesehen, bei der Feier für Richard Volkmann. Sie sagte, daß sie Psychologin sei und in München wohne. Das wird meine nächste Station, sagte ich, und wir verabredeten einen Besuch. Am nächsten Morgen wimmelte es auf den Plätzen oder Straßen von Menschen, offensichtlich war Augsburg Touristenstadt. Werbung für Sehenswürdigkeiten überall, es waren sehr viele. Ich wollte weiter, aber ein

einziges Museum hab ich mir

erlaubt, und

als ich danach wieder auf dem
Straßenpflaster stand, vor Fuggers Tor und Schäzlers
Schloß, da war mir klar, die Stadt
ist mir zu groß.

So voller Kunst, das platzt aus allen Nähten vor Holbein, Dürer,
Cranach, ich sah ein Grün, das über allem stand, außer dem Gold,
ich sah
das Gold mit Schwarz und Weiß, das stand noch drüber, ich sah den
Saal des Rokoko, ein Flammenmeer aus Gold, die Wände brannten
davon und schrien Hilfe! Hilfe! Helft uns doch!, und
unbeschreiblich waren auch die vielen kleinen Entwürfe für
die Deckenmalerei, wo
alles!, alles gleichzeitig gemalt und
festgehalten ist, rechts, links, und oben, unten, alles in
Bewegung, fliegt und landet, schwebt
dahin, auf jedem Bild, da ist der Funke, diese Zündung
das Thema, eben Licht und Finsternis, und in der Drehung und im
freien Fall, und wie ich so in einem Saal dann später ein echtes
Deckenbild mir ansah, da
hatte es den Titel:

Die weltumspannende Macht des europäischen Handels.
Also,
sie waren immer auf dem Teppich, hier in Augsburg, aber eben
auf ganz besonders exquisite Art, so kams mir vor, genaues weiß
ich nicht.

Nur eben
als ich wieder auf der Straße stand,
gefiels mir wieder nicht so recht. Es war so voll und
leer zugleich, was machten diese Fußgänger in ihren T-Shirts,
Turnschuhen und Jeans vor diesen wimpernklimpernden

Fassaden?
Es klapperte. Es paßte nicht, wir
füllten das nicht aus, und jedes Haus
schien von den richtigen Besitzern stehngelassen.
Geschmückt natürlich, voll bemalt und angestrichen,
das große Augsburg. Eine Bonbonniere?
Jedes Palais eine Pralinenschachtel für Besucher?
Wer blickt da schon dahinter an
einem Vormittag, auf jeden Fall, die große Herrin sah
ein bißchen einsam aus.

Brechts zweites Wohnhaus fand ich nördlich der Innenstadt. Ich lief den Unteren Graben an einer grünen Böschung lang, bis eine kleine Querstraße Bert-Brecht-Straße hieß, dort mußte es sein. Die Straße war nur auf der linken Seite bebaut, rechts floß unter großen Kastanien breit und dunkel der Stadtgraben. Man konnte am Wasser langlaufen, unter Bäumen. Das Haus stand eingezäunt mit fünf anderen da, die alle gleich aussahen, würflige, dreigeschossige Häuser. Ich klingelte an einer Tür, eine Frau kam und erklärte mir, alle Häuser wären einmal von einer Firma Henkel gebaut worden, und sie zeigte mir auch das Haus, in dem die Familie Brecht gewohnt hat. Da

hab ichs mir bequem gemacht vor dieser Haustür und
überlegt, wie es am Morgen wäre
herauszukommen und
die Eisenpforte zu sehen und die Bäume
am Kanal, oder auch umgekehrt, am Morgen, früh, zurück,
unter Kastanien und am Wasser lang,
müde und aufgekratzt zugleich, die letzten Schritte bis
nach Hause, es
riecht nach Laub im Herbst, und es ist Krieg, die Welt
bricht auseinander, man muß
sie neu zusammensetzen, in Rußland ist Revolution, und

das ist alles schon
so viel, so stark, so eine Aussicht auf – wer kann das sagen, und
dann die Glockenschläge aus der alten Stadt, dem
Klotz, der
überwunden werden muß, und man ist siebzehn,
achtzehn, neunzehn Jahre alt.

So hab ichs mir gedacht, und bin dann los-
gegangen, am Wasser lang. Der Kanal war von grünen Blättern so
verstopft, daß er zu einem See geworden war,
paar
Enten schwammen drin herum, und eine Frau
kam mir entgegen, alt und grau.

Die Blätter, die der Gewittersturm heruntergerissen hatte, klebten auch überall auf den Gehwegen. Hier irgendwo mußte sein Zentrum gewesen sein, dachte ich, lief aufs Geratewohl nach links und fand bald die Stelle mit den inzwischen abgesägten Bäumen und mein Auto.

In München mir die Welt erklären lassen

Die B 300 raus aus Augsburg, auf den grünen und
auf einmal vollen Straßen, denn wo mein Auto stand, da war ein Stadion und Sport
für Mittag angesetzt, und ich schnell fort, ums
Zentrum rum und dran vorbei, es war ganz einfach,
leicht,
so wie das Wetter, der Sommer war inzwischen richtig
eingelebt, die Äpfel wurden runder unter ihren Blättern, ich
war mit Brecht versöhnt, und überhaupt, auf einer Reise ist
das Abfahren vielleicht das Schönste, was es gibt.
Von der 300 bald nach rechts auf eine 2,
dann war es gut und aller Streß vorbei, und Felder,
Felder, Felder, Hügel, weiter Blick, es war
die reine Schwingung und ein Glück, am Sonnabend zu fahren,
Nachmittag, die Straßen frei und die Musik nicht schlecht und Freude auch dabei,
daran zu denken, daß ich bald bei
Freunden lande, wo
ich mal nicht mehr gucke, recherchiere, schreibe, sondern
nur da bin und solange wie ich will,
da bleibe.

An Kissing fuhr ich knapp vorbei, Fürstenfeldbruck
lag direkt auf dem Wege, dann Gilching, Weßling, Drösling,
oh! - was
Häßlichkeit betrifft, da jagt um München rum ein Name gleich den nächsten sowieso -
auf jeden Fall, auf Aschering, da
folgte das, wo ich hinwollte, das Feldafing.

Maibäume standen in den Dörfern, an ihren schräg blau-weiß gestreiften Stämmen waren die Zunftzeichen des Ortes befestigt. Wo alte Häuser standen, wurden sie spezieller, die Fensternischen tiefer mit breiten Fensterläden und Blumenkästen, die vor Blumen überquollen wie an der Grenze zu Oberfranken. Als ich den Starnberger See erreicht hatte, fuhr ich durch dunklen Wald am Seeufer lang, dann an einem Golfplatz vorbei. In Feldafing gab es einen kleinen Tunnel unter den Bahnschienen, da mußte ich durch bis an den Rand der Siedlung, und als ich das richtige Haus gefunden hatte, sah ich meine Freundin gerade mit ganzer Kraft ein Unkrautbüschel aus ihrer Gartenerde ziehen, im roten Pullover.

Was
für ein schönes Haus, in dem sie wohnte, ein
kleines, weißes, innen blau!

Ein kleiner Garten auch davor, und drin
die kleine Küche, wo auf dem kleinen Tisch
Huhn, Reis, Käse, Parmaschinken, Melone, Kraut, Weintrauben,
Birnen, Äpfel, Apfelsinen standen
und
eine Flasche Wein. So
wars von ihr gedacht, und so sollte es sein.

Das Zimmer, diesmal unter dem Dach, war groß, ein Bett, ein Tisch, ein weißes Fell, Ruhe. Meine Freundin war Übersetzerin. Wir hatten uns kennengelernt, als ich ein Stipendium der Stadt München bekommen hatte, verbunden mit dem Aufenthalt in einer alten Feldafinger Jugendstilvilla mit Ausblick auf den Starnberger See. Wir hatten nicht nur die Arbeit mit der Sprache gemeinsam, sondern auch das Alter, die erwachsenen Kinder und das Leben alleinstehender Frauen, die sich ihren Lebensunterhalt selbst verdienen. Auch mein Besuch sollte ihren Arbeitstag nicht stören, der morgens um neun begann und abends um zehn endete, in einem kleinen Zimmer des Hauses, das ihr gehörte, nach einer Scheidung. Parterre gab es neben der Küche ein helles Wohnzimmer, dessen Türen auf eine Terrasse führten und in den Garten. Die Bücher, die sie übersetzt hatte, füllten ein ganzes Brett im Bücherregal des Wohnzimmers, wir standen davor, und sie zeigte auf einzelne Buchrücken und sprach über die Autoren. Am längsten über einen, der in München lebte und von dem sie gerade wieder ein Buch übersetzte. Wieder sei es so außerordentlich gut, aber es war nun schon ihre Erfahrung, daß die besten Bücher immer die geringste Aufmerksamkeit bekommen. Auf der Terrasse saßen wir in Korbstühlen, es wurde dunkel, und ich erzählte von Seelow und Hoyerswerda und sagte, daß ich mir morgen Dachau ansehen würde. Bei allen Besuchen in München hatte ich den Namen auf den S-Bahn-Plänen gelesen und gedacht, daß ich es mir einmal ansehen müßte, und es doch immer wieder vermieden, weil ich in München angenehmeres sehen konnte, aber nun hatte ich es mir fest vorgenommen. Am nächsten Morgen nahm sie mich mit auf ihren Morgenspaziergang. Er führte auf einem Waldweg zu einem Schloß, das leer stand, ein reicher Russe soll es Anfang des Jahrhunderts gebaut haben, dann über Wiesenhügel an einem einzeln liegenden Bauernhof vorbei. Dort, sagte sie, kaufe sie immer ihre Milch, und wir liefen in der Sonne zwischen Blumen, Hummeln, Schmetterlingen zurück zu ihrem weißen Haus. Zwei Stunden später stieg ich in München, am Marienplatz, die U-Bahn-Treppen hoch. Unter der Erde, wo die Fahrkartenschalter sind, war viel Betrieb im Halbdunkel, Gruppen verwahrloster Menschen hockten hier und da an den Wänden, Bierbüchsen in den Händen, auf den Stufen ins Helle wurden Schuhe sichtbar, Hosen, eiliges Getrappel, die Kirche.

Wie

immer,
sah ich gleich, wie immer!
Ich mußte lachen, denn wie immer war es gut!

Der große Platz wimmelte vor Menschen. Auffallend viele waren heller und teurer gekleidet als sonst irgendwo auf meiner Reise. Brezeln und frisches Obst wurden verkauft. In einer engen Straße neben dem Turm der Peterskirche standen blumengeschmückte Kutschen, Blaskapellen, Kinder, die frische Blumensträuße in den Händen hielten, Leute in Anzügen, feinen Kleidern, viele hielten mit Bändern umwickelte Stöcke fest, alle schienen sich zu kennen. Auf meine Frage, was hier gefeiert würde, hieß es aus verschiedenen Richtungen gleichzeitig: Der Gärtnertag!, und daß die Gärtner in Bayern ihn seit dem 17. Jahrhundert feiern würden. Schon setzte sich die erste Kapelle in Bewegung, Kutschen folgten, Handwagen, Trecker mit Anhängern, alles dick mit Blumengirlanden geschmückt, von den Wagen aus warfen junge Frauen den Passanten Blumensträuße zu, Männer in Lederhosen, Strickjacken und weißen Hemden liefen den Wagen voraus, sie sahen frei darin aus, körperlich, dem Mittelalter näher als der Gegenwart. Goldbestickte Fahnen und Sträuße wurden vorbeigetragen, es gab Applaus und Rufe aus der Menge, die sich auf den Trottoiren gebildet hatte. Seids Ihr von der Sendlinger Bauernschaft?, wurde einer Gruppe zugerufen. – Der letzte Fußtrupp!, war die Antwort, und: Nächste Woch entloßn!, hörte ich auch. Ein Stück

lief ich noch mit und nahm

auch einen Strauß an, den mir jemand schenkte, die

bunten Dahlien, der Sommer

ging zu Ende!, die

gab ich aber auch gleich weiter an

einen Mann, der mir sympathisch war, so

im Vorübergehen, und

hatte wieder meine Hände frei, und

das war gut so, denn hinter der nächsten Ecke ging ich

andern Leuten hinterher in das Auktionshaus

MAXIMILIANS, dort füllten sich die Sitzplätze gerade,

zwei Tempelmusikanten aus Bronze wurden auf Tabletts herumgetragen. Der Mann vorne am Pult rief, daß das Stück für hundert Mark zu haben wäre, aber die Leute saßen auf ihren Stühlen und schwiegen dazu, die Tempelmusikanten mußten zurückgetragen werden. Ein Teppich war an der Reihe, dann der nächste, jeder wurde nach vorn getragen und auseinandergefaltet, aber niemand bot etwas. Meine Herrschaften, was bieten Sie? rief der Mann vorne immer wieder, was bieten Sie mir? Schweigen im Saal, niemand rührte sich, trotzdem schien der Rufer immer besser gelaunt. Hier ein feiner Naïn, reine Seide, wer bietet 5000 Mark dafür? Sehen Sie dieses Rot, meine Herrschaften, es ist das Rot der Zarentöchter! Wer macht mir annähernd ein Gegenangebot?! Was bieten Sie? Was bieten Sie mir an?! Jeden Teppich ließ er im Licht drehen und wenden, auch hier galten seine Kommandos: Die dunkle Seite! Die helle Seite! – Zwei Männer hielten die Teppiche so hoch, daß nur noch ihre Augen und Haarschöpfe zu sehen waren. Was bieten Sie denn hier, Herrschaften? Was bieten Sie mir denn hier an?!

Wir

boten wirklich ein ganz flaues Bild, das
war ja peinlich, aber dann
kam ein dickes Ehepaar und klotzte ran, nahm einen Teppich nach
dem andern, und ihre dicke Tochter lachte
andauernd und zwinkerte den Eltern zu,
die Menge schwieg, von draußen drängten immer neue Leute
herein, als obs ein Zirkus wäre, bald
wiederholten sich die Angebote, ich ging
nur eine Biegung
weiter
und stand vor diesem Platz, wo
täglich Markt ist, überdachte Stände mit
allen Viktualien, und setzte mich am Rand davon
in ein Bistro und hatte grade so
mein Kleckschen Nudeln in der Sonne mir betrachtet, das

auf dem Teller kaum zu finden war, da
kam ein alter
Bekannter aus Ostberlin über den Platz, der

mich erkannte und zum Essen einladen wollte, ins Theater oder wenigstens jetzt sofort auf einen Tee. Er setzte sich neben mich, blickte mißmutig über die Stände des Viktualienmarktes und sagte: Ja, den Bayern geht es gut. Nach der Wende sei er froh gewesen, aus dem Osten wegzugehen, und die Arbeit, die er damals in München bekommen habe, sei auch immer noch gut, aber er habe hier keine Freunde gefunden, und seine Frau auch nicht. Nicht, daß sie keine Bekannten hätten, aber die hätten eben alle keine Freunde. Zurückgehen wollte er nun aber auch nicht mehr. Er verzog das Gesicht und sah wieder auf den Markt und auch auf zwei Männer, die am Nebentisch Platz genommen hatten, hell gekleidet, Vater und Sohn, beide in wunderbar gebügelten Oberhemden. Der ganze Reichtum des Landes komme von der Rüstungsindustrie. In jeder der schönen Landschaften hier unten sitze mit Sicherheit ein Mensch, der sein Geld mit Waffengeschäften verdiene. Das sollte ich nicht vergessen, wenn ich über Bayern schreibe. Abgepolstert, sagte er zusammenfassend, abgepolstert, das alles, aber wenn es hier mal zum Krachen käme, dann würde es richtig krachen, stand auf, gab mir seine Adresse, zahlte und ging zurück in sein Büro. Was wirklich mit ihm los war, hat er nicht gesagt.

Warum auch?
Schließlich sahn wir uns im Leben
höchstens zehn Mal. Aber
zum ersten Mal in München, und ich saß immer noch
auf meinem Stuhl am Markt, und
dachte, kann ja sein,
es ist die Rüstungsindustrie, die alles hier zum Blühen brachte.
Wenn das so ist,
bekommt er jedenfalls mehr Geld von ihr als ich und

ist gerade unterwegs, es weiterhin nicht zu versäumen, warum
hat er mich dann so strafend angesehn?
Hat er geahnt, wie ungern ich aus Ingolstadt ab-
gefahren war, und Nürnberg oder Fürth,
wies mir gefallen hatte?

Dabei, er wußte gar nicht, daß ich auf dem Weg
nach Dachau war, das
hätte mich vielleicht entschuldigt? Wohl
kaum, es
ging mir ja so gut,
die ganze Reise schon – hatte ich das erzählt? Hat
er's gesehen?

Egal, das München war begrüßt. Wollte ich nicht nach Dachau
fahrn?
Es schlug schon späten Mittag, als ich wieder runter, Marienplatz,
an allen armen Schluckern
vorbei und tiefer und zurück nach Pasing und umgestiegen
Richtung Dachau bin.

Die S-Bahn war überfüllt, Menschen im Berufsverkehr fuhren zurück in die Vororte, meistens Männer, wir standen dicht gedrängt in der Hitze und schwitzten, ein Mann neben mir las ein Buch, ich las mit, es war ein Porno, er sah, daß ich mitlas, und wir sahen uns an, beide den gleichen Text im Kopf. Dachau gehörte offensichtlich nicht mehr zu München, die Fahrt dorthin dauerte lange und führte über weite, grüne Felder. In Dachau stiegen die meisten Fahrgäste aus, tausend Köfferchen und helle Hemden, immer noch wie frisch gebügelt, dabei war es schon Nachmittag, halbfünf. Am Bahnhof gab es eine Bushaltestelle, an der die Richtung KZ-Gedenkstätte deutlich angeschrieben war, ich wartete keine drei Minuten, da kam ein Bus, ein älteres Ehepaar und ich, wir stiegen ein. Und wieder

eine lange Fahrt bis an den Rand der Stadt, dann Endstation, dann
gar nicht zu erkennen, wo es nun weitergeht, aber

es kamen

junge Leute uns entgegen, zwei
Franzosen, und dann noch mal zwei, sie waren alle hell,
ganz hell gekleidet, und liefen schnell, um
diesen Bus nicht zu verpassen, der nicht oft fuhr, und
riefen uns im Rennen auch die Richtung zu
und winkten, und – das weiß ich noch –
sie rannten und sie blieben dabei paarweise umarmt.

Wir gingen dorthin, wo sie herkamen, nicht lange, und eine Mauer wurde sichtbar, Stacheldraht darauf, ein Tor. Aus der Nähe sah man, daß ein betonierter Wassergraben innen um das Gelände gezogen war, man sah einige Baracken und einen großen, kahlen Schotterplatz. Ein paar Leute gingen darauf herum. Ich las, daß das Lager um 17 Uhr geschlossen wird. Zu besichtigen war die einzige Häftlingsbaracke, die noch stand, und eine der Kommandanturbaracken, wo eine Ausstellung aufgebaut war. Die Häftlingsbaracke bot das bekannte Bild der dreifach übereinander gebauten Holzpritschen. An einer Wand war zu lesen, daß der Fußboden einer Baracke immer poliert sein mußte und nur barfuß oder in Strümpfen betreten werden durfte, ein Heiligtum. In dieser Baracke war alles aus Holz, ungestrichen, trocken und gepflegt. Auf einer Pritsche lag ein frischer Blumenstrauß. Ein paar Jugendliche standen da und lasen die Erklärungen an den Wänden, die Strafen und daß 400 Mann auf einer Stube gelegen hatten, 1800 in einem Block. Zusammen betraten wir den Waschraum und verließen ihn sofort, es war zu leicht, sich über den kreisrunden Waschinseln gebeugte, nackte Schultern vorzustellen. Durch das Fenster sah ich, daß mehrere Wagen über den Platz zum Tor fuhren und ein Schlagbaum hochging. Die Belegschaft der Gedenkstätte hatte wohl Feierabend. Das Lager war nicht groß, man konnte von einer Stacheldrahtmauer zur anderen sehen. Kiesgefüllte Rechtecke markierten die Fundamente der abgerissenen Häftlingsbaracken, es liefen immer noch Leute zwischen den Mauern und Wachtürmen herum, die den Schotterplatz umgaben, auch die Tür der Museumsbaracke stand noch offen. Ich ging hinüber, drinnen war eine Fotoausstellung installiert, eine Frau verkaufte Broschüren und Bücher. Diese Baracke war ein Verwaltungsgebäude gewesen. Das Lager Dachau war das erste deutsche KZ gewesen, der Prototyp. Heinrich Himmler, der Polizeipräsident von München, hatte es nahe bei München einrichten lassen, in einer stillgelegten Dachauer Munitionsfabrik. Seine Eröffnung war am 20. März 1933 auf einer Pressekonferenz bekanntgegeben worden. Der erste Kommandant von Dachau, Theodor Eicke, hatte den Ehrgeiz, ein perfektes System von Gefangenenhaltung, Menschenversuchen und Sklavenarbeit zu entwickeln, das gelang ihm, und er wurde von Dachau aus zum Inspekteur aller KZs befördert. Sein erstes Lager blieb Musterlager des KZ-Systems, das hierarchisch aufgebaut war, jedes Lager hatte viele Außenlager. Auf einer Tafel waren die Namen der 36 Außenlager des Lagers Dachau genannt. Von den Orten, die ich auf meiner Reise besucht hatte, waren es: Bautzen, Dresden, Chemnitz, Zschopau, Nürnberg, Augsburg, Feldafing. Das

hatte meine Freundin mir gestern schon erzählt,
daß Feldafing im Mai des Jahres 45 von
Häftlingen aus diesem Außenlager besetzt und auch
bedroht wurde, die waren plötzlich alle frei gewesen und hatten nicht gewußt, wohin, und

in Feldafing würden sich heute noch Leute erinnern, daß diese Häftlinge Säcke mit Getreide gefunden und davon gegessen hatten, weil sie aber unterernährt waren, sind vielen die Bäuche geplatzt. Andere hatten Matratzen, die mit Menschenhaar gestopft waren, entdeckt und darüber den Verstand verloren. Das war alles in einer schönen Villa mit Seeblick passiert, und

wie ich daran dachte, wars soweit, auch
diese schöne Ausstellung wurde geschlossen,
ich durfte gehn und
hatte das Bedürfnis, einmal eine Stimme zu hören, die mir nah war, ging
in eine Telefonzelle, rief in Berlin an, eine Freundin, die
freute sich und fragte,

ob ich nicht in den Telefonbüchern der Städte in Bayern immer mal nach dem Namen einer Frau gucken könnte, die sie und ihr Mann suchten, denn nur die könnte ihnen helfen, das Haus wiederzubekommen, das ihnen in Ostberlin gehört hatte und inzwischen verkauft war, weil sie beide vor der Wende in den Westen gegangen waren. Aber die Telefonbücher, die liegen am Bahnhof Zoo doch alle aus, das sagte ich, es

wäre mir zu viel, und sie verstand und meine Telefonkarte lief ab, ich war allein.

Auf dem Gehweg nahe dem Lagereingang war eine Tafel mit der Aufschrift: BESUCHEN SIE DAS 1200-JÄHRIGE DACHAU! aufgestellt. Die Tafel sah zum Weinen hilflos aus. Die Stadt war weltbekannt und wollte etwas tun dagegen, das war klar. Mir fiel ein, als ich 1987 zum ersten Mal als Ost-Autorin in den Westen gefahren war, war das zum Klagenfurter Ingeborg-Bachmann-Wettbewerb gewesen. Unter den Preisen, die verliehen werden sollten, war auch einer, den die Stadt Dachau gestiftet hatte. Irgend jemand in Dachau hatte sich wohl gedacht, daß ein Preis ein gutes Image macht und daß die Autoren selbst auch einmal die Gelegenheit haben sollten, einen Preis für den besten Text zu vergeben. Da das Geld nun vorlag, mußten die Autoren etwas entscheiden. Alle waren nervös, gereizt, überfordert mit der Aufgabe. Wer hatte schon alle Texte der Konkurrenten gehört, wer gönnte wem wohl den Preis, wer war Kritik unter Kollegen gewohnt – niemand. Es war das erste Mal, daß die DDR am

Klagenfurter Wettbewerb teilnahm. Die Ostler kannten sich alle, die Westler kannten sich nicht, die Ostler kannten die Westler nicht. Die Versammlungen der Autoren waren entsetzlich – chaotisch und voller Gebrüll, der kleinste gemeinsame Nenner war: Einen Preis der Stadt Dachau werden die anwesenden Autoren überhaupt nicht vergeben, sondern für irgendeinen guten Zweck auf ein Konto überweisen, was sie auch taten. Es hat nie wieder einen Preis der Stadt Dachau in Klagenfurt gegeben. Als der Bus kam, fuhr ich nicht zum Bahnhof zurück, sondern stieg vorher aus, ich wollte das 1200-jährige Dachau sehen. Ein Ehepaar, das ich nach dem Zentrum fragte, erklärte mir den Weg, entschloß sich dann, ihn mir auch zu zeigen,

und beide führten mich einen Hügel hoch,
zu einer alten Linde und
an die Stelle, wo einmal ein Tor gestanden hatte, wir liefen auf
uralten Pflasterstraßen, die Häuser rechts und links
waren mit blauen Blumen bewachsen und
hatten kleine Plätze vor den Hauseingängen, dicke
Stufen,
ich sagte, das wäre wirklich eine
ganz besonders angenehm gebaute Stadt und meinte es auch so.
Ach, wenn Sie wüßten, sagten beide, wenn Sie wüßten!
Es will ja keiner sehn! Sie gehen alle
nur in das KZ, dabei ist unsre Stadt so schön, und gar,
wenn wir in anderen Gegenden den Namen nennen, ganz schlimm! Es ist ganz schlimm!

Zuletzt bogen sie mit mir links ab, da
waren wir schon oben auf der Höhe, und ein Schloßplatz
mit einem riesigen, barocken Schloß
tat sich auf.
An einer Brüstung haben wir zu dritt
gestanden und ins grüne Tal hinunter

bis nach München sehen können. Mit dem Hinweis, daß hinter dem Schloß eine Terrasse sei, wo man auch einen Kaffee trinken könnte, verabschiedeten sich meine Stadtführer, denn sie kamen gerade aus München, wo sie sich auf der größten Leinwand Deutschlands im Kino I-MAX einen Film über das Grand Canyon angesehen hatten, und waren müde. Das Café im Dachauer Schloß hatte große Terrassen mit Blick auf eine riesige, den Hang abfallende Wiese, dort standen Apfelbäume in der Abendsonne, ordentlich in Karrees gepflanzt. Grüne Äpfel hingen an den Bäumen. Um die Terrassen herum blühte Phlox und roch immer stärker, je mehr die Sonne unterging.

Auf der Rückfahrt mit der S-Bahn sah ich vor einem Industriegelände tatsächlich nagelneue Panzer stehen. Krauss-Maffei stand an einer Wand, und abends im Garten tranken wir Wein, meine Freundin und ich, und sie erzählte, daß sie zu Hause niemals etwas über die Verbrechen im Nationalsozialismus und besonders der Nazis in Rußland erfahren habe. Das erste Buch, das ihr darüber begegnet war, hatte sie vor sich selbst versteckt, und das nächste auch. Als sie dann nach vielen Jahren endlich den ersten Übersetzungsauftrag für ein ganzes Buch bekommen hatte, war es ein Buch über Konzentrationslager gewesen. Da habe sie der Sache nicht mehr ausweichen können.

Noch zweimal bin ich in den nächsten Tagen nach
München reingefahren, jedesmal,
um einen Menschen zu besuchen, der
mich interessiert. Einmal
wars die Psychologin, der ich in Augsburg und in
Nürnberg begegnet war,
das andere Mal der Schriftsteller, dessen neues Buch meine
Freundin gerade übersetzte.

Die Psychologin hatte mich zu sich nach Hause eingeladen. Das war ein gut durchdachtes helles Haus, Parkett in allen Räumen, Kunst, entworfen hatte es ihr Mann, ein Architekt. Wir saßen im Wintergarten, denn das Wetter hatte sich geändert, es regnete, sie hatte eine Platte mit italienischen Vorspeisen aus dem Kühlschrank geholt, Weißbrot aus dem Ofen und Wein und entschuldigte sich dafür, aber der letzte Patient habe die Praxis gerade verlassen, und sie sei eigentlich immer in Zeitnot. Wie abends in Augsburg sprach sie konzentriert und energisch. Ob mir auch aufgefallen sei, wie anspruchsvoll die Leute in Deutschland sind, diese Versorgungshaltung! Im Osten wie im Westen, sie sehe da keinen Unterschied. Sie habe in der Türkei gearbeitet, in Peking, in den Vereinigten Staaten, und sie halte es in Deutschland bald nicht mehr aus. Es gebe hier keine Maßstäbe mehr, keine Moral. Sogar das Wort sei ja schon verpönt. Jeder habe Verständnis für alles, so was gebe es nirgendwo sonst auf der Welt. Alles ist erlaubt. Nur an der Subventionierung zu kratzen, das ist nicht erlaubt. Ob mir aufgefallen sei, daß nichts rauskommt, dort, wo subventioniert wird. Nie! Sie wollte wissen, ob der Osten nicht an der Subventionierung zusammengebrochen ist, und meinte, Subventionierung fördere die Depression. Sie beschrieb das Arbeitsklima in den Vereinigten Staaten, wo den Leuten anzusehen sei, daß sie gerne arbeiteten, und was das für Auswirkungen auf die allgemeine Stimmung habe. Nein, wenn es in Deutschland so passiv weiterginge, dann wolle sie in so einem Land nicht mehr leben. In Peking zum Beispiel seien die Menschen entschlossen, sich etwas aufzubauen, alle!, und sie wüßten, sie könnten es schaffen. Mit welchem Recht würden diese demoralisierten Leute hier in Deutschland denen gegenüber auf ihren Wohlstand pochen? Und geistig sei das hier auch ein stillgelegtes Gebiet, keine Frage von brennendem, öffentlichem Interesse dürfte anders gestellt werden, als es der herrschenden Meinung angenehm wäre. Zum Beispiel die Integration der Türken, sie ist nicht gelungen. Die türkischen Jugendlichen sind völlig irritiert. Gerade vor kurzem habe sie zwei türkische junge Mädchen aus der U-Bahn geworfen, weil sie eine Frau beschimpft hatten, und alle hatten zugesehen. Unsere Gesellschaft zergeht, sagte sie, man könnte regelrecht dabei zusehen, wie sie zerfällt, und das sei ihr unmöglich. In den letzten Jahren sei sie zu der Einsicht gekommen, daß wir etwas tun müßten, um unsere Kultur, die Kultur, in der wir leben wollen, auch offensiv zu verteidigen. Ich fragte, welche Kultur sie meine. Eine gute Bürgerlichkeit, sagte sie.

Der Schriftsteller bewohnte eine langgezogene Wohnung in der ersten Etage eines neu gebauten Hauses, ein älterer, kleiner Mann. Er empfing mich alleine, meine Frau ist im Einsatz, sagte er, sie arbeite als Krankenpflegerin. Eigentlich sei sie Gynäkologin, aber Emigration bedeute ja immer sozialen Abstieg. Mit diesen Worten führte er mich in sein Arbeitszimmer und setzte sich ziemlich weit von mir entfernt in einen Sessel. Ich sagte, daß ich ein Buch von ihm gelesen habe, MYTHOS RUSSLAND, auf Empfehlung meiner Freundin, und daß es mir sehr gut gefallen hat. Ich zitierte daraus, zum Beispiel, daß er über den Totalitarismus geschrieben hatte, er sei eine Herrschaftsform, in der sich nur noch Technik und Bürokratie entwickeln, und erzählte, daß ich in der DDR aufgewachsen bin. Das amüsierte ihn, er erzählte, daß er 1989 nach dem Zusammenbruch des Staates auf einer Rundreise bei Freunden in der DDR immerzu gehört hatte, es sei alles nur deswegen so gekommen, weil sie keinen richtigen Sozialismus gehabt hätten. Er habe dann jedesmal gesagt: So, und woher wissen Sie, daß es nicht der richtige war? aber das sei nicht gut angekommen. MYTHOS RUSSLAND hatte er 1982 geschrieben, gleich nach seiner Ausreise aus Rußland. Ich fragte ihn, ob er heute immer noch so selbstverständlich über Völker schreiben würde. Über die Deutschen zum Beispiel. Warum nicht? sagte er. Natürlich, es gebe diese Diskussion, diese ewige, über die deutsche Identität, aber, wenn wir schon alle zusammensitzen und uns beklagten, daß wir nicht mehr wir selbst sind, dann wäre doch schon etwas da, oder? Nein, nein, sagte er, es gibt etwas, was die Leute zusammenhält, ich spüre es. Als Fremder neige man natürlich dazu, zu verallgemeinern, nun seien schon fünfzehn Jahre vergangen, seit er hier angekommen sei, er habe es inzwischen mehr mit bestimmten Leuten zu tun, weniger mit *den* Deutschen, aber er bleibe dabei: Das erste, was man sehe, das sei das Gemeinsame, dem Volk gemeinsame, das, was das Volk angeblich verloren habe. Für ihn sei es klar, die Deutschen hätten eine Identität, eine ganz deutliche, zu der auch gehöre, daß sie Bayern, Sachsen oder Preußen sind, noch mal ein besonderer Reichtum. Lange sprach er über den Zerfall des russischen Reiches, wie eigenartig es ist, daß es gerade jetzt zu einem Ende kommt, am Ende des Jahrtausends. Am Ende des Jahrtausends geht das letzte Imperium im klassischen Sinn zu Ende, wiederholte er mehrmals, vergleichbar mit dem Rom des 5. Jahrhunderts. Darüber hatte er gerade ein Buch geschrieben, das nun in Feldafing zum Übersetzen liegt. Er hätte nicht geglaubt, daß dieser Zerfall so viele Gefühle bei ihm auslösen würde. Nach allem, was wir erlebt haben, sollten wir uns freuen, sagte er, und er habe sich auch gefreut, aber irgendwo säße eben noch ein anderes Gefühl, das Gefühl der Nostalgie nach dem Imperium. Hoffmannsthal hätte es über den Zerfall der Donaumonarchie geschrieben: Wir sind alle verwaist. Ja, es gebe ein Gefühl des Verlustes, wenn ein großes Reich zugrunde geht. Über die Zukunft wollte er sich nicht äußern. Auf jeden Fall würde es keinen Führer mehr geben können, der wäre nur mit dem Radio möglich, oder aus großer Entfernung. Einer Stimme würde man folgen, einem Filmbild nicht.

Die Psychologin brachte mich abends mit ihrem Wagen zu der S-Bahn-Station Karlsplatz, der Schriftsteller begleitete mich zu Fuß und unter seinem Regenschirm zu einer Haltestelle, deren Namen ich vergessen habe. Mit

ihr
sah ich die Stadt im Zentrum glänzen, die Straßen breit und
glitzrig die Geschäfte. Mit
ihm
liefen wir lange durch den Regen und sahen auf dem
leeren Stadtrandbahnsteig einen
Zug vorbeifahren, der nur mit schwarzen Autos
der Marke MERCEDES beladen war, danach
wars jedesmal das gleiche,
die Bahn war leer, und wurde, Richtung Tutzing,
immer leerer, auf den Reklametafeln draußen schoben
Symbole für das KÖNIGLICHE BIER
vorbei, das hier
gebraut wird, nämlich Ähren auf schneebedeckten Gipfeln und
eine goldne Krone. Es gab auch jedesmal für mich eine
zerknautschte ABENDZEITUNG, die vergessen war, der
See in Starnberg gluckste unter den Laternen und
in dem kleinen, weißen Haus, da wartete
ein Wein und Essen, dunkle Gartenluft.

Am Morgen strahlte Feldafing in Blau, es
hat ja seinen Ruhm vom Reichtum der Bewohner, von
Thomas Mann und von dem blauen See, Gebirge,
das dahinter steht, das alles geht
in Richtung Süden immer noch so weiter.

Ich sahs mit meiner Freundin – einen Tag
sind wir zusammen bis Steingaden und Neuschwanstein auch
gefahren. Sie fuhr, ich guckte nur
zum Fenster raus, es war
das klarste Blau am Himmel und
das klarste Weiß,
das grünste Wiesengrün an allen Straßenrändern.

Geschichte
wurde dort erzählt von Welfen und Ottonen, und nicht
von Russen, Bombennächten, Inflation.
Wer
wüßte schon, sagte mir eine Kellnerin, die vor der
Wallfahrtskirche Wies uns Würstchen brachte mit
Kraut und Bier, wer wüßte schon,
wo dieser Osten liegt, der nun zu uns gehören soll, da kommens
her? Na sans doch froh, daß hier san.

Das sagte meine Freundin auch,
jedoch
mein schönes Zimmer voll bedeckt mit
Schreibheften, Papier, Fotografien, Kleidern, die nun
frisch gewaschen waren, mit Schachteln, Ansichtskarten,
Tüten, das
konnte mich nicht länger mehr behüten, ich mußte los, ich war
schon sehr in Eile! Bleib hier, das
sagte meine Freundin, und:
Ein Haus ist wie ein warmer Mantel, du
kannst auch lange bleiben, aber
ich schlug den warmen Mantel in den Wind, es
war ja Sommer, und sie schenkte mir
zum Abschied eine Kette aus
Bernstein, gelb wie Gold,
die
paßte gut zu meinem grünen Kleid.

Und dann zum Rhein!

Jetzt muß es schnell gehn, war so ein Gedanke, als
ich aus Feldafing hinaus zum See
hinunterfuhr, es liegt noch so viel vor mir, und die Zeit
vergeht, ich schaff es nicht, ich will
noch bis Saarbrücken und bis Trier und dann
nach Köln hinauf, na erstmal Basel, aber schon
nach den ersten Kilometern am See entlang, da las ich
POSSENHOFEN auf einem gelben Schild
und hielt.

Die Sissi hatte hier gelebt, die Kaiserin,
die mir seit Lübben nun so gut bekannt war. Es

war ein gewaltiger Schloßkomplex, streng und von hohen Gittern umgeben, von der Einfahrtsseite aus erinnert er an eine Kaserne. Ich suchte ein Museum, fand aber keins. Ein Mann schloß sich das Gitter auf und wieder zu und sagte, in dem Haus befänden sich lauter Eigentumswohnungen, es sei vollständig verkauft, und die Bewohner wünschten nicht, belästigt zu werden. Vor der Schloßanlage war das Wiesenufer des Starnberger Sees gut betretbar, große Bäume wuchsen darauf, es war wie in Feldafing eine einzige, große Parkanlage. Ich ging an den Gittern entlang und sah auf die gepflegten Blumenbeete und Buchsbaumhecken hinter dem Zaun. Die Terrassen und Balkone zur Seeseite lagen in der Sonne und waren leer. Einzelne Spaziergänger mit Hunden liefen über die Wiesen, ein alter Mann mit Dackel rief: Und ich dachte, ich treff die Sissi! Der

war enttäuscht wie ich, aber
die Brunnen sprudelten, und alle Fensterläden waren
frisch gestrichen, man weiß, es

ist nicht einfach, Schlösser zu erhalten, also, was sollte diese
Maulerei, zumal – der See lag wunderbar im Licht, wo
sollte man die Sissi suchen, wenn nicht im Wasser, das genauso
funkelt wie damals, als sie hier ein Kind gewesen ist, das dachte ich
und nahm mir ein Stück mit davon auf einem Bild,
ging dann
mein Auto suchen, bog ab vom See, bog hin
zu der Chaussee nach Drösling wieder, aber nun
in Richtung Güntering und Inning auf die Autobahn.

Es war die 96, und ich las
an ihren Ausfahrtsschildern Orte, die ich nie gesehen hatte, kaum
gehört! Buchloe, Wörishofen, Mindelheim! Bei Mindelheim, da
hats mir schon gezuckt, ein schöner Name, aber ich blieb fest
und fuhr auch über Memmingen
hinaus, an Baustellen vorbei, wo
vor Abgründen noch einmal
Schluchten
aufgerissen waren. Dort mußte man bei dreißig Grad im Schatten
im
Gänsemarsch
die Berge runterfahren, er zog sich und er zog sich in
die Länge, der Weg, es war schon Nachmittag, und dann
– da endete die Autobahn bei Leutkirch, fing bei Ratzried
wieder an,
und dann?
Man faßt es nicht, ich konnte es nicht glauben,

es gab hier eine Lücke im Netz.

Das Bayern, diese Mutter der
Motorenwerke, hatte
ein Loch in seinem Netz der Autobahnen! Ich konnte eine
Autobahnfahrt planen, von München bis nach Basel, aber

fahren
konnte ich sie nicht. Ich war in Lindau, und in Lindau war auch
Schluß und gar nicht leicht, ein Zimmer hier
zu finden für
eine Nacht. Die Innenstadt sehr alt, auf einer Insel in
dem Bodensee gelegen und
voll Touristen, gleich auf der langen Brücke brüllte
sich eine fußlahme Familie an,

innen dann alles wie immer in den alten Städten. Viel Stein, viele Boutiquen, Klamotten auf Ständern allen Leuten in den Weg gestellt, die üblichen Cafés und kleinen Plätze, auf denen arme Studenten für Geld musizierten. Vor einem ungewöhnlich bunten Fachwerkbau, dem Rathaus, stolzierten Schauspieler, die in Trikots steckten und wie Vögel aussahen, um mittelalterliche Geräte. Auf Handzetteln war zu lesen, daß es sich hier um eine internationale, völkerverbindende Aktion handele. In Lindau sah ich keine Penner, dafür viele Familien mit kleinen Kindern. Zentrum der Altstadt war eine Schiffsanlegestelle. Von hier aus konnte man Dampferfahrten zu anderen Bodenseestädten unternehmen. Neben einem großen Café waren mehrere Stuhlreihen hintereinander aufgestellt, Leute saßen darauf. Hinter ihnen unter einem Dach spielte eine Kurkapelle. Man saß mit Blick auf den Bodensee und auf zwei Türme, die im Wasser standen – einen Leuchtturm und eine steinerne Säule mit einem steinernen Löwen obendrauf. Das

war das Bild. Ich hab
mich reingesetzt und auch
aufs Wasser rausgestarrt, während die Kurkapelle
Wiener Walzer spielte, und so ein Dampfer, Schwarz-Rot-Gold-
bemalt, sich hin und her pumpte um
anzulegen, und wieder ab, und zwischen beiden Türmen
ins Freie raus zu dümpeln, im Abendlicht.
Als er nicht mehr zu sehen war, stierten wir alle

auf diesen Löwen, der da fest auf dem Podeste saß, über
dem Sonnenglanz und Wellenplätschern. Die Zeit
verging, wir saßen und wir starrten, was
tat ich hier?! Ich kniff mich in den Arm und
kaufte mir ein Eis - Walnuß und Brombeer von der Firma
MÖVENPICK - und
haute ab. Im Dauerlauf zum Parkplatz und danach
die Hügel rauf. Hier wuchsen überall die kleinen Bäume,
denen Gewichte an den Ästen hingen und Äpfel oder Birnen.
Obstplantagen.

Abends in meiner Gastwirtschaft saß ich mit einem Flugkapitän und seiner lustigen, schönen Frau am Tisch. Beide erzählten, daß sie gerade aus Zürich kämen, von wo er morgen früh auch wieder abfliegen müßte, diesmal nach Nordafrika, aber abends wäre er natürlich wieder da. Später kam ein Zahnarzt, der mir von seiner Scheidung erzählte, er hatte Redezwang und sprach mehrmals davon, daß seine Frau die Patientenkartei mitgenommen hatte und sie nur gegen Geld wieder herausgeben wollte, und danach kam noch ein alter Mann, der von einem Wutausbruch Hitlers in der Kristallnacht wissen wollte, denn der Führer wäre niemals gegen die Juden gewesen. Am Morgen sah ich aus meinem Fenster auf den See, es war ein Sonntag und völlige Stille. Eine Dunstschicht lag über dem Wasser, rosa Licht fiel darauf und auf die Häuser unten am Ufer, es roch nach Thymian und Lavendel, Autotüren klappten, ich hörte zwei Männer italienisch sprechen. Das

war früh um sieben. Um

neun
war der See blau, die Sonne lag nun auf den Apfelbäumen, die
unter meiner Gastwirtschaft den Hang hoch wuchsen, ein
kleiner Traktor fuhr die Reihen hoch und runter und
sprühte Gift, um zehn wars dunkel, schwül, Gewitter
zog heran.

Die Stimmung war recht seltsam, schräges Licht
fiel unter Wolken durch, als ich ins Dunkle rein den
Hügel runterfuhr, mit Angst im Bauch, das Augsburg hatte mir
gereicht, aber den ganzen Tag vergehen lassen wollte
ich nicht, lieber vor dem Gewitter weg auf
einen andern Weg,
sah
deshalb immerzu nach oben, als ich
den Bodensee entlangfuhr, ziemlich auf den Hügeln.
Tatsächlich kam die Sonne wieder, grell, die Hitze
wurde unerträglich, 40 Grad
hatte mein Auto innen, während draußen so berühmte Namen wie
Meersburg, Friedrichshafen, auf gelben Schildern standen,
bei Überlingen kams dann hinterher, die schwarzen Wolken
schienen sich bei Überlingen aus
allen Richtungen verabredet zu haben, ich
betete, noch bis zur Autobahn
dem zu entwischen, kaum war ich drauf, es ist ein
kleines Stück, und führt von Stockach bloß bis Singen,
da kam es schon und rauschte runter. Ein Auto
war dann nur noch eine Wasserwolke,
die Scheibenwischer schafften es ja kaum,
wir sahen nichts, aber wir fuhren, fuhren, fuhren,
hielten
nicht an.
Im Gegenteil, dann riß die Wasserwand, es war vorbei, ich konnte
sehen, und ich sah:
Ich fuhr
auf einer Riesenbrücke lang, die
Sonne schien, und was dann kam, das war ein Wunder der Natur,
die Welt in Regenbogenfarben, das Bunte lag auf
allen Pfützen drauf, auch auf dem Tal da unten und
sogar auf dem Asphalt, und alles dampfte, kringelte und lockte

sich über meiner Höhe, auf der ich
ohne Tempo wegzunehmen flog und
dabei dachte, jetzt
weiß ich wie die damals im Barock zu ihren Farben und den
Arabesken gekommen sind, den silbernen und goldnen Tönen mit
Blau und Grün zusammen, Gelb auf Rot. Das sah ich alles
im Vorüberfliegen, und so im Fluge war es wie Musik.
Wie schade, daß die breite, helle, nasse
Autobahn
gleich hinter Singen auf
die Erde runterging. Die Luft
blieb weich und feucht, die Straße,
nun im Tal, war glatt und leer, nur eben unten.
Keine Draufsicht mehr.

Hinter Singen fuhr ich durch eine Zollstelle. Bald kam Schaffhausen, von der Straße aus war der Rhein zu sehen, die Landschaft wurde karger, vor einem Dorfgasthaus hielt ich an und bestellte mir drinnen einen Tee. In dem leeren Gastraum saßen zwei Typen mit zottligen Haaren und tranken Cola. Ich fragte die Frau an der Theke, warum ich hinter Singen durch eine Schweizer Zollstation gefahren sei, sie sah mich groß an und sagte, weil ich hier in der Schweiz sei. Also war Schaffhausen auch schweizerisch, das hatte ich nicht gewußt, sagte es aber nicht mehr, weil es mir peinlich war. Ich war mehrmals in der Schweiz gewesen, und so ärmlich wie in diesem Dorf hier hatte es nirgendwo ausgesehen, aber das sagte ich auch nicht, sondern kaufte einen hausgemachten Nußkipferl und setzte mich auf meinen Platz. Draußen vor dem Fenster sah ich ein großes Haus mit Spitzdach, ganz ohne Blumenkästen, und einen einfachen Metallzaun um einen Garten, der auch noch verwildert war. So was hatte ich zuletzt in Sachsen gesehen. Ich las ein bißchen im SCHAFFHAUSENER ANZEIGER und fuhr dann weiter, bald

gab es wieder eine Zollstation, das
war nun Deutschland, und das Rheintal, dort

waren links und rechts der Straßenränder an die Laternenpfähle Papptafeln gebunden, darauf stand: A 98 WIR BRAUCHEN DICH! oder: KEINE A 98 PFUI DEN LÜGNERN! Die Gegner und Befürworter einer Autobahn stritten sich hier, denn der ganze Autoverkehr von Ost nach West führte in Süddeutschland über diese Landstraße am Rhein entlang, die ich gerade fuhr, es war die Autobahn, die mir
gefehlt hatte, um die
sie stritten, und an dem Streit, da hängts wahrscheinlich,
dachte ich, und auch, daß es im Osten früher sicherlich
geheißen hätte: Es lebe die A 98!,
und fuhr und fuhr, es war
ein Sonntag und nicht voll in diesem Tal, wo links der Rhein
floß und rechts Häuser standen, es wurde Nachmittag, der
Fluß links immer breiter, warum
fuhr ich an dem vorbei, wo er so nah war, dachte ich und
hielt mein Auto an.
Ich parkte es auf der rechten Seite, ich sehe es immer noch dort stehen, und überquerte die Straße, dann sah ich den Rhein.

Er war grün und arbeitete sich voran. Das Wasser sah dick aus, schwer. Es war kein Fließen, es war ein Kriechen. Es war auch kein Wasser, es war eine dicke, grüne Haut. Ich hatte den Rhein schon oft gesehen, aber noch niemals so dick und grün, so klebrig undurchsichtig, schwer. Ein Drachen kroch da lang, in der Nachmittagssonne, der Lindwurm.

Es war unmöglich, wegzugehen.

Ich sah und sah ihm zu, er war ja
endlos, atmete ganz ruhig ein und aus, dem
hatte Siegfried Köpfe abgeschlagen?

Da wo er herkam, aus
den Bergen in Graubünden, lag Gold in seinem Bett, und wo er
hinfloß, wurde alles Eisen, Stahl, und wer einmal
in seinem Blute badet, der
wird unverwundbar, er wird kalt, nicht heiß, das
dachte ich, und sah ihm zu wie er sich wälzte, an
den Ufern rieb und scheuerte, das
Drachenfell, es glänzte manchmal Gold, dann
wieder Grün, und niemals eine Wolke oder Himmel drin
gespiegelt, nein, statt dessen
manchmal war ein Kreis
darauf zu sehen, eine Zahl, fest
eingewachsen wie ein Muttermal.

Es führte eine Treppe runter
zum Wasser, Brombeeren wuchsen da, ein Kahn war
angebunden. Ich hielt mich fest, um
einen Finger, einen Zeh
hineinzustecken, aber
es war zu steil, ich hatte Angst, es ging nicht, ich
kehrte um
und lief die Straße entlang, was
wollte ich, ich weiß es nicht, links
führten alte Treppenstufen zu einer kleinen Kirche,
die lief ich hoch, warum, ich weiß es nicht, ich wollte wohl
das ganze noch von oben sehn, den Drachen und die Berge,
zwischen die er kroch, so grün.

Ich
sah es immer besser, so
beim Treppensteigen, da
lag eine kleine Schlange auf den Stufen, und
ich blieb stehn.

Sie war so zart, sie konnte mir nichts tun,
und ich ihr auch nicht, und im Tal, da schob sich
dieser Drachenfluß vorbei, der Rhein,
ich
sah hinunter, und da fiel mir alles wieder ein.

Floß nicht das Hunnenblut in meinen Adern?
Wollt ich nicht längst in ein sehr fernes Land, wo
die Dämonen hausten mit dem blauen Band?
Und war nicht meine Rahmenordnung und Erotik
germanisch durch und durch bis in die Gotik?
Kam nicht ein slawisches Gefühl aus meinem Bauch?
Und von dem Stamme David, diesem Königshause,
da war ich auch!

Oh Mann! Es wurde Abend, köstlich war die Stunde
dort oben auf der Treppe mit dem Blick
auf das Gebirge und den Fluß, die kleine Schlange, die
verzischte sich, die Sonne sank, und ich
zog
mein grünes Kleid aus, denn das brauchte
ich nicht mehr, und stieg
die Treppe wieder runter und
die andre auch und
sprang – denn anders kam ich nicht ans Wasser ran –
hinein und nun:
Ade!

Irina Liebmann
In Berlin

Roman
Gebunden

In einer hochmodernen Erzählform und Sprache gelingt es Irina Liebmann, das Innere eines Lebens und das Äußere der Stadt Berlin zugleich zu erzählen. Aber auch die Geschichte des zerschnittenen Landes und seine Gegenwart. Wenn man die Lektüre beendet hat, ist es, als wachte man aus einem Traum auf, in dem die Dinge plötzlich genauer und schärfer zu sehen waren als im Wachzustand, eine Analyse der Gegenwart mit den Mitteln der Poesie – ein literarisches Ereignis. Man kommt nicht umhin, in der Ferne an Alfred Döblins »Berlin Alexanderplatz« zu denken, mit dem *In Berlin* eine unausgesprochene Zwiesprache hält.

VERLAG
KIEPENHEUER
&WITSCH

Irina Liebmann
Berliner Mietshaus

Gebunden

»Es gibt eine Magie der Sprache, die den Leser oder Zuhörer mitschwingen läßt im Rhythmus des Erzählens und ein Verständnis begründet, das der Verstand hinterher nur noch bestätigen kann. Irina Liebmann ist eine solche Sprachmagierin.«

Sabine Brandt, Frankfurter Allgemeine Zeitung

VERLAG
KIEPENHEUER
&WITSCH

Irina Liebmann
Mitten im Krieg

Gebunden

Die Entstehungszeit dieser Geschichten reicht noch tief in die Vor-Wende-Zeit zurück, in eine Zeit, während der in der damaligen DDR zwar kein Krieg, aber kriegsähnliche Zustände herrschten – die Grenzen gegen Westen waren verriegelt, die Bewegungsfreiheit im eigenen Lande beschränkt, es herrschte Mangel an innerem Frieden und an Wahrheit. Die Kurzprosastücke in Irina Liebmanns Band »Mitten im Krieg« werden von einem Thema zusammengehalten: der mangelnden Bereitschaft vieler DDR-Bewohner, sich den herrschenden Verhältnissen anzupassen, sich ihnen auszuliefern.

»Ein imponierendes Kunstprodukt, das in suggestiver Sprachbewegung apokalyptische Bedrohung einfängt.«
Ulrich Weinzierl, Frankfurter Allgemeine Zeitung

VERLAG
KIEPENHEUER
&WITSCH